Food Service Management

성공적인 외식경영을 위한 첫걸음

외식경영 실전 가이드

추대엽 저

(주)백산출판사

머리말

인간의 먹고 마시는 행위는 삶을 지속시키기 위해 시작되었으나 시간이 흐르고 문화가 변화하면서 삶의 중요한 의미이자 즐거움을 얻을 수 있는 도구로 큰 역할을 하고 있습니다. 외식(外食)은 남녀노소 구별 없이 환영하고 있습니다. 외식은 좋아하는 사람과 함께 먹고 마시는 행위를 함으로써 이룰 수 있는 상호간의 의사소통, 화합 등 인간의 삶에 윤활유와 같은 역할을 하면서 외식활동이 문화생활의 한 부분으로 자리매김하고 있습니다.

외식업은 현재까지 꾸준한 성장과 발전을 계속하여 거대한 시장을 형성하고 있습니다. 특히 외식소비에 대한 인식과 생활환경의 변화는 외식시장을 확대시키는 요인이 되었고, 이러한 변화에 발맞추어 국내외 외식기업들이 활발하게 다점포화를 전개하고, 시장을 확대하면서 외식업이 발전을 거듭하게 되었습니다.

반면 현재의 외식업이 있기까지는 많은 시행착오가 있었으며 지금도 중소외식기업들은 많은 어려움에 직면하고 있습니다. 외식업을 단순하게 먹고 마시는 것을 생산하고 판매활동을 하는 것으로만 인지하고 창업을 시작한 다양한 레스토랑, 커피전문점, 베이커리, 카페, BAR 등은 수익의 극대화라는 궁극적인 목표를 달성하기가 매우 어려운 실정입니다. 외식활동은 앞으로도 지속될 것이기 때문에 만반의 준비가 되지 않은 상황에서 외식업을 시작하여 부정적인 결과에 직면하기보다는 먼저 외식을 이해하고 외식업이 기본적인 생산과 판매활동 외에도 프랜차이즈, 마케팅, 서비스, 메뉴, 식자재 관리 등 외식업의 경영활동을 하는 데 필요한 경영학적 요소들을 이해하는 것이 급선무라 생각하여 본서의 집필을 계획하게 되었습니다.

본서는 외식을 전공하는 학생 또는 외식 관련 직무 종사자들에게 외식업에서 발생하는 다양한 사례를 바탕으로 외식업 전반의 경영활동을 이해하도록 돕고 이를 현장에서 적용시키고 활용하는 데 유용한 지침서가 되도록 내용을 구성하였습니다. 본서는 총 3부 12장으로 각 장의 시작과 끝을 주제와 관련 있는 언론기사로 시작하고 마무리하도록 구성하였습니다. 제1부는 외식경영의 이해라는 주제로 외식업의 전반적인 흐름을 이해하는 내용들로써 외식산업의 개념, 특성, 국내외 외식산업의 성장과 발전을 서술하였습니다. 제2부는 외식경영관리라는 주제로 외식경영활동을 할 때 반드시 알아야 할 프랜차이즈, 마케팅, 서비스, 메뉴, 매뉴얼, 위생, 안전관리 등을 서술하였습니다. 제3부는 외식창업이라는 주제로 창업, 상권분석, 입지 선정 등의 내용을 서술하였습니다. 부록으로 외식산업과 프랜차이즈 관련용어를 정리하였습니다.

저자는 호텔식음료부서에서 다양한 근무경험과 그 경험을 토대로 여러 업종의 외식기업을 창업한 경험은 많으나 아직까지 책을 집필하는 것이 어색하고 부족함을 많이 느낍니다. 하지만 집필하는 동안 최선을 다해 노력했다고 부끄럽지만 자신할 수 있습니다. 부족함을 느끼는 부분은 앞으로도 계속되는 연구와 실전에서의 노력과 고민을 통해 발전시키도록 하겠습니다. 부디 이 교재가 외식경영의 이해를 돕는 가이드로서의 역할을 잘 수행하길 소망해 봅니다.

끝으로 본 교재가 출간되기까지 부족한 저자를 믿고 지원해 주신 백산출판사 임직원 여러분께 감사의 말씀을 전하며, 외식관련 전공을 희망하는 학생들이 아름다운 결실을 맺길 바라는 마음입니다.

추 대 엽

차례
Contents

PART 01

외식경영의 이해

성공적인 외식경영을 위한 첫걸음

외식경영 실전 가이드

사례 "지난해 국내 외식시장 규모 100조 원 돌파… 전년比 9% 증가"

"소비자 개입보다 메뉴가격 상승 영향"
지난해 버거 시장 규모 4.1兆… 전년比 10.5% 성장
꺾인 카페 시장 성장세… "저가 커피 동일 상권 경쟁 심화 때문"

지난해 국내 외식업 시장 규모가 코로나 바이러스 감염증(코로나19) 발생 이전 시장 규모인 99조 원을 뛰어넘으면서 100조 원을 돌파했다는 분석이 나왔다. 다만, 외식시장 규모 성장에는 소비자들의 적극적인 개입보다 외식 메뉴가격 상승 영향이 큰 것으로 나타났다.

3일 오후 서울 중구 명동거리 식당가에 관광객들이 지나가고 있다. /뉴스1

4일 시장 조사 업체 유로모니터에 따르면 지난해 한국 외식시장 규모는 103조 2644억 원으로 전년 대비 8.9% 증가했다. 매장 수는 72만 3681개로 같은 기간 2.9% 증가했고, 거래량은 81억 678만 5000건으로 3.6% 늘어났다.

국내 외식시장이 전반적으로 성장한 모습을 보였으나, 세계 외식시장과 비교하면 한국 외식업이 성장했다고 보기는 이르다고 유로모니터는 설명했다. 세계 소비자 외식 산업 시장은 약 4064조 3607억 원으로 전년 대비 11.4% 증가했고, 거래량 역시 6006억 2196만 건으로 7.8% 늘었다.

유로모니터는 또 2020~2023년 국내 외식 산업의 연평균 성장률은 1%대로 코로나19 발생 이전 3개년(2016~2019년)의 연평균 성장률인 5%보다 낮다고도 했다. 그러면서 "한국 외식업 성장률이 소비자들의 적극적인 개입에서 비롯된 것이 아니라 외식 메뉴가격 상승에 영향을 받은 결과"라고 분석했다.

유로모니터는 지난해 국내 외식업 시장 특징으로는 '뷔페 전문점의 인기'와 '버거 시장 성장', '카페 시장 정체' 등을 꼽았다. 유로모니터에 따르면 2023년 레스토랑 시장은 전년 대비 11% 성장했으며, 특히 패밀리 레스토랑 체인 전문점은 전년 대비 30% 성장했다.

유로모니터는 "사회적 거리두기와 경기 침체, 고물가로 인한 소비 위축으로 침체기를 겪던 레스토랑 체인들의 고공 성장 배경에는 합리적인 가격대를 내세운 뷔페형 외식 전문점이 있다"면서 "가성비와 가심비를 찾는 소비자들이 늘어난 것이 이 시장에 반영됐다"고 했다.

유로모니터는 지난해 국내 버거 시장이 4조 1500억 원을 기록하면서 전년 대비 10.5% 성장했는데, 거래량 증가율은 5.3%에 그쳤다고 했다. 그러면서 "소비자가 비교적 높은 단가의 버거를 찾았다고 해석된다"면서 "프리미엄 버거 브랜드의 진출로 소비자에게 근사한 외식 한 끼로 수제버거에 대한 관심이 높아진 것"이라고 했다.

국내 카페 시장 규모는 지난해 8조 5661억 원으로 전년 대비 11.4%, 매장 수는 3만 8199곳으로 전년 대비 4.1% 증가했다. 다만 2022년 시장 규모 증가율 14.9%, 매장 수 증가율 20.2%에 비해 성장세가 꺾였다.

유로모니터는 "2010년대 스페셜티 커피 열풍이 이끈 카페 시장 성장세를 저가 커피 매장 수요가 이어받았으나, 동일 상권 내 경쟁 심화로 매장당 거래량 및 매출액 성장률이 감소하면서 주춤한 모습을 보인 것"이라고 분석했다.

자료 : 조선일보, 2024.4.4

01
CHAPTER

외식경영의 의의

1 외식산업의 개념

외식산업의 출발점이라고 할 수 있는 외식(外食, eating-out)의 개념에 대한 정확한 이해는 외식산업의 구성원이 갖추어야 할 가장 우선되는 조건이다. 국어사전에서 외식은 "가정이 아닌 밖에 나가서 음식을 사서 먹는 것"이라고 풀이되어 있다. 그러나 시간이 흐를수록 식생활 환경과 외식소비 패턴도 변하고 다양한 형태의 외식기업들이 계속하여 등장하기 때문에 외식을 단순히 사전적인 의미로 정의하기에는 미흡하다.

기본적으로 인간이 먹고 마시는 것을 제공하는 것에서부터 다양한 분야가 관련된 외식산업은 여행업, 숙박업, 여가산업과 함께 인간의 기본적인 욕구를 충족시키는 호스피탤리티(hospitality)산업의 일부분을 차지하는 대표적인 산업이다.

외식산업이란 일정한 장소에서 식음료와 유무형적 서비스가 결합된 복합적인 상품을 특정인 또는 불특정 다수를 대상으로 상업적 또는 비상업적 목적으로 생산, 판매하는 사업체들의 무리(群)를 말한다. 가정이라는 공간을 벗어나 음식과 음료를 생산하고 제공하는 활동과 더불어 서비스를 중요하게 여기는 복합적 산업으로서 외식산업을 '외식서비스산업', '식음료산업'이라고도 부른다.

외식산업 관련 영자 표기는 약간의 차이가 있으나 보편적으로 외식은 eating out, 식당은 restaurant, 외식사업은 foodservice business, 외식산업은 foodservice industry로 표기하고 있다. 외식산업의 영자 표기인 foodservice industry라는 용어는 1950~1960년대 미국에서 경제발전에 따른 식생활 변화와 함께 정착하면서부터이고, 일본은 1975년 매스컴에서 현재 사용되고 있는 외식산업이라는 용어를 처음으로 사용하였다. 우리나라는 이웃나라 일본의 영향을 많이 받아 요식업, 식당업, 음식업 등으로 사용되다가 1990년대부터 해외 브랜드 패밀리 레스토랑이 국내시장에 진출하면서 외식산업이라는 용어가 대중적으로 사용되기 시작했다.

최근까지도 외식산업을 요식업, 식당업, 음식업, 외식업으로 혼용하여 사용하고 있으나 이는 음식점이나 식당으로 대변되는 음식주체의 성격이 강한 데 비해 음료주체인 커피전문점, 카페, 바, 찻집 등의 의미는 상실되거나 축소될 수 있기 때문에 현재의 산업적 특수성과 시대적인 흐름에 맞춰 앞으로는 보다 넓은 의미의 외식산업이라는 명칭으로 공식화해서 사용해야 할 것이다.

〈표〉 **외식산업과 음식점의 차이점**

구 분	외식산업(Foodservice Industry)	음식점(Restaurant)
식 재 료	• 1차 가공된 재료	• 원재료
생 산	• 표준화된 기술과 대량생산, 과학화	• 조리사의 경험과 숙련도
경영방침	• 3S 주의, 경제성, 규모의 경제	• 개성화, 전통적, 아이디어 중시
점 포	• 효율 중시	• 분위기 중시
교 육	• 매뉴얼 중시, 체계적 교육훈련	• 경험 중시한 현장교육
상 권	• 광역적 상권	• 지역적 상권

주 : 3S – speed, service, standard

2 외식산업의 특성

외식산업은 식재료를 이용해 요리를 만든다는 측면에서 보면 제조업에 속하지만 소비자에게 직접 판매한다는 측면에서 보면 소매업이며, 판매된 메뉴를 맛

있고 즐겁게 식사할 수 있도록 부가되는 서비스업의 기능도 가진다. 따라서 외식산업은 복합적인 성격을 가진 산업이다. 이러한 외식산업은 다른 산업과는 달리 다양한 특성을 지닌다.

1) 높은 인적 의존도

외식산업은 상품의 생산과 서비스를 자동화하기에는 한계가 있기 때문에 인적 서비스의 의존도가 타 산업에 비해 매우 높다. 키오스크(무인 단말기)를 이용한 주문이나 주방기기의 발달로 인해 예전보다 근무하는 직원의 수가 줄어들긴 했지만 앞으로도 고객서비스, 최종 생산물의 품질 확인 등 주된 업무는 인적 자원에 의존할 가능성이 높다. 반면에 이직률이 높은 점도 있어 직무에 대한 책임 생산성을 높이기 위한 경영관리에도 많은 노력이 필요하다.

2) 생산 · 판매와 제공 · 소비의 동시성

외식산업은 상품의 생산 · 판매와 제공 · 소비의 모든 과정이 일체화되어 고객에게 유형재인 식음료와 무형재인 서비스를 바로 그 자리에서 제공한다. 즉 고객의 주문과 동시에 주방에서 생산을 하고, 같은 장소에서 서비스와 함께 즉시 판매 · 소비되는 것이다. 한편 고객이 기대하는 시간에 생산 · 소비 · 서비스가 동시에 이루어져야 하기 때문에 직원들의 정신적, 육체적 집중력이 요구된다. 그러나 포장판매 또는 배달을 전문으로 하는 매장에서는 생산과 판매가 동일한 장소에서 이루어지지 않기도 한다.

3) 높은 입지 의존도

외식산업의 성공을 좌우하는 요인 중 가장 중요한 요인이 입지라고 할 정도로 매장의 입지에 대한 의존도는 매우 높아서 입지 산업이라고도 불린다. 번화가나 전철역 부근 등 유동 인구가 많은 곳이 좋은 입지이고, 상가건물의 지하나 2층 이상보다 1층이 고객의 접근성이 편하기에 그 어떤 성공 요인보다 입지의 중요성을 강조해도 지나치지 않다.

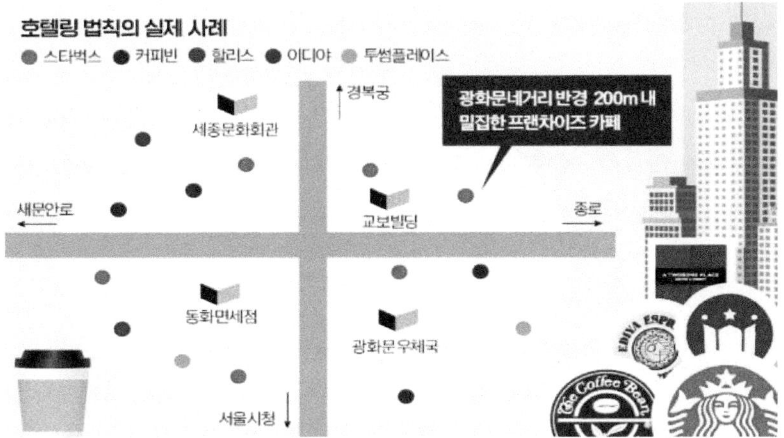

4) 고객 예측의 불확실성

식음료 매장의 경영에 있어서 가장 어려운 부분은 이용하는 고객이 어느 정도 될 것인가를 파악하는 것이다. 이런 수요의 불확실성이 외식산업의 비용 부분에서 높은 비율을 차지하는 식자재의 구매 및 저장을 어렵게 만든다. 제조업과 달리 외식산업의 원재료는 유통기한이 있어서 관리를 소홀히 하면 부패의 위험성이 높다. 유통기한이 지난 식자재는 폐기되어 존재가치가 없어지고, 재구매에 따른 추가적 비용지출이 초래된다. 부패한 식자재 사용에 의한 위생 사고는 경제적 손실은 물론 이미지 실추로 더 큰 손실을 입힐 수 있다.

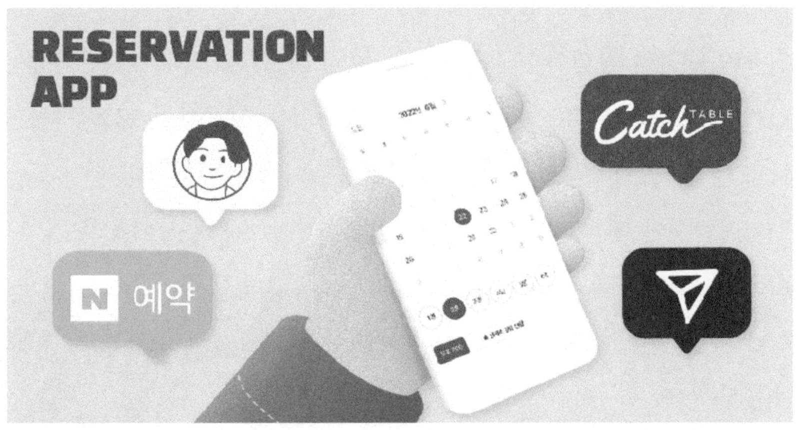

5) 시간적 · 공간적 제약

외식산업은 제조업이나 유통업과는 달리 주된 영업시간이 한정되어 있으며 공간의 제약도 크게 받는다. 제한된 식사 시간 중심으로 고객이 집중되어 그 시간에 대부분의 매출이 발생하고 공간에 따른 좌석 수에도 한계가 있다. 따라서 한정된 영업시간과 영업장 규모에 따른 효율적 인력관리, 영업장 공간의 효율적 활용, 좌석을 채우기 위한 안내, 식사 시간 이외의 매출 증대를 위한 마케팅 활동 등이 중요하다.

6) 프랜차이즈 창업의 대표적 업종

외식산업에서의 프랜차이즈 시스템은 검증된 아이템과 기술지원을 받아 비교적 쉽고 안정적인 창업이 가능하고, 운영자금의 회전속도가 다른 업종에 비해 빠른 편이다. 이러한 이유로 개인은 창업, 대기업은 신규사업 또는 사업의 다각화 전략의 방법으로 다른 산업에 비해 시장으로의 신규참여율이 높은 사업이다. 반면에 외식시장이 매우 광범위하여 독점적인 시장지배가 불가능하고 자본력이 약한 임대사업자들이 많아 경영성과에 따른 안정성이 낮으며 실패율이 높은 단점이 있다. 그럼에도 프랜차이즈산업 전체에서 외식산업 분야가 가장 높은 비율을 차지하고 있다.

PARIS BAGUETTE Café

사례 "한국 외식업 시장 100조 원 규모… 코로나 이전 수준 넘어

"유로모니터 2023 소비자 외식시장 조사 결과
프리미엄 버거 성장하고 카페 시장은 주춤

34개월째 평균 웃도는 외식물가 상승률
(서울=연합뉴스) 임화영 기자 = 외식 물가 상승률이 전체 소비자물가 상승률 평균을 웃도는 현상이 2021년 6월부터 34개월째 이어지고 있다. 3일 통계청 국가통계포털에 따르면 3월 외식 물가 상승률은 3.4%로 전체 소비자물가 상승률 평균(3.1%)보다 0.3%포인트 높았다. (사진은 서울 중구 명동거리에 설치된 식당의 음식 메뉴판. 2024.4.3. hwayoung7@yna.co.kr)

지난해 한국 외식업 시장 규모가 전년보다 9% 증가한 100조 원을 기록하며 코로나19 이전인 2019년의 99조 원을 처음 넘어섰다.

글로벌 시장조사회사인 유로모니터 인터내셔널은 이 같은 내용을 포함한 2023년 소비자 외식시장 조사 결과와 전망을 4일 발표했다.

한국 외식업 시장 규모는 커졌지만, 외식업이 성장했다기보다 외식 메뉴가격 상승에 큰 영향을 받았다고 유로모니터는 풀이했다.

지난해 한국 외식업 거래량은 3.6% 늘었으나 증가 폭은 글로벌 외식업(7.8%)의 절반 수준이다.

또 2020년부터 3년간 국내 외식업 연평균 거래량 증가율은 1%대로 코로나 발생 전 3개년(5%)보다 낮다.

지난해 국내 레스토랑 시장은 11% 성장했다. 특히 패밀리 레스토랑 체인 전문점은 성장률이 30%에 이르렀다.

명륜진사갈비, 애슐리와 같은 합리적인 가격대를 내세운 뷔페형 외식 전문점이 인기를 끌었다.

지난해 국내 버거 패스트푸드 시장은 4조 1천500억 원 규모다. 거래량은 5.3% 늘었는데 전체 시장은 10.5% 성장한 점을 미뤄보면 프리미엄 버거 브랜드가 늘어나면서 소비자가 비교적 단가가 높은 버거를 찾은 것으로 해석된다.

유로모니터는 한국 버거 시장이 2028년 5조 원대로 커질 것으로 전망했다.

한국 카페 시장은 규모와 매장 수가 폭발적으로 성장하는 시기를 지나 주춤한 모습이다.

저가 커피 브랜드 성장에 힘입어 2021년과 2022년에는 매장 수와 거래량이 가파르게 늘었지만, 지난해에는 동일 상권 내 경쟁 심화로 매장당 거래량과 매출액 증가율이 낮아졌다.

지난해 글로벌 외식업 시장 규모는 약 3조 달러(약 4천조 원)로 전년 대비 11.4% 늘었다. 거래량이 7.8% 증가했고 거래당 매출도 높아졌다.

전 세계 외식 매장 수는 2.7% 증가했다.

자료 : 연합뉴스, 2024.4.4

사례 외식업계 기지개 '활짝'…
IPO·해외진출 속도 높인다

더본코리아가 운영하는 외식브랜드[더본코리아 홈페이지 캡처]

12일 금융감독원에 따르면 백종원 대표가 운영하는 더본코리아는 지난해 매출과 영업이익은 4165억 원, 255억 원을 기록했다. 매출은 전년대비 45% 성장했는데 역대 최대치다.

더본코리아는 현재 한신포차, 새마을식당, 빽다방, 역전우동 등 25개 프랜차이즈 브랜드를 운영중이다.

더본코리아는 매출 호조에 힘입어 올 상반기 내 IPO를 본격화할 전망이다. 더본코리아는 지난 2020년 기업공개를 본격 추진했지만 코로나19 시기가 맞물려 영업이익이 급감하자 상장 절차를 중단했다.

맘스터치, 일본 시부야에 첫 직영매장 개점

▲맘스터치 일본 시부야점 모습[맘스터치 제공]

맘스터치는 대표메뉴인 '싸이버거'를 들고 일본에 직접 진출한다. 맘스터치는 오는 16일부터 일본 도쿄 시부야구에 해외 첫 직영점인 '시부야 맘스터치점'을 정식 개장한다. 지하 1층~지상 2층 규모로 총 220석 규모로 운영된다.

맘스터치는 지난해 10월 일본 시부야에서 팝업스토어를 운영해 사흘간 2500여 명에 달하는 소비자들의 발길이 이어졌다. 이 기간 동안 대표 메뉴 싸이버거를 비롯해 총 3800여 개의 제품이 팔려나갔다. 지난해 팝업매장의 인기에 힘입어 직영 매장을 열게 됐다는 것이 맘스터치 측 설명이다.

맘스터치는 지난해 역대 최대 매출을 기록했다. 맘스터치를 운영하는 맘스터치앤컴퍼니의 지난해 연결감사보고서에 따르면 지난해 맘스터치 매출은 3644억 원, 영업이익은 603억 원을 기록했다. 각각 전년 대비 9.6%, 14.9% 증가한 수치다.

맘스터치 관계자는 "일본 도쿄의 중심지인 시부야에서 맘스터치의 인기 메뉴인 싸이버거를 중심으로 현지인 입맛에 맞게 메뉴를 최적화했다"며 "향후 시부야점이 안정적으로 운영된다면 마스터프랜차이즈(MF) 형태로 다른 지역에도 출점할 가능성이 크다"고 말했다.

롯데리아를 운영하는 롯데GRS는 지난해 '미국 법인 롯데'를 설립하는 등 해외 시장 진출에 공을 들이고 있다.

롯데GRS는 지난해 자본금 1억 3000만 원의 미국 법인 롯데GRS USA(LOTTE-GRS USA)를 설립했다. 미국 사업을 본격적으로 준비하기 위한 포석이다. 동남아 시장처럼 마스터프랜차이즈 형태가 아닌 직접 운영하기 위한 밑그림을 그리고 있다.

한 외식업계 관계자는 "코로나19 시기에 배달수요에 민첩하게 대응하고 빠르게 변화하는 고객 입맛을 사로잡은 외식브랜드들이 고공행진하고 있다"며 "일본, 미국 등에 진출하는 프랜차이즈 업체들도 현지화 전략을 잘 세운다면 충분히 승산이 있을 것으로 보인다"고 말했다.

자료 : KPI뉴스, 2024.4.12

02
CHAPTER

국외 외식산업의 성장과 발전

1 미국 외식산업의 성장과 발전

1) 미국 외식산업의 분류

미국의 외식산업 분류는 정부, 미국 레스토랑협회(National Restaurant Association : NRA), 학계 모두 업태를 기본으로 하고 있다. 미국의 레스토랑협회(NRA)에서는 불특정 다수를 대상으로 영리목적의 경영활동을 하는 상업적 레스토랑 서비스(commercial restaurant service), 영리 또는 비영리 형태로 특정단체와 장소를 대상으로 경영활동을 하는 단체급식 서비스(institutional restaurant service), 군대 레스토랑 서비스(military restaurant service)로 분류하고 있다.

상업적 레스토랑 서비스는 외식산업시장에서 가장 큰 비율을 차지하고 있으며, 레스토랑이라 일컫는 대부분의 사업영역인 일반외식산업(eating places), 제조기업, 일반기업, 항공기내식 등의 단체와 외식전문업체가 계약을 맺고 서비스를 하는 사업인 계약외식사업(food contractors), 호텔이나 모텔 등에서 레스토랑, 바, 커피숍 등을 통해 식음료를 제공하는 숙박외식산업(lodging places) 등으로 분류된다. 단체급식 서비스는 위탁이 아닌 직영으로 운영되는 비상업적 외식산업으로 조직 구성원에 대한 복리후생 차원의 보조적 서비스 형태를 의미한다. 군대 레스토랑 서비스는 일반 군인을 대상으로 하는 셀프서비스 카페테리아에서부터 고위직을 위한 고급 레스토랑에 이르기까지 다양하다.

〈표〉 **미국 National Restaurant Association의 외식산업 분류**

<table>
<tr><td rowspan="3">상업적 레스토랑 서비스
(commercial restaurant service)</td><td>일반외식산업
(eating places)</td><td>• full service restaurants
• limited service(fast-food, quick service) restaurants
• cafeterias
• social caterers
• Ice cream, frozen custard and yogurt stands
• bars and taverns
• managed services</td></tr>
<tr><td>계약외식산업
(food contractors)</td><td>• manufacturing & industrial plants
• commercial & office buildings
• hospitals & nursing homes
• college & universities
• primary & secondary schools
• in-transit feeding(airlines)
• recreation & sports centers</td></tr>
<tr><td>숙박외식산업
(lodging places)</td><td>• hotel restaurants
• motel restaurants</td></tr>
<tr><td colspan="2">단체급식 서비스
(institutional restaurant service)</td><td>• employee restaurant service
• public parochial elementary, secondary schools
• colleges & universities
• transportation
• hospitals
• nursing homes, homes for aged, blind, orphans, mentally & physically handicapped
• clubs, sporting & recreational camps
• community centers</td></tr>
<tr><td colspan="2">군대레스토랑 서비스
(military restaurant service)</td><td>• officers & NCO clubs
• food service military service</td></tr>
</table>

학계에서도 NRA의 분류와 동일하게 서비스 형태와 수준을 기본으로 브랜드 특징, 고객 제공 가치, 메뉴 특징, 운영상의 특징, 사업 전략 등에 따라 외식산업을 분류하고 있다. NRA와 여러 학자들의 분류를 종합해 본 결과 제한적인 서비스를 제공하는 퀵 서비스 레스토랑(quick service(limited service) restaurant, fast-food), 중급인 패밀리 레스토랑(midscale, family restaurant), 고급인 캐주얼 다이닝 레스토랑(moderate upscale, casual dining restaurant), 최고급인 파인 다이닝 레스토랑(upscale, fine dining restaurant, full-service restaurant)으로 분류할 수 있다.

〈표〉 외식산업의 업태별 분류

업태	퀵서비스 레스토랑	패밀리레스토랑	캐주얼다이닝 레스토랑	파인다이닝 레스토랑
	quick service restaurant (fast food)	family restaurant (midscale)	casual dining restaurant (moderate upscale)	fine dining restaurant (upscale)
메 뉴	• 특정화된 메뉴 품목	• 완전한 패스트푸드가 아닌 음식 • 퀵서비스보다 넓은 메뉴품목	• 다양한 메뉴품목	• 다양한 메뉴
서비스	• 한정된 서비스 • 패스트푸드	• 테이블 혹은 카운터 서비스 • 크레디트 카드 결제가 거의 안 됨	• 풀 서비스 • 테이블서비스 • 통상적으로 신용 카드 결제 가능 • 편안한 분위기와 복장	• 풀 서비스 • 정성스런 식사 준비 • 신용 카드 결제 가능 • 정장이 요구되기도 함
주 류	• 한정된 품목 혹은 판매 않음	• 한정된 주류 혹은 주류 서비스를 하지 않는다.	• 폭넓은 주류 서비스	• 극진한 서비스와 맥주, 와인 제공
객단가	낮은 가격	중간 정도 가격의 저녁 식사	중상 정도 가격의 저녁 식사	높은 가격의 저녁 식사

2) 미국 외식산업의 성장과정

(1) 외식산업의 태동기(1950년대 이전)

미국 최초의 레스토랑으로 알려진 유니온 오이스터 하우스(union oyster house)가 1826년에 보스턴에서 문을 열었다. 그 이듬해 코렌조 델모니코(Corenzo Delmonico)

가 윌리암 스트리트에 오늘날과 같은 현대적인 콘셉트로 케이크와 와인을 비롯한 3백여 가지가 넘는 메뉴를 가진 '델모니코(Delmonicos)' 레스토랑을 오픈하였다. 델모니코는 최초로 영어와 프랑스어로 표기한 메뉴판을 갖추어 국제적으로 명성을 얻었다.

1876년 영국인 프레드 하베이(Fred Harvey)가 캔자스의 토페카(Topeka)역에 레스토랑을 오픈한 이후 애치슨(Atchison)역과 산타페(Santa fe)역 등에도 오픈하였다. 이것이 오늘날 대규모 체인 레스토랑의 효시로 알려지고 있다. 1919년 로이 알렌(Roy Allen)과 프랭크 라이트(Frank Wright)가 캘리포니아 로디(Lodi)에서 A&W를 오픈하여 루트 비어(root beer)를 판매한 것이 외식산업에서는 최초의 프랜차이즈로 알려져 있다.

최초의 프랜차이즈로 알려진 A&W 매장과 A&W의 주 메뉴인 버거와 루트비어

1921년 캔자스 위키타(Wichita)에 최초의 햄버거 레스토랑 체인 '화이트 캐슬(White Castle)'이 개점하였으며, 톰슨(John, R. Thompson)은 1926년에 중서부와 남부에 126개의 레스토랑을 운영하면서 센트럴키친을 도입하였다. 균일화된 식음료 상품을 대량으로 생산하면서 원가 절감을 가져오는 획기적인 경영을 시작하였다. 이것이 오늘날 패스트푸드 생산 시스템의 기초가 되었다고 할 수 있다.

한편 민간항공시대가 열리면서 1937년 매리어트(Marriott)가 최초로 기내식을 시작하였고 1942년 스카이 셰프가 학교급식을 시작하였다. 1946년 연방정부는 국립학교 점심식사에 대한 법령을 제정하면서 국가적인 차원에서의 단체급식 프로그램을 확대해 나갔으며, 1955년에는 ARA가 병원급식을 시작하였다.

최초의 현대적 의미의 레스토랑 델모니코

(2) 프랜차이즈 도입기(1950년대)

저렴한 가격과 신속한 서비스로 제공되는 패스트푸드가 등장하면서 미국의 외식업체들이 체인화, 대형화가 이루어진 시기이다. 낮은 가격과 낮은 마진율의 패스트푸드를 대량 판매로 대체하면서 빠르게 성장하였다. 또한 한정된 메뉴로 운영의 합리화와 편의성을 강조하였으며 간단한 기술만으로 음식과 서비스를 제공할 수 있게 되었다. 맥도날드(McDonald) 형제가 1948년에 드라이브 인(Drive-in) 햄버거점을 오픈해 스피드 서비스 시스템이라는 방침을 세워 15센트 햄버거를 판매하고 있었다. 1954년 레이크락(Ray A. Kroc)이란 사람이 믹서기(mixer)를 팔기 위해 우연히 맥도날드 매장에 들렀는데 스피드 서비스의 장래성에 주목하여 맥도날드 형제로부터 1955년에 인수, 본격적인 프랜차이즈 사업을

전개하였다. 맥도날드는 Q(quality), S(service), C(cleanliness)를 내세우며 메뉴품목의 단순화, 조리공정의 개선, 셀프서비스 도입을 바탕으로 대량생산체계를 갖춤으로써 표준화 및 원가 절감을 시도하였다. 이러한 시스템은 패스트푸드 프랜차이즈사업을 전개할 수 있는 밑거름이 되었다. 1952년 '콜로넬 할란 샌더슨(Colonel Harlan Sanderson)'의 KFC, 1953년에 '피자헛(Pizza Hut)', 1954년에 '버거킹(Burger King)' 등이 개점하면서 1950년대는 본격적인 패스트푸드 시대의 도입기였다.

(3) 냉동식품 발달(1960년대)

전기가 산업 전반에 걸쳐 널리 사용되면서 얼음을 사용한 아이스박스 대신 냉장고, 믹서기, 자동식기 세척기 등 외식산업이 발전할 수 있는 주변 산업의 성장으로 다양한 형태의 레스토랑이 등장하였다. 1960년대에는 냉동식품(frozen food)의 발달로 인해 많은 외식업체들이 냉동식품으로 대체 메뉴를 개발하여 대중들에게 많은 호응을 얻어 확산되기 시작하였다. 그 대표적인 외식업체로는 '웬디스(Wendys)', '타코벨(Taco Bell)', '롱 존 실버(Long John Silver)' 등이 있다. 또한 이때부터 식당업(restaurant business)이라는 용어가 외식산업(food service industry)이라는 용어로 대체되었다.

(4) 프랜차이즈 전성기(1970~1990년대)

1970년대는 외식산업이 크게 확대되고 업체 간의 경쟁이 치열해지면서 본격적으로 마케팅이 도입되었던 시기이다. 당시 미국은 경제 침체기 가운데서도 프랜차이즈에 의한 매출은 매년 평균 10% 이상 계속 성장하여 1980년부터 1990년까지는 2배 이상으로 매출이 팽창하였으며, 미국 내 프랜차이즈의 점포 수는

1990년에 50만 개를 넘어 서게 되었고, 700만 명 이상의 근로자를 수용하였다. 1990년대 후반부터 미국의 국내 시장이 포화 상태에 이르자 400개 이상의 미국계 프랜차이즈 시스템은 해외로 진출하면서 시장을 넓히게 되었다.

〈표〉 미국 외식산업의 발전 과정

연 대	특 징	업 체
1950년대 이전	• 1800년대 외식업의 태동 • 1900년대 실질적인 외식산업의 태동 • 1930년대 외식의 성행 • 1940년대 단체급식업체 등장	• 델모니코(1827) • 피그스탠드(1921) • 하워드 존슨(1930)
1950년대	• 외식산업 도약기 • 패스트푸드 및 테이크아웃 출현	• KFC(1952) • 피자헛(1953) • 버거킹(1954) • 맥도날드(1955)
1960년대	• 외식산업의 성장기 • 프랜차이즈 급성장 • 외식산업의 시스템 및 대량 생산	• 미스터 스테이크(1962) • 아비스(1964) • 레드랍스터, 롱존실버, 쇼니스 (1968) • 웬디스(1969)
1970년대	• 외식산업의 성숙기(안정 성장기) • 프랜차이즈의 직영화 • 대기업의 외식산업 진출	
1980년대	• 외식산업의 성숙기(고도 성숙기) • 자본력에 의한 경쟁 가속 • POS System화 • 내식과 외식의 경쟁 치열	
1990년대	• 외식산업의 성숙기(안정 성숙기) • 특화 및 틈새시장 공략 • 고객 만족과 감동 연출 • 테마 콘셉트형 출현	

2 일본 외식산업의 성장과 발전

1) 일본 외식산업의 분류

일본 외식산업은 표준산업분류에 의해 주로 판매되는 상품이 알코올을 포함한 음료인가의 여부에 따라 음식을 주로 제공하는 일반음식점, 주류를 주로 제공하는 유흥음식점으로 분류하고 있다.

〈표〉 일본 표준산업 분류표에 의한 음식점의 분류

분 야		정 의	사 례
일반음식점	식당 레스토랑	주식을 일정한 장소에서 먹을 수 있도록 하는 사업소(서양요리점, 일식 및 중화요리점은 제외한다.)	기호식당, 대중식당, 일반식당
	일본요리점	특정의 일본요리(소바, 초밥 제외)를 먹을 수 있도록 하는 사업소, 요정과 같은 유흥음식점 제외	덴뿌라, 장어, 천어(天魚: 민물고기), 정진(精進: 채식요리), 새요리, 솥밥, 주먹밥 등 요리점
	서양요리점	서양요리를 제공하는 사업소	그릴, 레스토랑, 러시아 · 이탈리아 · 프랑스 등 서양요리점
	중화요리점, 기타 동양요리점	중화요리 및 한국, 인도 요리를 먹을 수 있도록 하는 사업소	중화요리, 한국요리, 인도요리점
	소바(국수), 우동점	소바(일본식 국수), 우동을 제공하는 사업소	소바(일본식 국수)점, 우동점
	깃샤텐	커피, 홍차, 청량음료 내지 간단한 식사를 제공하는 사업소	깃샤텐, Fruit Bar, 음악다실, 스낵
	기타 음식점	大福(모찌), 金泉焼(찹쌀떡) 우뭇가사리, 단팥죽 등 분류되지 않는 식료품을 제공하는 영업소	大福, 빙수, 감주, 단팥죽, 구이요리점
기타음식점	요 정	일본 요리를 제공하고 접대하는 고객에게 유흥음식을 제공하는 사업소	요정, 대합(전통 기생집)
	바, 카바레, 나이트클럽	가무를 즐길 수 있는 설비를 갖추고 주류와 요리를 제공하는 사업소	살롱, 카바레, 나이트클럽, 바, 스낵바
	주장, 비어홀	대중적 설비를 갖추고 주로 주류 및 요리를 제공하는 사업소	대중술집, 이자까야, 새구이집(조류구이집), 오뎅집, 비어홀

2) 일본 외식산업의 성장과정

(1) 외식산업의 태동기(1960년대)

1960년대 일본은 서양식 레스토랑이 증가하면서 외식 활동이 서구화되고 외식의 대중화가 초기 단계의 모습을 보이게 된 시기이다. 세이부 백화점은 일본에서 처음으로 서구형 카페테리아를 개점함으로써 백화점의 이미지를 새롭게 부각시켰고 인건비 절감과 회전율의 상승효과를 기대하기 위해 새로운 전문 경영 시스템 등을 도입하였다. 또한, 자가용 운전자와 트럭 운전자를 위해 휴식공간을 제공하는 드라이브인 형태의 외식사업이 교외에 신설되었다. 1969년 제2차 자본 자유화에 의해 외식업체들이 자유화 업종에 지정되어 기술제휴, 합병 등에 의해 해외 기업이 갖고 있던 새로운 경영 기술 도입이 가능하게 되었다. 이후 해외브랜드 외식기업으로부터 매뉴얼, 프랜차이즈 등의 새로운 경영기술을 습득하였고 외식산업에 대한 개혁이 일어나면서 일반 외식기업에도 큰 영향을 주게 되었다.

(2) 외식산업의 성장기(1970년대)

1970년대에는 주로 패스트푸드점들이 많이 출점하였는데 '미쓰비시'는 미국의 'KFC'와 제휴하여 테이크아웃 방식으로 개점하였으며, '더스킨'은 오사카 교외에 미국의 '미스터도넛'과 프랜차이즈를 계약하여 일본 최초의 체인 레스토랑으로 탄생하게 되었다. 일본의 고유 브랜드인 '요시노야'가 다점포화를 시작하였고, 1971년 동경에 맥도날드 1호점이 개점하였다.

이와 같이 외국 자본에 의한 패스트푸드점들의 일본 진출에 자극을 받은 외식업체들이 이때부터 적극적으로 투자하기 시작하였다. 1972년 '롯데리아(Lotteria)'가 일본 내에 햄버거 체인점 전개를 시작하였고, '모스버거(Mos Burger)'도 프랜차이즈를 전개하였다. 일본의 대표적인 패밀리 레스토랑 '스카이락'에서는 센트럴키친을 도입하면서 상품의 질과 맛 · 가공도를 높이고 작업의 단순화와 품질의 균일화 · 매뉴얼화를 실시하며 다점포화시대를 열었다.

(3) 대형 외식기업의 등장(1980년대)

1980년대는 일본 경제의 불황으로 외식시장의 연간 실질 증가율은 매우 낮았다. 질적인 소비 패턴을 보이며 고급품의 소비가 증가하였으며, 여가 생활을 중시하는 선진국형 라이프스타일이 보편화되었다. 이러한 변화로 다양한 업태의 외식산업이 등장하였고 외식기업은 더욱 대기업화, 시스템화되는 추세가 되었다. 일본 지역뿐만 아니라 해외로 눈을 돌려 사업진출을 확대하면서 약 20조엔의 외식산업 시장 규모로 성장하였으며 스카이락, 로얄, 세이부세존, 다이에이 등의 외식기업 그룹들이 등장하였다.

(4) 외식산업의 변환기(1990년대)

1990년대는 버블경제가 무너지고 외식 빈도가 감소하여 매출이 크게 줄면서, 외식업체들의 자구책으로 다양한 가격대와 콘셉트를 개발하여 불경기 극복에 대처해 나가고 있었다. 스카이락은 품질은 그대로 유지하면서 가격은 저렴하게 낮춘 저가격의 가스토(gasto)와 가격은 유지하면서 상품가치를 크게 높인 스카이락 가든(skylark garden)이라는 새로운 업태를 내세웠다. 로열호스트는 서양식 요리의 품질 향상에 중점을 두었고, 카사는 거리의 양식당이란 콘셉트로 메뉴를 개발하였으며, 코코스는 남부 캘리포니아를 이미지화한 친근한 서비스를 정착시키는 것으로 각자의 콘셉트를 명확히 하고 지속적으로 품질과 서비스를 개선하는 노력을 기울였다.

3) 일본 외식산업의 최근 동향

일본 외식산업의 최근 동향을 살펴보면 외식 마케팅 양극화와 음식의 안전성 강조 현상이 뚜렷해 시장의 규모 감소에도 불구하고 외식비율이 증가되고 체인점이 확대되는 추세이다. 계속적인 침체기를 보내면서 일본 외식산업은 최근 다음과 같은 몇 가지 경향을 뚜렷이 보여주고 있다.

첫째, 외식마케팅의 양극화 현상이 더욱 두드러지게 나타나고 있다. 햄버거, 덮밥 등의 대표적인 저단가 식사를 제공하는 업체는 가격을 더욱 인하하는 전략을 펼쳐나가고 있다. 그 결과 내점객 수가 크게 증가함으로써 객단가 인하에도 불구하고 전체 매출액은 오히려 상승하는 모습을 보여줬다. 반면에 고급 식재를 사용하고 고품격의 인테리어와 서비스를 지향하는 고단가 전략의 점포들 또한 크게 인기를 끌어 불황기에 발생하는 소비의 양극화 현상이 더욱 뚜렷해지는 것으로 보인다.

둘째, 음식의 안전성이 더욱 강조되고 있다. 일본에는 광우병을 비롯해 식육위장, 비인가첨가물 등 식품의 안전성을 위협하는 대형 사건들이 유난히 많이 발생했다. 이로써 일본 국민의 외식업체에 대한 불안감과 불신이 증폭됐으며 그렇지 않아도 곤란한 외식업계의 경영을 더욱 어렵게 만들었다. 이에 따라 각 외식업체는 건강한 식사 제공을 위해 검사제도를 강화하고 안전관리제도를 더욱 개선해 나갔다.

셋째, 전체 시장규모는 감소했지만 라이프스타일 변화에 따른 외식비율은 계속해서 증가하고 있다. 생활의 24시간화, 독신거주자의 증가, 탈키친화(주방에서의 시간을 줄인다는 사회 변화) 등의 사회트렌드 변화는 외식인구의 수를 계속 증가시키는 결과를 낳고 있다. 따라서 외식비와 중식(中食 : 간단하게 집에서 먹을 수 있는 반조리 식품)의 비율도 매년 높아질 것으로 전망된다.

일본의 유명한 이자까야 '곤빠찌'

긴자 미츠코시 백화점 내 지하 와인바. 5명의 손님만 받을 수 있는 세계에서 제일 비싼 땅에 위치한 미니 와인바다.

〈표〉 일본 외식산업의 발전 과정

연 도	특 징	업 체
1960년대 이전	• 1940년대 초 요식업 전개 • 1950년대 음식업의 태동기 • 1960년대 외식산업의 태동기(음식업 자유화를 토대로 발전)	• 로열(1950)
1970년대	• 외식산업의 전환기 • 외식의 대중화 • 패스트푸드 전성기 • 패밀리레스토랑 활성화 • 외식 혁명 • 센추럴 키친 시스템화, 매뉴얼화 확립	• 스카이락, KFC(1970) • 맥도날드, 로열호스트(1971) • 롯데리아(1972) • 데니스저팬(1973) • 카사, 웬디스(1978)
1980년대	• 외식산업의 성장기 • 프랜차이즈 가속화 및 다점포 전개 • 고감도 외식산업으로 진입 • 종합정보 네트워크 구축 및 점포 종합 관리 시스템 확립	• 외식 그룹 태동(스카이락, 로열, 세이부세존, 다이에이)
1990년대	• 외식산업의 성장기 및 침체 회복기 • 민속 요리점의 출현과 해외 진출 • 복합 점포, 공동 출점	

사례 미국, 일본, 중국의 2024년 외식산업의 특징 및 현황

미국의 외식산업 역시 코로나19의 영향으로 큰 타격을 받았다. 음식점 수가 감소하고, 외식 물가가 상승하면서 소비자들의 외식 소비가 감소하고 있다.

이에 따라 배달 및 포장 음식의 선호도가 증가하고 있으며, 비건 식품 시장, 배달 음식 시장, 밀키트 시장이 성장하고 있다. 대형 프랜차이즈 기업이 최고도로 발달해 있으며, 배달 음식 시장이 빠르게 성장하고 있고 건강과 환경에 대한 관심이 증가하면서 유기농 식품과 채식주의 식품 시장이 지속적으로 성장하고 있다.

일본은 역사적으로 전통적인 음식 문화가 발달해 있으며, 지역 특산물을 활용한 메뉴가 많고 우리보다도 먼저 1인 가구가 증가하면서 편의점 도시락 시장이 꾸준히 성장하였고 고령화 사회에 진입하면서 실버푸드 시장이 성장하고 있는 것도 주목할 만한 현상이다.

건강한 식습관에 대한 관심이 증가하면서, 유기농 식품과 채식주의 식품 시장이 점차 성장하고 있다는 특징이 있다.

중국의 외식산업은 다양한 소수민족이 섞여 사는 이유로 버라이어티한 음식 문화가 공존하고 있으며, 지역 특산물을 활용한 메뉴가 인기를 끌고 있다. 배달 음식 시장 또한 코로나 사태를 기점으로 다른 나라보다도 더 빠르게 성장하고 있고, 고급화 전략을 통한 차별화를 시도하고 있으며 외국 음식 문화의 유입과 융합이 활발하게 이루어지고 있다.

반면 우리나라는 1인 가구 증가에 따른 배달 음식 시장의 성장이 두드러진다. 건강한 식습관에 대한 관심이 증가하면서, 유기농 식품과 채식주의 식품 시장이 성장하고 있다는 점은 전 세계적인 트렌드이기에 우리나라도 그 추세가 이어지고 있는 듯하며 구인의 어려움으로 인해 테크(TECH)와의 결합이 빠르게 진행되고 있는 듯하다.

각 국가의 외식 창업 트렌드를 비교해 보면, 배달 음식 시장의 발달, 건강한 식습관에 대한 관심 증가, 지역 특산물을 활용한 메뉴 인기 등의 공통점이 있다.

미국은 대형 프랜차이즈 기업의 계속적인 성장 및 밀키트 시장의 성장, 일본은 편의점 도시락 시장과 실버푸드 시장의 성장, 중국은 배달 음식 시장의 빠른 성장 및 고급화 전략, 한국은 해외 음식 문화의 유입과 융합이 활발하다는 차이점이 있다.

따라서 외식업 창업을 염두에 두고 있는 예비창업자는 이러한 특성에 맞는 창업 전 전략 수립이 필요하며, 건강과 환경에 대한 관심을 고려해야 하고 지역 특산물을 활용한 메뉴 개발로 지역 경제에 기여할 수 있으며 해외 음식 문화와의 융합을 통한 새로운 음식이나 메뉴를 본인만의 경쟁력으로 개발해 내는 것도 중요할 것으로 보인다.

자료 : 일요서울, 2024.2.24

사례 미국 최고 빵집 된 '파리바게뜨·뚜레쥬르', 비결은?

SPC, 美 현지 제빵 공장 건립 추진
미국 파리바게뜨 200개 … 2030년 1000개 달성 목표

SPC그룹, 미국 현지 제빵공장 건립 추진

글로벌 시장에서 K-푸드 성장세가 지속되는 가운데 국내 베이커리 브랜드들도 고속 성장하고 있다.

4일 SPC그룹은 최근 미국 텍사스주에 제빵 공장 건립을 추진한다고 밝혔다. SPC그룹은 텍사스주 존슨 카운티에 속한 벌리슨시를 공장 후보지로 정하고 지방 정부와 투자 계획 및 지원금에 대해 최종 조율 중이다.

텍사스주는 미국 중심부에 있어 미국 전역과 캐나다, 중미 지역에 물류 접근성이 좋다. 투자 기업에 대한 지방 정부의 유치 인센티브와 고용 환경 측면에서도 장점이 많은 비즈니스 친화 지역으로 평가받는다. 존슨 카운티와 벌리슨시 지방 정부는 이번 공장 투자 유치를 위해 파리바게뜨에 약 1000만 달러(약 147억 원) 규모의 지원금을 제공한다.

SPC삼립 관계자는 "그룹 차원의 협력을 통해 미국 현지 시설을 시장 대응 및 현지화 전략의 거점으로 활용하는 방안을 검토하고 있다"고 말했다.

SPC그룹의 미국 제빵 공장은 파리바게뜨 매장이 확산 중인 미국과 캐나다를 비롯해 향후 진출 예정인 중남미 지역까지 베이커리 제품을 공급하기 위한 생산 시설이다. 이 공장은 투자 금액 약 1억 6000만 달러(약 2353억 원), 토지 넓이 약 15만㎡(4만 5000평)로 SPC그룹의 최대 해외 생산 시설이 될 전망이다. SPC그룹은 중국 톈진에서 제빵 공장(2만 800㎡)을 운영하고 있으며, 말레이시아 조호르바루의 할랄 인증 제빵 공장(1만 6500㎡) 완공을 앞두고 있다.

파리바게뜨는 해외 14개국에 600여 개의 매장을 운영 중이다. 그중 미국과 캐나다에 200여 개가 있다. 북미 가맹사업이 성공적으로 자리 잡으면서 매장 증가 추세에 속도가 붙고 있으며 제품 공급량도 꾸준히 늘고 있다. 파리바게뜨는 2030년까지 북미 지역에 매장 1000개 개설을 목표로 하고 있다.

CJ푸드빌의 뚜레쥬르도 미국에서 LA, 뉴욕, 뉴저지 등 27개 주에서 138개 매장을 운영 중이다. 뚜레쥬르는 해외 시장에서 성과를 내고 있는 가운데 특히 미국에서 괄목할 만한 성과를 내고 있다. 뚜레쥬르는 지난해 매출 1000억 원을 돌파했다. CJ푸드빌에 따르면 이미 지난해 2025년 가맹점 계약 목표치를 채웠을 정도로 미국 가맹 사업이 순항 중이다.

K-베이커리가 미국에서 인기가 높은 배경엔 종류 다양화가 있다. 미국 베이커리의 경우 담백한 맛 위주로 종류가 다양하지 않은 반면 파리바게뜨나 뚜레쥬르는 빵 종류가 수백 가지에 달하고, 자유롭게 빵을 살펴보고 고를 수 있는 중앙 진열 방식이 미국 현지에서 차별화됐다.

또 미국에는 도넛과 베이글 등 단일 브랜드 점포가 많고, 파리바게뜨와 뚜레쥬르는 도넛, 베이글은 물론 크루아상, 바게뜨, 케이크 등 다양한 종류의 빵을 한 곳에서 취급한다. 특히 다양한 색감으로 디자인된 동그란 홀 생크림 케이크는 미국에서 쉽게 구하기 어려워 인기가 높다.

SPC그룹 관계자는 "북미 지역 사업 성장에 따라 원활한 제품 공급과 품질 향상을 위해 미국 공장 건립을 추진하게 됐다"면서 "건설을 성공적으로 마무리해 K-베이커리의 우수성을 널리 알릴 수 있도록 하겠다"고 말했다.

자료 : 시사저널, 2025.1.4

CHAPTER 03 국내 외식산업의 성장과 발전

1 국내 외식산업의 분류

1) 업종과 업태에 의한 분류

업종(type of business)이란 영업의 종류를 말하는 것으로 한식, 양식, 일식, 중식, 카페, 베이커리 등과 같이 판매하는 식음료의 종류, 즉 메뉴의 1차적 구분을 의미한다. 업태(type of service)는 고객의 외식 동기와 목적에 따라 세분화된 영업형태를 말한다. 외식산업이 성장하고 경제발전과 사회, 문화가 변화하면서 레스토랑을 선택하는 고객의 행동에도 변화가 나타났다. 즉 '무엇을 먹을 것인가' 라는 단순한 식음료의 선택에서 벗어나 시간, 장소, 목적 등에 따라 가격, 서비스, 분위기, 입지에 맞는 레스토랑을 선택할 것인가 즉 '어떻게 먹을 것인가'를 찾게 되었다.

고객의 관점에서 업태는 각각 다른 개성과 특징을 가진 레스토랑의 등장을 의미한다. 반면 레스토랑의 관점에서는 불고기를 패스트푸드 스타일의 셀프서비스로 판매할 것인가, 아니면 파인다이닝레스토랑의 풀 서비스로 판매할 것인가의 결정이 바로 업태의 문제가 된다.

우리나라 외식산업의 분류를 보면 초기에는 무엇을 판매하고 있는가에 따라 한식, 양식, 일식, 중식 등의 업종만으로 단순히 분류하였다. 그러나 차츰 식생활 패턴이 서구화되면서 자신의 취향, 분위기, 장소, 시간, 가격, 서비스 등에 따라 매장 선택이 가능해졌는데 이것이 바로 업태의 발상이었다. 이러한 업태에 의한 기준은 미국의 퀵서비스레스토랑(quick service restaurant), 패밀리레스토랑(family restaurant), 캐주얼다이닝(casual dining), 파인다이닝(fine dining) 등의 구분에서 유래되었다.

〈표〉 국내 외식산업 업종 업태별 분류

업종/업태	패스트푸드점	패밀리레스토랑	캐주얼다이닝	파인다이닝
메 뉴	한정적	폭넓은 다양한 메뉴	선택성 있는 폭넓은 메뉴	선택 및 계절성 있는 한정 메뉴
서비스	셀프서비스	정형화된 풀 서비스	풀 서비스	고급 풀 서비스
주 류	판매 안 함	한정적 주류 판매	다양한 주류 판매	와인 및 기타 고급 주류 판매
객단가	5,000원~10,000원	10,000원~20,000원	25,000원~40,000원	40,000원 이상
한 식	• 김밥천국 • 신포우리만두 • 분식점	• 한식뷔페 • 신선설농탕	• 송추가마골 • 강강술래 • 한우리	• 삼청각 • 무궁화 • 라연
중 식	• 홍콩반점0410	• 차이나팩토리 • 홀리차우	• 크리스탈제이드	• 백리향 • 팔선
일 식	• 깡우동	• 기소야 • 광명수산	• 독도참치 • 스시히로바	• 모모야마 • 아리아케
양 식	• 롯데리아 • 맥도날드 • KFC	• 피자스쿨 • 롤링파스타	• 애슐리 • 빕스 • 아웃백 스테이크 하우스	• 스테이 • 피에르가니에르

2) 식품위생법에 의한 분류

(1) 휴게음식점

음식류를 조리 · 판매하는 영업으로서 음주 행위가 허용되지 아니하는 영업이다. 주로 다류를 조리 · 판매하는 다방, 빵 · 떡 · 아이스크림류 · 과자를 조리 · 판매하는 과자점 형태의 영업을 포함한다. 휴게음식점 영업소 내에 주류를 반입(손님이 반입하는 경우 포함)하거나 보관할 수 없으며, 편의점에서 판매를 목적으로 진열하는 경우와 다류의 향, 맛을 다양하게 조리하기 위하여 첨가(알코올 1°)하는 경우에만 예외로 인정한다.

(2) 일반음식점

음식류를 조리 · 판매하는 영업으로서 식사와 함께 부수적으로 음주 행위가 허용되는 영업이다. 주로 탕, 찬류 등의 식사류를 취급하면서 부수적으로 주류를 판매하는 영업으로 한식과 일식, 중식 및 경양식 형태의 음식점이다.

(3) 단란주점

주로 주류를 조리 · 판매하는 영업으로서 손님이 노래를 부르는 행위가 허용되는 영업이다. 디스코, 카바레, 룸살롱 형태의 주점 업소이다.

(4) 유흥주점

주로 주류를 조리 · 판매하는 영업으로서 유흥 종사원을 두거나 유흥 시설을 설치할 수 있고, 손님이 노래를 부르거나 춤을 추는 행위가 허용되는 영업이다.

(5) 위탁급식

집단급식소를 설치 · 운영하는 자와 계약을 체결하여 그 집단급식소 내에서 음식류를 조리하여 제공하는 영업이다.

(6) 제과점

주로 빵·떡·과자 등을 제조·판매하는 영업으로서 음주 행위가 허용되지 아니하는 영업이다.

〈표〉 **식품위생법에 의한 분류**

구 분	영 업 내 용	행정 절차
휴게음식점	• 음식류를 조리·판매하는 영업(음주행위가 허용되지 않음) (주로 다류를 조리·판매하는 다방·패스트푸드점 등)	신고
일반음식점	• 음식류를 조리·판매하는 영업 (부수적으로 음주행위가 허용되는 영업)	신고
단란주점	• 주로 주류를 조리·판매하는 영업 (손님이 노래를 부르는 행위가 허용되는 영업)	허가
유흥주점	• 주로 주류를 조리·판매하는 영업 (유흥종사자 고용·유흥시설 설치 허용)	허가
위탁급식	• 음식류를 조리·판매하는 영업 (집단급식소를 설치함)	신고
제과점	• 음식류를 조리·판매하는 영업(음주행위가 허용되지 않음)	신고

2 국내 외식산업의 발전과정

1) 외식산업의 태동기(1970년대)

1970년대에는 경제발전과 핵가족화로 인한 식생활 수준이 향상되어 구조적인 변화가 일어나기 시작하였다. 밀가루 중심에서 육가공·유가공·과채류 가공으로 발전되면서 소비 패턴이 다양화, 고급화되고 영양과 맛의 추구는 외식산업이 태동하는 촉매 역할을 하였다.

소규모 영세한 외식업체가 대부분이던 상황에서 1971년 '신포우리만두'와 1975년 '림스치킨'이 시스템을 갖추지 못한 프랜차이즈였지만 국내 브랜드로는 처음으로 다점포를 시도하였다. 1979년 10월 현대적 의미에서 시스템화된 프랜차이즈인 '롯데리아' 1호점이 소공동에 오픈하면서 외식산업의 태동기를 맞게 되었다.

1979년 열린 롯데리아 소공동 1호점 개점 행사 모습

2) 해외브랜드 패스트푸드 외식산업의 등장(1980년대)

1980년대에는 경제발전에 따라 소득이 증대하면서 음식에 대한 가치관과 국민의 의식 구조는 물질 충족의 단계에서 질적인 생활 수준 향상으로 변화하였다. 기존의 요식업 · 식당업의 명칭 대신 외식산업이라는 용어로 바뀌면서 다양한 업종과 업태 출현이 가속화되었으며, 외식산업이 태동하는 사회적 분위기가 조성되었다.

1984년 외자도입법이 개정되면서 다양한 해외브랜드가 도입되었는데, 대부분 미국의 패스트푸드가 대거 국내 시장에 진출하였다. '버거킹'이 그해 국내 기업과 제휴하여 진출한 것을 시작으로 'KFC', '웬디스', '피자헛', '맥도날드', '도미노피자' 등이 진출하였다. 또한, 아이스크림 전문점인 '베스킨라빈스'와 일본 커피 전문점인 '도토루'도 이 시기에 국내에 등장하였다. 패스트푸드는 신속함과 효율성을 원하는 현대인에게 가장 적합한 음식으로 자리 잡고 있으며 유행을 선도하는 젊은이들에게 최고의 문화 코드가 되었다.

해외 패스트푸드 브랜드의 인기 속에서 1987년에 국내 토종 브랜드인 '놀부'가 개점하였다. 그 외에 다림방(1982), 장터국수(1984), 신라명과(1984), 파리바게뜨(1988), 자뎅(1989) 등과 같은 중소 국내 브랜드들이 등장하였다. 최초의 패밀리레스토랑인 '코코스'가 올림픽이 개최된 해인 1988년에 일본으로부터 도입되었다. 코코스의 등장은 외식산업을 대중에게 알리는 계기가 되었으며 외식 활동을 문화생활로 정착시키는 데 큰 역할을 하였다.

1988년 서울 광화문에 세워진 파리바게뜨 1호점

3) 패밀리레스토랑의 성장과 퓨전음식의 등장(1990년대)

1990년대는 외식산업의 본격적인 진출기라고 말할 수 있다. 국민 소득이 꾸준하게 높아지고 여가 생활이 늘어나면서 가족단위로 외식을 즐기는 국민들이 늘어나게 되었다. 이러한 변화는 외식시장의 규모가 커지고 다양한 업태의 외식산업이 증가하면서 질적으로 성장하고 발전하는 밑거름이 되었다. 1992년에 패밀리레스토랑의 대명사인 'TGI프라이데이스'가 진출하면서 패밀리레스토랑에 대한 관심이 고조되었다. 특히 TGI프라이데이스는 호텔레스토랑 수준의 맛과 서비스 및 독특한 분위기로 외식산업시장에 일대 혁신을 일으켰다. TGI프라이데이스 이후 씨즐러(1995), 베니건스(1995), 토니로마스(1995), 마르쉐(1996), 아웃백 스테이크 하우스(1997) 등이 진출하였다.

패밀리레스토랑을 유망업종으로 평가하면서 대기업들이 외식산업에 관심을 갖게 되었고 서로 경쟁하듯 외식시장에 진출하였다. 대표적으로 지금의 CJ푸드빌로 바뀐 제일제당은 일본의 대표적 패밀리레스토랑인 '스카이락'과의 기술제휴로 시장에 참여하였으며, 신세계푸드시스템도 고기뷔페전문점 '까르네스테이션'을 일본에서 도입하였다. 패밀리레스토랑의 확대는 생활수준 향상으로 질적인 외식소비와 가족 중심적인 레저생활 등에 대한 고객의 욕구변화가 나타나기 시작하였고 때마침 다각화를 꾀하였던 대기업의 관심과도 일치하였다.

소득 수준이 향상되면서 외식을 하려는 고객들은 맛 이외에 분위기, 인테리어 등이 레스토랑을 선택하는 기준이 되었다. 고객들의 취향도 고급화, 다양화함에 따라 음식 이외의 특정한 테마로 볼거리를 제공하는 전략을 구사하는 테마레스토랑이 등장하였다. '하드락카페'는 락음악을 주제로 하여 젊은 고객을 대상으로 인기를 얻었으며, 영화와 스포츠를 테마로 한 '플래닛 헐리웃'과 'LA팜스'가 진출하였다.

90년대 말 외식산업의 대표적인 현상 중 하나는 음식의 다양화에 따른 퓨전음식의 등장이다. 이러한 퓨전 현상은 외식산업이 성숙화하는 단계에서 나타나는 순차적인 외식문화 확산의 과정이며 소비자 욕구와 문화의 다양성이 반영된 외식산업의 글로벌화 현상이라고 할 수 있다. 패스트푸드와 패밀리레스토랑으로 양분되던 시장에서 퓨전음식 문화는 커다란 반향을 일으켰다. 프렌치-아시안 퀴진(cuisine)이라는 동서양 퓨전음식의 시초로 알려진 '시안', 썬앳푸드의 '스파게띠아', 베트남 음식 전문점 '포호아'와 '포타이' 등 동남아요리를 주제로 한 레스토랑들이 퓨전음식문화를 주도하였다.

국내 최초 퓨전레스토랑 '시안' 내부

4) 외식산업 시장의 세분화(2000년 이후)

21세기 외식산업은 고객의 욕구가 다양화, 개별화되면서 외식산업환경이 급속도로 변화하고 있다. 웰빙이라는 단어가 등장하면서 건강식에 대한 관심이 높아지게 되자 고유 음식인 한식의 가능성도 제시되었으며 유기농을 이용한 레스토랑도 등장하였다. 패스트푸드, 음료, 아이스크림 등의 기호식품 전문점 역시 가공식품보다는 생과일, 녹차 등의 천연재료를 이용한 이색 메뉴로 고객의 관심을 끌고 있다. 특히 에스프레소 커피의 등장은 테이크아웃 등 다양한 업태의 외식산업을 탄생시키는 데 큰 역할을 했다. 젊은 층을 중심으로 칵테일바, 와인바, 이자까야, 오뎅바 등이 등장하면서 새로운 음주문화가 나타났다. 특히 일본식 주점인 이자까야는 회식 개념을 통한 식사와 주류를 겸할 수 있다는 점 때문에 고객의 사랑을 받고 있다.

테이크아웃, 배달, HMR 등으로 외식의 범위가 더욱 넓어지면서 편리하고 신속하며 효율적인 소비 패턴을 추구하는 소비 현상이 나타났다. 기존의 패스트푸드레스토랑과 패밀리레스토랑의 장점만을 통합한 신개념의 레스토랑과 패스트푸드와 베이커리의 특징들을 모은 레스토랑도 개점하면서 점점 외식산업시장의 업태가 다양화되는 것을 알 수 있게 되었다.

세계 맥주 전문 브랜드 '와바'

와인 소비량이 증가하고 고급화된 커피가 확산되는 등 음료문화에도 뚜렷한 변화가 나타났다. 식사 위주의 시장에서 칵테일, 와인, 커피 등 음료를 전문적으로 취급하는 다양한 콘셉트의 바와 에스프레소 커피전문점 등이 젊은 층을 중심으로 확산되었다. 스타벅스가 국내에 진출하면서 인스턴트커피로 대변되던 국내 커피시장에 에스프레소 커피를 도입하였고 기존의 중소업체들이 담당했던 것과는 달리 재무구조가 튼튼한 기업들이 커피시장에 참여하면서 시장이 확대되고 새로운 커피문화가 형성되었다.

패스트푸드의 인체 유해성 문제가 논란이 되면서 슬로푸드로의 회귀현상이 나타나고 있다. 좋은 음식을 먹겠다는 소비심리가 확산되면서 메뉴가 변하고 있는 것이다. 미국 최대의 건강과일음료 프랜차이즈인 스무디킹은 주된 타깃이면서 다이어트와 미용에 높은 관심을 보이는 젊은 여성층을 끌어들이는 데 주력하고 있으며 건강에 관심이 많은 중장년층까지 고객을 확대하고 있다. 또한 육류가 주류를 이루던 시장에서 건강과 다이어트 중심의 식생활은 육류 대신 해산물이나 야채로 옮겨 놓고 있다. 많은 외식기업들이 대거 시푸드레스토랑에 관심을 나타내면서 진출하였는데 기존의 뷔페레스토랑들도 시푸드를 접목하여 시푸드 뷔페레스토랑으로 방향을 바꾸고 있다.

세계에서 가장 아름다운 스타벅스 매장 순위에 오른 파미에파크 R점

〈표〉 한국 외식산업의 시대별 특징

시 대	특 징
1950년대	• 전통 음식점 중심의 요식업 태동 • 식량 자원 부족으로 침체(1945년 166개 점포)
1960년대	• 식생활 궁핍 및 침체기 • 밀가루 위주의 식생활 유입(미국 원조품) • 분식의 확산 및 식생활 개선 문제 부상
1970년대	• 영세성 요식업의 출현 • 해외 브랜드 도입 및 프랜차이즈 태동
1980년대 초반	• 외식산업의 태동기(요식업, 외식산업) • 영세 난립형 체인 속출(햄버거, 국수, 치킨, 생맥주) • 해외 유명 브랜드 진출 가속화
1980년대 후반	• 외식산업의 성장기(중소기업, 영세업체 난립) • 패스트푸드 및 프랜차이즈 중심의 시장 확대 • 패밀리레스토랑, 커피숍, 호프점, 양념치킨 약진
1990년대 초반	• 외식산업의 전환기(산업으로서의 정착 : 1995년) • 중 · 대기업의 신규 진출 가속화 및 해외 유명 브랜드 도입 • 프랜차이즈의 급성장 및 도태, 시스템 출현(외식 근대화)
1990년대 후반	• 경기 불황으로 외식비와 외식 빈도가 크게 감소 • 저렴하고 실속 있는 외식 업종의 인기 – 단체급식 • 소규모 점포 창업의 증가
2000년대 이후	• 업태의 다양화(테이크아웃, 배달, HMR) • 새로운 음료 문화(와인, 에스프레소, 칵테일, 스무디 등) • 웰빙과 슬로우푸드(시푸드레스토랑)

3 국내 외식산업의 업계별 동향

1) 한식시장

한식은 현재 국내의 외식메뉴 중 가장 선호하는 업종으로 외식산업에서 가장 큰 규모를 이루고 있다. 한식시장은 갈비, 삼겹살 등 구이 전문점이 가장 많고 한정식, 탕이나 단품 메뉴 전문점 등 다양한 업태로 구성되어 있다. 최근에 해외

브랜드 외식기업들이 시장을 확대하고 음식문화가 글로벌, 퓨전화되는 가운데 전통음식을 메뉴로 한 외식산업이 꾸준하게 등장하고 있다. 특히 한식은 웰빙의 식사라는 이미지가 확산되었으며 과학적 경영기법의 도입과 프랜차이즈 시스템이 결합되면서 표준화, 전문화되고 있다. 또한 전통적인 한식개념에서 탈피한 콘셉트로 해외시장에도 진출하며 새로운 변화를 모색하고 있다.

벽제갈비는 한국 최고의 고기를 판매하고 세계 최고의 음식점이라는 목표를 가지고 장인이 만들어내는 최고의 맛으로 기업화에 노력하고 있으며, 본죽은 한식의 표준화를 통해 글로벌 체인화를 지향하며 한식의 대표음식인 죽과 비빔밥을 서구형 패밀리레스토랑의 분위기에서 즐길 수 있는 콘셉트로 점포를 확대하고 있다. 그러나 한식의 기업형 체인이 어려운 이유는 식재료와 상품 자체가 반가공 상태로 조리하여 상품화하기가 힘들 뿐 아니라, 반가공을 하더라도 조리장의 손맛이 들어가야 하므로 맛의 표준화가 힘들기 때문이다. 많은 사람들이 한식을 선호하기 때문에 고객을 만족시킬 수 있는 한식의 다양한 상품화가 가장 큰 과제라 할 수 있겠다. 특히 한식은 몇 년 주기로 메뉴 변화가 나타나므로 한식시장에서 살아남기 위해서는 지속적인 메뉴 개발과 서비스, 차별화된 마케팅

활동이 필요하다. 나아가 경영자의 한식에 대한 사명감과 의지, 자본력, 합리적 관리뿐만 아니라 한식의 세계화를 이루기 위해서는 정부 차원의 정책적인 지원도 필요하다.

2) 베이커리시장

최근에는 식사를 빵으로 대신하거나 간식으로 빵과 케이크를 찾는 수요가 늘어나면서 베이커리의 이용횟수가 증가하고 있다. 특히 베이커리 간의 경쟁뿐만 아니라 유사업종인 햄버거, 도넛, 피자 등 패스트푸드가 대거 등장하면서 경쟁이 치열한 실정이다.

베이커리시장은 독립적으로 운영하고 있는 베이커리, 프랜차이즈시스템에 의한 베이커리, 인스토어베이커리로 구분된다. 프랜차이즈 시장은 파리바게뜨를 운영하고 있는 SPC그룹과 뚜레쥬르를 운영하고 있는 CJ푸드빌이 냉동 생지를 각 가맹점에 공급하는 새로운 경영방식의 프랜차이즈 가맹사업을 전개하면서 베이커리시장을 급속도로 확산시켰다. 또한 카페형 베이커리인 투썸플레이스, 크리스피크림, 던킨도넛과 같은 수입 브랜드의 도넛 전문점이 인기를 얻고 있다. 프랜차이즈 베이커리의 확산으로 인해 독립운영 베이커리는 저마다의 독창적인

파리바게뜨(좌)와 뚜레쥬르(우) 전경

빵을 개발하고, 웰빙에 초점을 맞추어 차별화를 추구하고 있으나 경쟁력이 부족한 베이커리들은 하나둘씩 줄고 있는 실정이다. 인스토어베이커리시장은 백화점, 이마트, 홈플러스 등 국내 유통할인점 안에 입점한 형태로 간편하게 원스톱으로 구매하려는 성향이 높아진 데다 품질이 뛰어나 크게 성장하고 있다.

3) 단체급식시장

단체급식(institutional foodservice)은 특정단체를 위해 외식기업이 레스토랑을 위탁 또는 직접 경영하면서 메뉴 선정, 식재료 구매, 생산, 위생관리까지 총괄해 주는 사업이다. 급식의 위탁경영에 따른 경제적 효과가 확인되면서 기업, 병원, 학교 등으로 단체급식시장이 확대되고 있다. 단체급식이 기업형 규모로 시작된 것은 LG아워홈이 푸드서비스 사업부를 통해 그룹본사 직원급식을 경영하면서부터이다. 이후 신세계, CJ, 삼성 에버랜드, 한화, 현대 등이 단체급식시장에 참여하였다.

단체급식사업은 경상이익률이 5% 이하로 수익성이 높지 않은 편이다. 음식가격의 3분의 2가 식재료비, 30% 정도가 인건비 등의 관리비로 지출되어 수익은 낮으나 한 번에 대단위의 급식을 제공하기 때문에 구매력을 키워 원가를 낮추고 수익을 높일 수 있는 것이 단체급식사업의 이점이다.

단체급식의 시장규모가 커지면서 기업 간의 가격경쟁이 치열하며, 수익보다 시장선점을 위해 위탁회사의 무리한 요구를 들어주어야 하는 어려운 점도 있다. 그러다 보니 영세급식업체들은 자금에 의한 경쟁력이 떨어지고 급식으로 제공되는 음식의 질이 떨어지는 경우가 발생하게 된다. 한편 아워홈, 신세계, CJ는 축적된 경험을 바탕으로 독자 브랜드를 붙인 패스트푸드와 식재료를 상품화하여 해외시장을 공략하고 있다.

글로벌 단체급식 점포 내부

4) 가정식 대용식품

가정식 대용식품(Home Meal Replacement, HMR)은 집에서 만드는 식사를 대체하는 음식이라는 의미로 간편하게 집에서 데우거나 즉석으로 먹을 수 있는 반가공 또는 반조리식품을 말한다. 가정식 대용식품의 등장은 미국과 일본에서 슈퍼마켓의 식품 코너를 이용하던 소비자가 레스토랑으로 이동하면서 매출이 감소하게 되자 이를 만회하기 위해 집에서 먹는 것과 똑같은 가정식 대용식품을 개발하여 판매를 강화하면서 시작되었다. 외식을 즐기기에는 경제적으로 부담이 되고 따로 시간을 내서 음식을 조리할 시간적 여유가 없는 소비자들이 저렴하고 품질이 우수한 HMR의 이용횟수가 높아짐에 따라 레스토랑 음식과 비교되기도 하였다. HMR시장은 슈퍼마켓, 편의점을 중심으로 큰 성장을 이루고 있고 당일 조리한 제품을 당일 판매하고 있으며 김밥, 튀김, 반찬류 등 다양한 상품을 개발해 공략하고 있다.

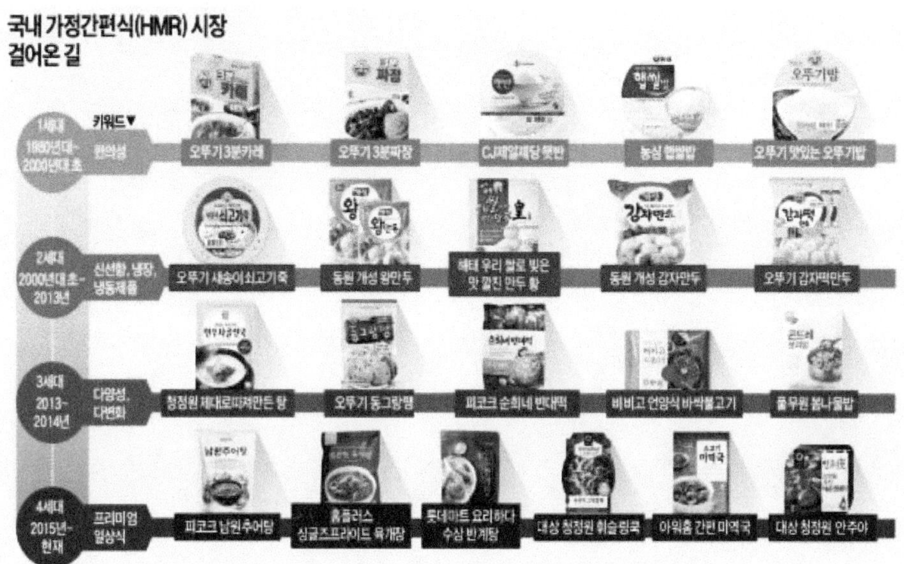

5) 국내 외식브랜드의 해외진출

국내에서 짧은 기간에 외식산업이 급속도로 성장하게 되면서 시장은 포화되고 해외로의 시장 진출이 요구되고 있었다. 해외브랜드 외식기업들이 국내시장을 공략하고 있는 가운데 국내 외식기업들은 한국 고유의 음식을 고객의 변화에 맞게 개발하여 세계화에 앞장서고 있다.

1991년 한우리외식사업이 북경에 서라벌을 개점하면서 본격적인 해외진출이 시작되었다. 이후 롯데리아, BBQ, 파리바게뜨, 교촌치킨, 미스터피자 등도 프랜차이즈 사업을 본격화하고 있다. 국내 외식브랜드의 해외진출은 한식의 체인화에 대한 필요성을 크게 인식시키고 있으며, 해외 유명 브랜드에 맞서 우리 전통음식의 발전에도 큰 영향을 주고 있다.

베트남 다낭의 번화가에 위치한 롯데리아 다낭 레주안점

사례 본아이에프, '본죽&비빔밥' 가맹점 1100호점 돌파… 본죽에 이어 한식 프랜차이즈 최고 매장 수 기록

1100호점 '인천간석홈플러스앞점'…
현대적이고 깔끔한 신규 인테리어로 쾌적한 식사 환경 제공

본죽&비빔밥 1,100호점 인천간석홈플러스앞점 외부 전경

본죽&비빔밥 1,100호점 인천간석홈플러스앞점 내부 인테리어

본아이에프의 한식 브랜드 '본죽&비빔밥'이 매장 수 1100호점을 돌파했다고 21일 밝혔다.

본죽&비빔밥의 국내 매장 수 1100호점 달성은 가맹 사업을 시작한 지 10년 만의 성과다. 이는 지난 1월 1000호점 돌파 이후 10개월 만의 결과라는 점에서 의의가 크다. 2024년 9월 말 기준으로 전국 본죽 매장은 594개 점, 본죽&비빔밥은 1103개 점이다. 앞서 본죽이 국내 한식 프랜차이즈 최초로 1100호점을 돌파한 데 이어, 본죽&비빔밥이 그 뒤를 잇게 됐다. 1100호점 돌파 비결은 꾸준한 신규 출점과 본죽에서 본죽&비빔밥으로의 브랜드 전환으로 분석된다. 본죽&비빔밥은 브랜드 신뢰도, 본사 차원의 체계적인 관리, 유행 타지 않는 메뉴를 기반으로, 1%대의 낮은 폐점률을 유지하며 평생 창업 아이템으로 각광받고 있다. 아울러, 본죽을 장기 운영한 점주가 본죽&비빔밥으로 전환하며 자녀에게 상속하는 사례도 꾸준히 이어지고 있다.

본죽 · 본죽&비빔밥의 전국 1697개 매장 중 절반 이상인 853곳은 15년 이상 운영 중이며, 이 가운데 291곳은 20년 이상의 초장기 운영 매장에 속한다. 10년 이상 장기 운영 중인 장수 매장까지 합산하면 장수 매장의 비율은 전체의 65%에 달한다.

본죽&비빔밥 1100호점인 '인천간석홈플러스앞점'은 매장을 찾는 고객들이 쾌적한 분위기에서 식사를 즐길 수 있도록 현대적이고 깔끔한 인테리어 콘셉트를 새롭게 도입했다. 매장 외부 전면에는 브랜드의 상징적 컬러이자 신선한 식재료를 의미한 녹색 컬러를 적용한 것이 특징이다. 매장을 운영하는 점주는 "퇴사 후 자영업을 고려하던 중 타 지점에서 근무하시는 장모님께서 10년 이상 안정적으로 운영할 수 있는 브랜드로 추천해 창업을 결심했다"며 "전국 매출 1위 매장이 될 수 있도록 고객 한 분 한 분을 정성으로 맞이하겠다"고 전했다.

본아이에프 본죽 본부 김태헌 본부장은 "국내 한식 프랜차이즈 본죽&비빔밥의 가맹점 1100호점 돌파는 업계 내에서도 의미 있는 기록이라고 생각한다"며 "브랜드 신뢰도에 기반한 안정적인 운영과 낮은 폐점률을 기반으로 고객들은 물론 예비 사장님들에게도 사랑받는 브랜드로 성장할 수 있도록 지속적으로 노력을 기울이겠다"라고 밝혔다.

자료 : 베이비 뉴스, 2024.11.21

PART 02

외식경영관리

사례 치킨 프랜차이즈 브랜드 트렌드 순위 결과

최근 치킨 프랜차이즈 브랜드 부문에 대한 관심도가 올라가면서 해당 관련 순위를 궁금해 하는 이들이 늘고 있다.

빅데이터 분석 프로그램을 보유한 랭키파이는 직전 주(2024년 10월 28일~3일) 구글 트렌드지수, 네이버 검색량 등을 합산해 치킨 프랜차이즈 브랜드 트렌드지수를 공개했다.

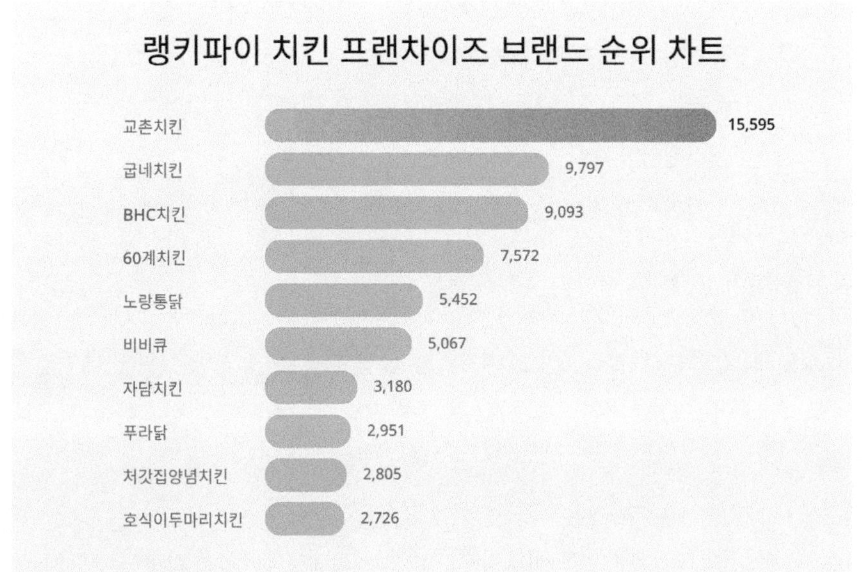

차트를 살펴보면 교촌치킨이 15,595포인트로 해당 부문 1등을 기록했다. 바로 뒤 굽네치킨이 9,797포인트로 2등을 차지했다.

등락률을 살펴보면 1위 교촌치킨은 전주보다 1,311포인트 하락, 2위 굽네치킨은 전주보다 1,046포인트 상승했다.

3위는 BHC치킨, 4위 60계치킨, 5위 노랑통닭, 6위 비비큐, 7위 자담치킨, 8위 푸라닭, 9위 처갓집양념치킨, 10위 호식이두마리치킨 순이다.

표에는 나오지 않은 11위는 네네치킨, 12위 멕시카나, 13위 페리카나, 14위 바른치킨, 15위 보드람치킨, 16위 후라이드참잘하는집, 17위 또봉이통닭, 18위 깐부치킨, 19위 맛닭꼬, 20위는 호치킨 순으로 나타났다.

순위	키워드	트렌드지수	남성	여성
1	교촌치킨	15,595	43%	57%
2	굽네치킨	9,797	45%	55%
3	BHC치킨	9,093	36%	64%
4	60계치킨	7,572	38%	62%
5	노랑통닭	5,452	46%	54%
6	비비큐	5,067	39%	61%
7	자담치킨	3,180	43%	57%
8	푸라닭	2,951	41%	59%
9	처갓집양념치킨	2,805	45%	55%
10	호식이두마리치킨	2,726	52%	48%

▲ 치킨 프랜차이즈 브랜드 트렌드지수 분석 결과

성별 선호도 분석 결과 1위 교촌치킨은 남성 43%, 여성 57%, 2위 굽네치킨은 남성 45%, 여성 55%, 3위 BHC치킨은 남성 36%, 여성 64%가 선호하는 것으로 나타났다.

순위	키워드	트렌드지수	10대	20대	30대	40대	50대
1	교촌치킨	15,595	4%	17%	25%	35%	19%
2	굽네치킨	9,797	6%	23%	26%	29%	17%
3	BHC치킨	9,093	8%	17%	18%	39%	19%
4	60계치킨	7,572	4%	14%	23%	38%	21%
5	노랑통닭	5,452	6%	19%	23%	34%	17%
6	비비큐	5,067	5%	29%	34%	22%	11%
7	자담치킨	3,180	5%	18%	28%	33%	15%

8	푸라닭	2,951	9%	24%	26%	28%	13%
9	처갓집양념치킨	2,805	5%	17%	29%	35%	13%
10	호식이두마리치킨	2,726	5%	16%	24%	34%	21%

▲ 치킨 프랜차이즈 브랜드 트렌드지수 분석 결과

연령별 선호도에서는 교촌치킨이 10대 4%, 20대 17%, 30대 25%, 40대 35%, 50대 19%이다.

04 CHAPTER 체인경영과 프랜차이즈

1 체인경영

1) 체인경영의 의의

동일 업종에서 여러 개의 매장을 직접 경영하거나, 계약에 의해 여러 매장을 지속적으로 관리하기도 하고, 상품을 공급하는 경영 방식을 체인경영이라고 한다. 체인경영의 핵심은 다점포화를 통한 규모의 경제를 실현하는 데 있다. 이는 체인 본부의 검증된 사업 콘셉트와 운영 노하우 및 동일한 영업방침을 갖고 독립적으로 운영되는 비교적 안정된 수익을 얻을 수 있는 사업 시스템이다.

2) 체인경영의 형태

(1) 직영점 체인

직영점 체인은 체인본부가 자본을 직접 투자하여 직영점을 개설하고 본부소속 직원을 직접 근무시켜 운영하여 수익을 얻는 체인형태이다. TGI프라이데이스, VIPS, 애슐리 등 국내 패밀리레스토랑들은 직영점 체인으로 운영되고 있다.

직영점 체인은 본부직원이 직영점에 파견되어 운영하며, 본부의 경영방침대로 운영하기 때문에 상품과 서비스의 품질을 유지할 수 있고 브랜드이미지를 전달하는 데 용이하다. 직영점 체인에서 얻어지는 모든 수익은 본부에 귀속되어 수익성이 높은 편이다. 반면에 직영점포 개설에 따른 모든 비용을 본부에서 지불해야 하기 때문에 직접투자에 따른 재무적 위험성이 높은 편이며 본부에서 자본력과 인적 자원을 모두 책임져야 하기 때문에 매장의 확장속도가 느리다.

(2) 프랜차이즈형 체인

프랜차이즈 체인은 독자적인 상품 또는 판매 및 경영기법을 개발한 체인본부가 상호, 판매방법, 매장운영, 광고방법 등을 결정하고 가맹점으로 하여금 체인본부의 결정에 따라 운영하도록 하는 형태의 체인사업을 말한다. 가맹본부는 해당지역 내에서 가맹사업자에게 독점적 영업권을 주고 메뉴, 식재료, 광고, 인테리어, 서비스 등을 직접 구성하고 관리하며 교육지원, 경영지도, 판촉지원 등 각종 경영에 관한 노하우를 제공하고, 가맹사업자는 이에 대한 대가로 가맹본부에게 가맹비, 로열티 등을 지불한다.

〈표〉 직영점과 프랜차이즈의 비교

특징	직영점	프랜차이즈
매장운영자	지배인(manager)	대표(representative)
계약관계	직원으로 고용	계약에 의한 파트너
체인본부의 경제성	이익	수수료, 로열티
매장운영자 보상체계	급여, 승진, 인센티브	순수익
체인운영자의 영향력	권한에 의한 행사	설득에 의한 행사

2 프랜차이즈

프랜차이즈라는 비즈니스 개념을 최초로 도입한 기업은 1850년 미국의 '싱거(Singer Sewing Machine Company)'라는 재봉틀 회사이며, 후에 1898년에는 자동차 회사인 '제너럴 모터스(General Moters)' 등이 도입하게 되었다. 초기에는 제조업체가 제품판매를 위한 상품과 상표에 대한 권리부여가 대부분이었고, 1950년대 이후 비즈니스형태 프랜차이즈가 도입되어 외식산업, 서비스업, 도매업 등 다양한 분야에서 그 효율성을 인정받기 시작하면서 급성장을 거듭하여 여러 종류의 상품과 서비스 분야에 파급되기 시작하였다.

1) 프랜차이즈의 개념

프랜차이즈(franchise)라는 단어의 유래는 원래 프랑스어의 franc(자유로운, 면제된, 구애받지 않은의 뜻)에서 왔으며, 노예상태로부터의 해방을 의미한다고 한다. 프랜차이즈란 상호, 상표, 특허, 노하우를 가진 가맹본부(franchisor)가 계약을 통해 가맹사업자(franchisee)에게 상표의 사용권과 제품의 판매권 및 기술 등을 제공하고 그 대가로 가맹비(franchise fee)와 로열티(loyalty) 등을 받는 계속적인 거래관계를 말한다. 프랜차이저는 프랜차이지에게 일정지역 내에서의 독점적 영업권을 부여하는 대신 프랜차이지로부터 로열티를 받고 상품구성이나 매장, 광고 등에 관하여 직영점과 똑같이 관리하며 경영지도, 판매촉진 등을 담당한다. 투자의 대부분은 프랜차이지가 부담하기 때문에 프랜차이저는 자기자본을 많이 투자하지 않고 연쇄조직을 늘려나가며 시장점유율을 확대할 수 있다.

특히 외식산업에서는 햄버거, 피자, 치킨, 아이스크림, 패밀리레스토랑, 커피전문점 등 다양한 업종과 업태에 프랜차이즈 시스템이 광범위하게 적용되고 있다. 국내 프랜차이즈의 효시를 '신포우리만두'나 '림스치킨'으로 보는 견해도 있으나, 일반적으로는 1979년 10월 '롯데리아'의 1호점 개점을 선진화된 프랜차이즈 시스템을 갖춘 국내 프랜차이즈의 효시로 보고 있다. 이렇게 시작된 국내 외식산업의 프랜차이즈는 30여 년이 지난 현재 전체 프랜차이즈산업에서 외식산업의 비율이 3분의 2를 차지할 정도로 외식산업에 편중되어 있고, 향후에도 성장잠재력이 높은 산업으로 주목받으며 빠르게 성장하고 있어서 국내 프랜차이즈산업은 외식산업이 주도하고 있다고 말할 수 있을 정도이다.

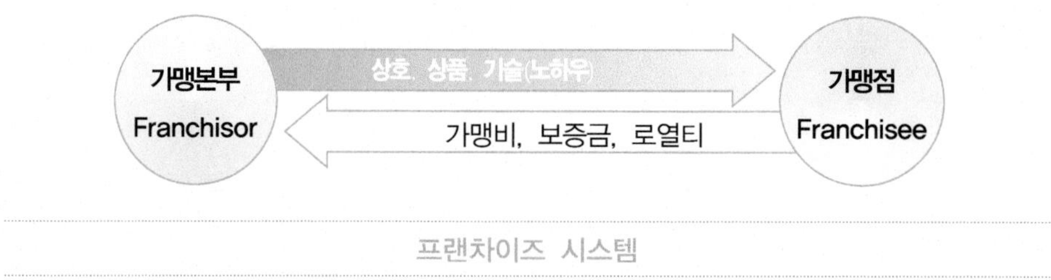

프랜차이즈 시스템

2) 프랜차이즈의 유형

프랜차이즈는 매우 많은 업종과 업태에 폭넓게 적용될 수 있으므로 많은 유형이 존재할 수 있다. 본부가 되는 것은 유통 경로상의 어느 위치에서도 가능하여 제조업자, 서비스 전문업체, 소매업자, 도매업자 등 누구나 본부가 될 수 있다.

업종의 속성에 따라 '제품형태 프랜차이즈(product format franchise)'와 '비즈니스형태 프랜차이즈(business format franchise)'로 구분될 수 있다.

(1) 제품형태 프랜차이즈(product format franchise)

제품형태 프랜차이즈는 프랜차이저가 제조한 상품을 프랜차이지가 소매업자 또는 도매업자로서 판매하는 프랜차이즈 형태이다. 프랜차이저는 프랜차이지에게 상표와 상호 등의 사용허락과 상품만을 공급하고 사업운영에 필요한 모든 노하우를 제공하지는 않으며, 프랜차이지는 판매대행만 하는 형태라고 할 수 있다. 자동차나 전자제품 대리점, 주유소, 코카콜라 등이 여기에 해당한다.

(2) 비즈니스형태 프랜차이즈(business format franchise)

비즈니스형태 프랜차이즈는 시스템 프랜차이즈라고도 하며 프랜차이저가 독자적인 노하우와 제품을 개발하여 시스템화하고 프랜차이지에게 사용을 허락하는 프랜차이즈 형태이다. 맥도날드, 피자헛, BBQ, KFC 등의 외식산업과 오늘날 모든 프랜차이즈산업의 대부분이 비즈니스형태의 프랜차이즈로 운영되고 있다.

3) 프랜차이즈의 특성

(1) 일방적인 계약관계

프랜차이즈는 프랜차이저와 프랜차이지 간의 상호 신뢰와 공동투자에 의한 협력계약을 기반으로 계약된 범위 내에서 통제하거나 특정한 요구를 수행한다. 프랜차이즈 계약의 특성은 서로 합의하여 체결한 것이 아니라 프랜차이저가 사전에 정한 계약 내용을 예비 프랜차이지에게 설명한 후, 이와 동의하는 자와의 계약으로 성립되는 일방적인 계약의 성격을 갖는다.

프랜차이즈 계약의 내용은 상품의 판매 또는 사업에 관한 모든 것으로 권리부여와 그 대가의 지불 등에 관한 의무규정으로 되어 있다. 즉 프랜차이저는 상호와 상표 등의 사용을 허가하고 경영과 판매에 관한 노하우를 제공하며, 프랜차이지는 사업에 필요한 자금을 투자하고 프랜차이저의 경영 지도를 받으며 사업을 수행하도록 요구하고 있다.

(2) 제한적인 독립된 사업자

프랜차이즈 사업은 자본을 달리하는 프랜차이저와 프랜차이지가 계약에 의해 독립된 사업자로서 사업을 영위한다. 프랜차이저는 프랜차이지에게 계약을 통한 간접적인 관여만 할 뿐 경영에 직접 참여하지 않는다. 프랜차이지는 일정 수준의 독립성을 갖고 매장을 운영하지만 완전히 독립된 것은 아니고 제한적인 독립성을 갖기 때문에 계약조건에 따라 지역에 적합하도록 사업을 변경하거나 양도하는 행위에 대한 통제가 뒤따른다.

(3) 리스크의 감소

프랜차이저 입장에서 프랜차이즈 사업은 프랜차이지가 자본 투자를 하기 때문에 프랜차이즈 시스템을 구축하고 확장하는 데 필요한 자본투자가 적다. 즉 소규모 투자와 최소의 인력으로 빠르게 사업을 확장할 수 있으며 가맹비, 로열티, 식재료 공급을 통해 수익을 얻을 수 있다. 반면 프랜차이지는 적은 투자로 프랜차이저의 브랜드 자산과 경영 노하우 등을 기반으로 추가 비용의 지출 없이 위험이 낮은 사업을 영위할 수 있다.

(4) 상품의 동질성

프랜차이즈는 지역에 관계없이 상품이 표준화, 단순화, 규격화되어 있기 때문에 고객들은 동일한 시스템으로 인식한다. 즉 메뉴, 가격, 서비스, 분위기, 입지 등을 표준화시킴으로써 고객들은 상품과 서비스에 대한 신뢰를 갖고 매장을 방문하게 된다. 또한 음식의 양과 주방기기 및 기물, 인테리어, 비품 등을 규격화함으로써 경비를 절감하고 경영 효율을 높일 수 있다. 이러한 관리의 단순화와 운영의 표준화는 사업을 계획한 예비 프랜차이지들이 쉽게 접근할 수 있도록 되어 있다.

4) 프랜차이즈 시스템의 장단점

(1) 프랜차이저 입장의 장점

① 신속한 사업영역 확장

프랜차이저의 한정된 자본으로 다른 기업들보다 빠르게 사업을 확장할 수 있는 방법은 프랜차이지들에게 사업기회를 제공하여 같은 이름의 매장을 늘리는 것이다. 사업 확장에는 자본과 리스크의 감수가 필요하지만 프랜차이저는 제한된 위험부담과 자본을 사용하여 이윤을 추구할 수 있는 기회를 제공한다.

② 규모의 경제 실현

프랜차이저는 프랜차이지를 위해 식재료, 주방기기, 기물, 비품 등을 대량 구매하여 공급하는 구매력과 규모의 경제 실현으로 이익을 얻는다. 또한 구매력 이점을 통해 발생한 이익을 마케팅과 연구개발 등 프랜차이즈 시스템에 투자하기 때문에 프랜차이지도 적은 투자로 큰 구매력을 갖게 된다.

③ 프랜차이지의 기여도

프랜차이지는 현장에서 직접 경영하기 때문에 프랜차이저보다 지역 상황과 경영여건을 정확하게 파악하고 있다. 자신이 속한 지역의 특색과 문화에 대한 이해도가 높기 때문에 프랜차이저는 프랜차이지의 풍부한 경험과 강점들을 이용한 아이디어를 제공받거나 계획 수립 과정에도 많은 도움을 받아서 사업의 성공률을 높이고 있다.

④ 편리한 운영

프랜차이지는 비상이나 위기 상황을 제외하고는 계약의 범위 내에서 독립적인 경영을 한다. 직원들의 채용, 급여, 복지 등을 프랜차이지 각자가 관리하므로 프랜차이저 입장에서 운영이 비교적 쉬운 편이다.

(2) 프랜차이저 입장의 단점

① 직접적 통제의 어려움

프랜차이저는 프랜차이지의 직접적인 통제권이 없기 때문에 프랜차이즈 사업경영에 대한 어려움을 겪고 있다. 프랜차이지는 장기적으로 이익이 발생한다 하더라도 시간과 비용이 드는 일을 대부분 기피하려 한다. 이런 비협조적인 태도는 프랜차이저가 해결해야 할 과제이다. 프랜차이지가 제대로 운영을 못하면 프랜차이즈 자체에도 나쁜 영향을 미친다. 그래서 대부분의 유명한 체인 레스토랑들은 직영점 체인형태로 직접적으로 통제하며 보다 효율적인 정책으로 일관성 있게 운영해 나가고 있다.

② 재무구조 분석의 어려움

프랜차이즈는 프랜차이지의 재무상황을 정확하게 알지 못하고 통제도 어렵기 때문에 프랜차이즈에 좋지 않은 영향을 미칠 수 있다. 만일 다수의 레스토랑을 운영하는 프랜차이지가 파산할 경우 프랜차이즈 전체가 위협받을 수 있다. 최근에는 포스(P.O.S. : Point Of Sale) 시스템의 도입으로 프랜차이지의 재무상황을 파악하고 있으나 프랜차이지에 의해 얼마든지 재무상황의 변경이 가능한 실정이다.

③ 프랜차이지 선별의 어려움

프랜차이즈 시스템의 성패는 프랜차이저와 프랜차이지 간의 상호 협력관계에 좌우된다고 볼 수 있다. 따라서 적절한 프랜차이지를 선별하고 유지하는 것은 매우 중요하다. 프랜차이지들이 성공에 대한 의지가 부족하고 프랜차이즈 사업이 요구하는 시간, 노력, 위험부담 등을 이해하지 못한 채 사업에 참여한다면 프랜차이저에게는 부담이 될 수밖에 없다.

④ 의사소통에서 발생하는 오해

프랜차이지가 프랜차이즈 계약내용에 관해 프랜차이저의 요구를 잘못 이해하거나 다른 견해를 가질 수 있으며 개인적인 성격차이로 문제가 발생할 수도 있다. 프랜차이즈에서 발생하는 대부분의 문제가 의사소통과정에서 나타난다고 할 수 있다. 결과적으로 이러한 문제들은 양자 간 비협조적인 관계를 발생시키는데 갈등이 심해지면 법적인 소송까지도 이어져 좋지 않은 영향을 미치게 된다.

(3) 프랜차이지 입장의 장점

① 고객에게 인정받은 콘셉트의 획득

프랜차이즈가 프랜차이지에게 제공하는 가장 큰 장점은 성공한 사업의 아이템과 기존에 정리되어 있는 콘셉트를 사용하도록 허락한다는 것이다. 프랜차이지는 제품과 서비스가 일정수준 확립되어 있음은 물론 브랜드 파워를 갖춘 상품을 선택할 수 있기 때문에 검증된 사업을 바로 시작하는 것과 같다. 고객에게 잘 알려져 있는 브랜드와 메뉴는 실패할 확률과 위험요인을 감소시켜 준다.

② 성공을 위한 효과적인 도구 제공

프랜차이즈는 프랜차이지에게 독립 매장에서 발생하는 시행착오들을 피하고 바로 사업을 성공적으로 이끌 수 있도록 여러 가지 도구들을 제공한다. 시장조사, 입지선정, 인테리어, 구매, 주방기기, 기물, 메뉴, 운영방법, 교육훈련, 광고, 판촉 등 운영에 관한 모든 것을 프랜차이지에게 지속적으로 제공한다. 이런 장점으로 프랜차이지는 창업에 따른 노력과 시간을 독립매장보다 크게 절감할 수 있다. 독립매장은 이런 다양한 요소들을 창업자가 모두 해결해야 하기 때문에 많은 어려움이 따른다.

③ 기술과 경영지원

상품구매와 통제, 구매 방법, 생산지침, 운영계획, 위생관리, 교육훈련과 운영 매뉴얼 등의 경영지원을 프랜차이지에게 지속적으로 제공한다. 이러한 지원은 사업경험이 없는 사람에게는 매우 효율적이며, 모든 생산과정이 간단하게 만들 수 있도록 표준화되어 있어 일정기간의 연수만 받으면 매장을 운영할 수 있다.

④ 표준화와 품질관리

프랜차이지는 프랜차이저가 설정한 표준화에 따라 일관성 있는 제품과 서비스의 질을 제공받는다. 표준화는 어느 지역에서나 동일한 맛, 서비스, 분위기 등을 고객에게 제공하며 브랜드자산 확보에도 영향을 미친다. 또한 표준화는 프랜차이저와 프랜차이지는 물론 프랜차이지 간의 조직 강화와 육성에도 효과적이다.

⑤ 적은 운영자금과 리스크의 최소화

프랜차이즈는 독립매장에 비해 운영자금이 적게 든다. 식재료나 각종 물품을 구입할 때 규모의 경제에 의해 저렴하게 구입이 가능하고, 경험에 의해 불필요한 과잉생산과 재고를 줄일 수 있다. 계획된 설비는 서비스의 효율성과 생산성을 높여주며, 고용보험이나 산재보험 등을 단체로 가입할 수 있기 때문에 보험비용도 줄일 수 있다. 또한 검증된 콘셉트와 전문화된 사업기반을 제공함으로써 리스크를 최소화할 수 있다.

⑥ 신용대출

창업을 앞두고 있는 예비 프랜차이지는 부족한 사업 자금을 마련하는 데 어려움을 겪고 있다. 금융기관에서도 독립매장의 경우보다 프랜차이즈매장의 창업 자금 대출을 선호하고 있다. 이는 프랜차이저에 의해 제공되는 재무적인 신용 접근이 용이하기 때문이다. 유명한 프랜차이즈의 창업을 계획하고 있으면 그 지역의 은행들은 자금을 빌려주는 데 매우 호의적이다. 또한 프랜차이저가 기존의 프랜차이지와 예비 프랜차이지들에게 다른 금융기관보다 유리한 조건으로 직접 신용대출을 해주기도 한다.

⑦ 지속적인 연구개발과 광고 판촉효과

프랜차이저는 프랜차이즈를 발전시키기 위해 메뉴, 서비스 등 다양한 분야에서 지속적으로 연구개발에 힘쓰고 있다. 연구개발을 통해 탄생한 상품과 서비스가 성공하면 그 성과는 프랜차이지에게 수익으로 돌아가게 된다. 프랜차이지들은 서로의 자금을 모아 광고와 판매촉진을 실시하므로 매우 큰 마케팅 능력을 갖게 되는데, 특히 거액의 자금이 투자된 대규모 상업광고는 프랜차이지의 자산이

된다. 또한 고객의 욕구를 조사, 분석하여 실행하는 판촉활동도 경영에 많은 도움을 준다.

⑧ 비교평가의 용이함

프랜차이즈의 체계화된 운영은 다른 매장과의 비교는 물론, 다양한 수준에서의 평가를 쉽게 해준다. 프랜차이저는 시스템 내부의 유용한 정보와 프랜차이지에 의해 발전된 새로운 노하우를 다른 프랜차이지에게 제공한다. 그리고 프랜차이지와의 만남을 통해서 다양한 정보를 수집하고 다른 프랜차이지의 성공 또는 실패 경험을 토대로 비교평가도 한다.

⑨ 독립적인 사업기회와 확장

프랜차이지는 프랜차이즈를 기반으로 독립적인 사업기회와 성공을 실현시킬 수 있다. 프랜차이즈 사업이 성장하여 확장되면 프랜차이지는 프랜차이저로부터 허가된 지역권을 얻을 수 있다. 매입, 서브 프랜차이징, 임대, 타사 프랜차이즈로의 전환 등으로 사업을 확장하는 것이 가능하다. 특히 지역권은 프랜차이즈 사업을 오랫동안 성공으로 이루어낼 수 있는 중요한 장점 중 하나이다.

⑩ 경영 노하우의 습득

프랜차이저는 정기적으로 프랜차이지를 위한 교육훈련 프로그램을 계획하고 프랜차이즈로 성공할 수 있는 방법에 대해 지속적으로 조언을 해준다. 특히 정기적인 교육훈련으로 프랜차이지는 많은 노하우를 갖게 되며 레스토랑을 개점할 때 일반적으로 위치선정, 은행자금조달, 시설운영 등에 관해서도 교육을 받는다. 맥도날드는 새로운 프랜차이지에게 파트타임 형태로 교육 프로그램을 실시하며, 햄버거대학에서 빅맥 조리부터 카운터 업무와 경영방침 등 맥도날드 운영방식의 모든 것을 교육하고 있다. 맥도날드의 햄버거대학을 모델로 해서 탄생된

제너시스BBQ그룹에서는 국내 최초로 외식전문경영인 육성 교육기관인 치킨대학을 창설하였다. 국내 최대 규모를 자랑하는 프랜차이즈 교육시설로 한 번에 300여 명을 수용할 수 있는 호텔식 숙소, 최첨단 강의실과 세미나실, 각 브랜드별 조리실습장 등의 교육시설을 자랑하고 있다.

경기도 이천에 있는 치킨대학 전경

(4) 프랜차이지 입장의 단점

① 지나친 기대에서 오는 실망감

프랜차이저가 프랜차이지에게 간혹 비현실적인 비전을 제시하여 지나친 기대를 갖게 하여 상호 불만족스러운 관계가 발생하기도 한다. 특히 예비 프랜차이지들은 창업 전에 프랜차이저를 통한 프랜차이즈의 장점 위주의 소개와 교육으로 본인도 창업만 하면 기존의 영업이 활성화된 프랜차이지와 모든 것이 동일할 것이라는 기대감이 커지게 된다. 막상 오픈하고 나서 기대한 만큼 성과가 따르지 않을 때는 실망감이 커져서 프랜차이저와의 갈등의 원인으로 작용하게 된다.

② 자율성 결여

프랜차이즈는 지역을 확장하거나 향후 고객으로 예상되는 잠재적 수요의 수용을 허락하지 않으며 창의적으로 사업하기 어려운 제약이 따른다. 또한 프랜차이지가 지역적인 특성과 상황을 고려하여 독자적으로 상품과 서비스에 대한 수정을 하는 것이 불가능하다.

③ 광고와 판촉업무의 비효율성

프랜차이지는 일괄적으로 프랜차이저에게 광고비를 지불해야 하지만 지역특성에 따라 광고효과를 전혀 볼 수 없는 경우도 있다. 마찬가지로 프랜차이저의 경영전략이 어떤 프랜차이지에게는 적합하지 않을 수도 있다. 판촉업무도 광고와 비슷한 상황이 될 수 있는데 예를 들어 쿠폰이나 특정 메뉴의 가격파괴 등이 어떤 프랜차이지에게는 불필요할 수도 있다.

④ 프랜차이저 서비스에 대한 비용지출

프랜차이지는 프랜차이저가 제공하는 서비스에 대해 계속해서 일정액을 지불해야 하는데 제공받는 서비스가 평균 수준에 미달되면 그에 대한 지출은 의미가 없다. 경우에 따라 사업경험이 많은 프랜차이지는 가맹비, 로열티 등 일정액을 계속해서 지불하는 것에 대한 불만이 있을 수 있다. 이러한 상황들은 결국 프랜차이저와 프랜차이지 간의 갈등으로 작용한다.

⑤ 지나친 의존에 의한 단조로운 경영 및 도전의식 결여

프랜차이지가 프랜차이저보다 자신이 영업하는 지역에 대해 더 잘 알고 있을 수도 있다. 따라서 프랜차이지의 전략이 더 적합하게 수행될 수 있으며 어떤 상황에서는 더 좋은 결정을 내릴 수도 있다. 그럼에도 불구하고 프랜차이저의 운영, 마케팅, 기타 노하우에 대해 지나치게 의존하기 때문에 프랜차이지의 경영능

력이 부족해지게 되고 고정적으로 반복되는 운영으로 도전적, 창의적 기회를 갖지 못하게 되어 프랜차이즈에 한계를 인식할 수 있다.

⑥ 계약종료와 갱신 및 양도

프랜차이저는 계약 해지, 재계약 거부, 점포의 처분이나 양도를 제지할 수 있다. 프랜차이저는 이러한 권리가 프랜차이즈를 제대로 유지할 수 있는 핵심적 사항으로 판단하고 있지만 프랜차이지와의 갈등을 초래하기도 한다. 프랜차이지는 이런 상황에 직면하지 않기 위해 프랜차이저가 요구하는 식재료, 비품 등을 시장가격 이상으로 구입하기도 하며 시설보수 등과 같이 변화를 주기 위해 추가투자를 하기도 한다.

⑦ 프랜차이지와 프랜차이저의 실적

프랜차이지의 성공은 다른 프랜차이지와 프랜차이저의 성취도에 따라 좌우되기도 한다. 프랜차이저의 정책과 서비스가 수준 이하라면 전체 프랜차이지에게 좋지 않은 영향을 미친다. 그 이유는 고객은 개별적인 프랜차이지로 보지 않고 전체적인 프랜차이즈로 인식하기 때문이다. 하나가 잘못되면 전체 프랜차이즈에 대한 비난으로 이어지는 경우가 대부분이다. 예를 들어 어느 한 프랜차이즈 레스토랑에서 식중독사고가 발생하면 이는 전체 프랜차이지들에게 엄청난 악영향을 미치게 된다.

사례 커피전문점, 시장 포화에도 수익률은 천차만별…"최대 13배 차이"

컴포즈커피 작년 이익률 41.3%로 주요 브랜드 중 1위
가맹점 평균 매출액도 가성비 브랜드가 높아
매장 늘수록 마진 커지는 구조

서울 시내의 한 카페에서 커피 제조하는 모습

수년째 시장 포화라는 지적에도 커피 프랜차이즈 시장이 꾸준히 성장하고 있는 가운데 가성비 브랜드의 약진이 두드러지고 있는 것으로 나타났다.

프리미엄 브랜드 대비 저렴한 가격을 앞세운 박리다매 전략을 펼치고 있지만 가맹본부의 이익률과 가맹점 평균 매출액은 최고 수준을 기록하고 있다.

20일 데일리안이 공정거래위원회 가맹사업정보제공시스템을 분석한 결과, 매장 수 1000곳 이상 5개 브랜드 중 영업이익률이 가장 높은 곳은 컴포즈커피로 41.3%에 달하는 것으로 조사됐다.

컴포즈커피는 조사 대상 5개 브랜드 중 유일하게 연간 매출액이 1000억 원을 넘지 않았지만 영업이익률은 메가커피 다음으로 높았다.

2위는 메가커피로 18.8%, 이어 빽다방(6.2%), 투썸플레이스(5.4%), 이디야커피(3.0%) 순으로 집계됐다.

이디야커피와 컴포즈커피의 이익률은 13배 이상 차이가 나는 셈이다.

브랜드명	매출액	영업이익	영업이익률(%)
이디야커피	2756억 원	82억 원	3.0%
메가엠지씨커피	3684억 원	694억 원	18.8%
컴포즈커피	889억 원	367억 원	41.3%
투썸플레이스	4801억 원	261억 원	5.4%
빽다방	3881억 원	239억 원	6.2%

2023년 주요 커피 프랜차이즈(가맹점 1000곳 이상) 실적 및 이익률 비교

이디야커피는 가맹점 수 기준 프랜차이즈 커피 브랜드 부동의 1위 브랜드다.

하지만 메가커피 등 가성비 브랜드의 매장 수가 빠르게 증가하면서 올해를 기점으로 매장 수마저 추월당할 수 있다는 전망이 나오기도 한다.

업계에 따르면 현재 운영 중인 이디야커피 매장 수는 3000여 개, 메가커피는 2990여 개로 양사 매장 수 차이는 100개 미만인 것으로 알려져 있다.

그 뒤를 이어 컴포즈커피가 약 2500개 수준으로 수년 내 3000개 이상 매장을 운영하는 브랜드는 3개로 늘어날 가능성이 높은 상황이다.

가맹본부의 이익률과 더불어 가맹점 평균 매출액도 가성비 커피 브랜드가 높은 것으로 나타났다.

2023년(정보공개서 등록연도 기준) 기준 5개 가맹점 면적(3.3㎡)당 평균 매출액이 가장 높은 곳은 빽다방으로 2043만 2000원으로 조사됐다.

이어 메가커피 2042만 3000원, 컴포즈커피 1721만 원, 투썸플레이스 925만 8000원, 이디야커피 644만 원 순이었다.

브랜드명	가맹점 수	가맹점 면적(3.3㎡)당 평균매출액(천 원)
이디야커피	3005	6440
메가엠지씨커피	2156	20423
컴포즈커피	1901	17210
투썸플레이스	1412	9258
빽다방	1228	20432

2023년(등록연도 기준) 정보공개서 기준 주요 커피 프랜차이즈(가맹점 1000곳 이상) 가맹점 수 및 가맹점 매출 비교

가성비 브랜드의 경우 아메리카노 한 잔이 2000원 미만으로 3000원대인 이디야커피나 4000원대인 투썸플레이스 대비 최대 2배 이상 저렴하지만 박리다매 전략을 통해 수익을 내는 구조다.

아울러 신규 가맹점이 늘어날수록 일회성인 가맹비와 보증금 등이 함께 쌓이면서 매출과 수익성 개선에 유리한 측면이 있다.

가성비 브랜드의 경우 일반 커피 브랜드에 비해 가맹비, 보증금이 저렴하지만 매장 수가 빠르게 늘다 보니 가맹본부 수익의 상당 부분을 차지하고 있다.

이들 비용의 경우 교육비나 인테리어비용처럼 지출이 거의 되지 않는 항목이다 보니 가맹본부 입장에서는 마진이 높은 수입으로 꼽힌다.

각사 정보공개서에 기재된 가맹비와 보증금은 컴포즈커피가 각각 550만 원·500만 원, 메가커피는 550만 원·200만 원이다.

반면 투썸플레이스는 가맹비가 2755만 원, 보증금이 1000만 원으로 가성비 브랜드에 비해 상대적으로 높은 편이다.

커피 프랜차이즈 관계자는 "프랜차이즈 사업도 규모의 경제를 통해 이익을 내다 보니 매장 수가 늘어날수록 필수품목이나 물류비 등 마진이 커질 수밖에 없는 구조"라고 설명했다.

자료 : 데일리안, 2024.6.20

사례 외식업계, '한정판 마케팅' 강화

외식업계가 연말시즌을 맞아 특별함을 더한 '한정판 마케팅'에 집중하고 있다. 매년 이 시기에 출시되는 한정판 제품들은 높은 희소성과 소장 가치를 자랑하며 특별한 경험을 추구하는 소비자들의 이목을 끌어왔다. 이에 외식 브랜드들은 소장 욕구를 불러일으키는 특별 굿즈부터 연말 모임, 파티 등을 풍성하게 만들어줄 스페셜 메뉴까지 시즌 한정으로 출시하며 연말 외식 수요 공략에 나섰다.

먼저 글로벌 치킨 · 버거 브랜드 KFC가 연말을 맞이해 '버켓팅(BUCKET-ING)' 캠페인을 전개하며, 한정판 굿즈로 '리유저블 버켓'을 선보였다.

리유저블 버켓은 KFC의 시그니처 용기인 버켓을 다회용 용기로 특별 제작한 것으로, 브랜드 아이덴티티를 담은 이색적인 디자인에 높은 실용성까지 갖췄다. KFC 리유저블 버켓은 자사 인기 치킨 8조각을 합리적인 가격으로 즐길 수 있는 버켓팅 캠페인 메뉴(▲핫크리스피치킨 버켓팅 ▲갓양념치킨 버켓팅 ▲핫크리스피통다리 버켓팅 ▲갓양념통다리 버켓팅)를 구매한 고객 대상으로 수량 소진 시까지 선착순으로 제공된다.

삼진어묵이 크리스마스 시즌을 맞아 '수면파자마 세트', '패턴 양말', '어묵포트 주전자' 등 추운 겨울에 따뜻함을 더해줄 라이프스타일 아이템 굿즈 3종을 한정 출시했다. '수면파자마 세트'와 '패턴 양말'은 국내 상위의 여성의류 쇼핑몰 '핫핑'과 협업 제작한 것으로, 삼진어묵 공식 온라인몰과 일부 직영점 매장에서 구입할 수 있다.

SPC 비알코리아가 운영하는 던킨이 윈터 굿즈 '와사비베어 파우치 3종'을 출시했다. '와사비베어 파우치'는 특유의 톡 쏘는 매력을 지닌 와사비베어의 캐릭터 얼굴을 그대로 본떠 제작한 굿즈로, 부드러운 촉감의 봉제 인형과 키링 고리를 함께 구성했다. 민트 색상의 와사비베어, 던킨 한정판 색상 초콜릿베어, 쿠팡이츠 전용(배달 · 픽업)으로 출시한 핑크색 핑사비베어 등 3종이다.

연말 모임이나 파티 등에서 즐기기 좋은 시즌 한정 메뉴를 내놓기도 했다. 도미노피자는 크리스마스와 연말을 맞아 오는 13일부터 31일까지 기간 한정 '콰트로 피자 3종'을 판매한다. 콰트로 피자는 한 판으로 4가지 맛을 즐길 수 있어 각종 모임이나 파티에 잘 어울리는 메뉴다.

이랜드이츠의 월드 고메 뷔페 애슐리퀸즈는 연말 시즌 한정 스테이크 메뉴로 '더 스테이크 페어링'을 선보였다. 이번 페어링에서 선보이는 스테이크는 '윈터 페어링 스테이크'로, 부채살 스테이크 위에 육즙 가득한 함박스테이크와 2종의 치즈를 짝 지어 탑처럼 쌓아 올린 이색적인 비주얼이 특징이다.

KFC코리아 관계자는 "한 해를 마무리하는 연말을 맞아 한정판 마케팅을 통해 소비자들에게 색다른 경험과 추억을 선사하며, 친근하게 소통하고자 했다"며 "이번 연말에는 사랑하는 사람들과 함께 '버켓팅' 캠페인을 즐기면서 특별한 굿즈도 만나고, 더욱 풍성하고 행복한 연말 보내시길 바란다"고 전했다.

자료 : 식품외식경영, 2024.12.31

05
CHAPTER

마케팅

1 마케팅의 이해

외식산업이 발전하면서 고객들의 외식에 대한 욕구와 목적도 다양해지고 레스토랑을 선택하는 기준도 빠르게 변화하고 있다. 이렇게 급속도로 변화하고 있는 외식산업이 당면한 문제는 제품이 부족한 것이 아니라 고객이 부족하다는 것이다. 현재 기업이 제품을 생산하는 능력은 과거와 비교할 수 없을 정도로 월등하게 발전하였기 때문에 한정된 고객을 대상으로 자사의 제품을 판매하기 위해 무한 경쟁으로 돌입해야 경쟁우위를 점할 수 있다. 기업은 고객의 이용목적에 맞는 특징을 강조하고 부가가치를 더하는 활동이 요구되는데, 바로 이러한 노력이 마케팅 활동이다. 마케팅은 제품을 원활하게 판매하기 위한 구조를 만들고 그것을 가동시키는 중요한 역할을 담당한다. 치열한 경쟁 속에서 외식산업은 마케팅 지향 경영전략을 통한 경영이 이루어지지 않으면 경쟁우위를 점하기 어렵게 될 것이다.

1) 마케팅의 정의

마케팅을 흔히 원활한 판매를 위한 도구로 생각하는 사람들이 많다. 마케팅은 판매행위가 아니다. 오히려 마케팅과 판매는 정반대의 행동이다. 판매행위는 제품이 존재할 때만 시작된다. 하지만 마케팅 활동은 제품이 나오기 전부터 시작된다. 마케팅은 사람들이 필요로 하는 것과 기업이 제공해야 할 것이 무엇인지를 찾아내는 기업의 숙제라고 할 수 있다. 세계적인 마케팅의 대가이자 경영사상가인 필립 코틀러(Philip Kotler)는 마케팅을 '개인과 집단이 필요(needs)로 하고 원하는(wants) 것을 다른 사람들과 함께 가치 있는 제품과 서비스를 산출하고 교환함으로써 그들이 요구하고 필요로 하는 것을 획득하도록 하는 사회적이며 관리적인 과정'으로 정의하고 있다. 2007년 미국의 마케팅협회는 '마케팅이란 고객과 파트너 그리고 사회에 가치를 창조하고 커뮤니케이션하고 전달하는 일련의 과정이며 활동이다'라고 마케팅의 범위를 넓게 해석하였다. 이렇듯 마케팅 환경의 변화에 따라 정의는 각각 다르지만 그동안의 선행연구들을 종합한 결과 마케팅(marketing)이란 고객의 needs와 wants를 파악하여 그것에 가장 근접한 상품과 서비스를 창조해 고객에게 제공함으로써 고객만족을 이루어내기 위한 일련의 활동으로 정의할 수 있다. 다시 말해서 끊임없이 변화하는 고객의 욕구를 파악하여 그들의 만족이라는 목표달성을 통해 수익성 추구의 기회를 창출하는 경영활동을 의미한다.

성공적인 마케팅이란 고객과 기업과의 밀접한 상호관계에서 기업이 오랫동안 고객과 좋은 관계를 유지하는 것이다. 고객과의 좋은 관계를 맺기 위해서는 고객을 잘 알아야 하고, 고객의 욕구에 적합하게 반응해야 하며, 변화하는 욕구에도 능동적으로 대처해야 한다. 많은 기업에서 한 직원을 보다 많은 무차별적 고객에게 가능한 많이 판매하는 판매 지향적 마케팅 전략을 추구하는 경향이 있으나, 효과적인 마케팅 전략은 시장 세분화에서 출발한다. 시장을 세분화하는 이유는 같은 산업이라고 해서 그 산업에 대해 모든 고객이 다 같은 특성을 지니고 있지는 않기 때문이다. 마케팅은 기본적으로 고객만족을 통한 이익 획득을 목표로 하여 기업 간 경쟁을 통해 마케팅 활동을 전개하는 것이어서, 업체는 마케팅 관리를 중심으로 제품이나 서비스를 생산·공급하는 마케팅 활동을 효율화하기 위해 어떻게 관리할 것인가 하는 입장에서 정의된다.

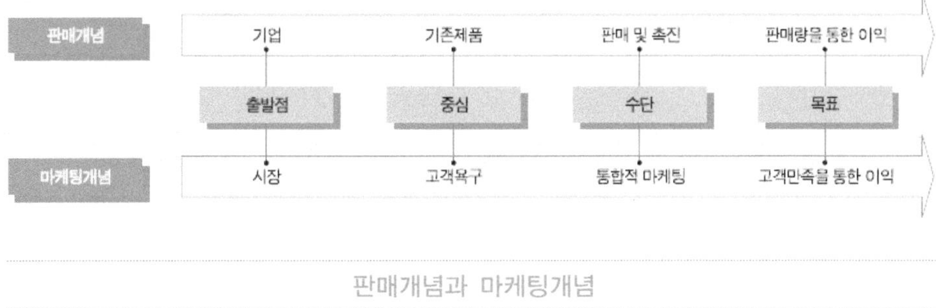

판매개념과 마케팅개념

2) 마케팅개념의 발전

전통적인 마케팅개념은 새로운 고객을 통한 판매활동에 집중하였지만 오늘날에는 신규 고객을 확보하려는 전략을 넘어 현재의 고객을 유지하고 지속적인 관계를 맺기 위한 노력에 집중하고 있다.

생산지향개념은 고객은 값이 적절한 제품을 선호할 것으로 생각하며 생산과 유통의 효율성을 높이고 원가절감에 노력하는 것이다. 이러한 개념은 기업이 시장을 확대할 때 많이 사용하는 마케팅관리로써 경제 불황 때 대량의 제품을 낮은 가격으로 제공하는 패스트푸드기업들이 많이 지향했던 방법이다.

제품지향개념은 고객이 최고의 품질을 선호할 것이라고 믿으며, 기업은 고객의 욕구와는 상관없이 우수한 제품을 만들고 이를 지속적으로 개선하는 데 주력한다. 예를 들어 오랜 전통을 가진 레스토랑이 편의시설이나 서비스 마인드 없이 오직 음식 맛으로만 고정고객을 확보하고 그 맛을 유지하는 레스토랑이 내세우는 마케팅활동이다.

판매지향개념은 기존 제품에 초점을 맞추고 수익성 있는 판매를 실현하기 위해 행하는 강력한 판매와 촉진활동을 말한다. 누가, 왜 방문하였는가에 대해서는 관심을 두지 않고 단기적인 판매를 달성하기 위해 고객확보에만 집중하는 마케팅활동이다.

마케팅지향개념은 고객의 욕구에 집중하여 고객가치와 고객만족으로 조성된 장기적인 고객관계를 통해 이익을 획득하는 것이다. 고객이 원하는 것을 생산하고 그 결과로 고객에게는 만족을 주며 기업은 이익을 획득하는 마케팅활동이다.

사회지향개념은 고객의 욕구 충족은 물론 사회 전체의 이익을 동시에 고려하는 의사결정을 하도록 요구하는 것이다. 기업은 사회의 한 구성원으로서 환경오염, 자원부족, 인플레이션, 고용창출 등의 문제를 소홀히 해서는 안 된다. 외식산업도 환경오염의 사회적 책임의식을 갖고 일회용품의 사용금지와 음식물쓰레기 감량 등에 노력하고 있다. 사회지향개념은 오늘날 고객들에게 폭넓은 지지를 얻고 있으며 그들로 하여금 그들이 구입하는 제품을 누구로부터 구입하느냐에 대해 다시 생각하도록 한다. 고객의 이러한 태도 변화는 기업으로 하여금 환경적으로 책임 있는 제품을 개발하여 시장에 판매하는 그린마케팅에 노력을 기울이도록 유도하고 있다.

2 마케팅 믹스

마케팅 믹스(marketing mix)란 표적시장(target market)을 만족시키기 위하여 기업이 통제 가능한 모든 요소를 결합하는 것으로 마케팅 목표를 달성하기 위해 결합되는 마케팅 수단의 집합을 말한다. 외식기업은 선정된 목표 시장에 대한 포지셔닝과 마케팅 목표를 개발하고 나면 마케팅 믹스를 설계해야 하는 과제에 당면하게 된다.

마케팅 믹스에는 '제품(product)', '가격(price)', '유통(place)', '촉진(promotion)'의 네 가지 구성 요소가 있는데 이들 요소의 영문 이니셜을 따서 4P's라고도 하며, 각각의 요소를 조합하는 4P's 믹스를 말한다. 이것은 마케팅의 핵심 요소로써 외부 환경 요소에 제약을 받는다. 외식 마케팅은 고객과의 상호 접촉을 통한 인적 서비스가 중요한 변수로 작용하며 고객도 서비스에 직접 참여하기 때문에 일반 제조업과 동일한 마케팅 믹스를 사용하기에는 다소 무리가 있을 수 있다. 또한 고객의 욕구가 다양해지면서 고객을 만족시키는 데 4P's만으로는 매우 부족하며, 4P's는 가장 기본적인 구성 요소이며 더 나아가 '사람(people)', '물리적 증거(physical evidence)', '과정(process)' 등도 마케팅 믹스로 추가되고 있다.

마케팅 믹스 4P

1) 제품 전략

제품(product)이란 고객의 욕구를 만족시켜 교환을 가능하게 하는 경제재로써 고객이 그것에 주의를 기울이거나 획득하거나 소비하게 하기 위해 시장에서 제공하는 유형재는 물론, 서비스, 아이디어, 사람, 장소 및 조직체를 포함한다. 원래 제품이란 생산물의 개념으로만 인식되어 인간이 자연 자원에 대해 어떤 작용을 가하여 그것을 변화 · 조합 · 연결시킴으로써 만들어진 모든 것을 의미하였으나 오늘날에는 욕구 충족을 가진 유형재뿐만 아니라 무형재인 서비스도 포함하는 개념으로 쓰이고 있다.

유형의 실체를 가진 제품과는 달리 서비스의 경우 상품을 명확하게 정의하기란 쉽지 않다. 예를 들어, 레스토랑의 청결과 인테리어가 잘된 분위기와 종업원의 친절은 모두 제품 범위에 포함된다. 따라서 외식산업의 경우, 고객에게 제공하는 생산 및 판매 관점에서의 제품 정의가 아니라 고객은 무엇 때문에 우리를 찾는가 하는 고객 및 편익 중심적인 관점에서 제품을 정의할 필요가 있다.

(1) 제품의 유형

외식산업에서 제공하는 제품의 유형은 핵심 제품, 유형 제품, 확장 제품으로 나눌 수 있다. 먼저 핵심 제품은 제품의 기능부분으로 고객이 현실적으로 얻고자 하는 것이다. 제공자 측에서는 사업의 핵심적인 부분이며 존재의 이유가 된

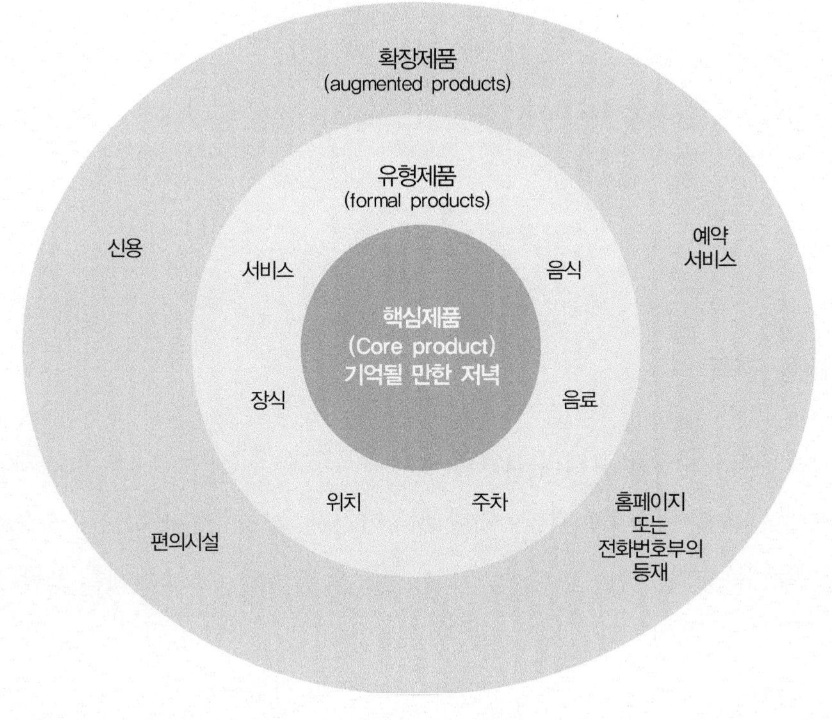

제품개념의 단계

다. 유형제품은 핵심제품을 공급하는 데 있어 함께 제공되지 않으면 안 될 불가결의 것으로 스테이크 전문점의 경우에는 식음료, 서비스, 인테리어 등을 말한다. 확장제품은 핵심제품과 유형제품에 부가적으로 제공되는 서비스와 편익으로 레스토랑에서는 편의시설과 예약 서비스 등을 말한다.

(2) 분위기

고객들이 레스토랑의 음식과 서비스와 더불어 레스토랑을 선택하는 데 결정적인 역할을 하는 것이 분위기이다. 예전에는 대부분의 레스토랑이 음식의 맛과 서비스의 제공 수준에 주로 관심이 집중되었으며 레스토랑의 시설과 분위기는 비교적 평범한 수준이었다. 최근에는 파격적이고 즉각적인 감성을 전달하는 분위기의 레스토랑들이 많이 등장하고 있다. 특히 테마레스토랑은 눈에 띄는 확실한 분위기를 전달함으로써 정체성을 명확하게 표현하고 있다.

모던한 분위기의 일식 파인 다이닝 레스토랑 '진수사'

(3) 제품개발

외식산업의 시장변화가 지속되고 고객시장이 더욱 세분화되면서 다양한 메뉴가 새롭게 등장하고 있다. 특히 최근에는 건강식에 대한 관심이 높아지면서 메뉴 선택이 신중해지자 메뉴 개발이 레스토랑의 판매를 지원하고 유지하는 데 도움을 주는 필수적인 마케팅활동이 되었다. 이러한 제품 개발은 지루하고 싫증난 제품을 대체하고 고객에게 흥미를 유발시키며 자극함으로써 시장점유율과 이익을 증가시켜 준다. 특히 신제품은 새로운 시장을 창출하는 데 사용되기도 한다. 신제품이란 용어는 독창적인 혁신을 가진 제품을 말한다. 예를 들어 맥도날드의 에그맥머핀과 치킨맥너겟이 대표적이며 당시 맥도날드는 이 두 제품으로 판매가 크게 성장하였으며 새로운 시장을 개척하는 데 매우 큰 역할을 하였다. 전형적으로 신제품은 판매를 증진시키기 위해 도입된다.

버거킹의 신메뉴 '치킨킹'

(4) 브랜드

브랜드는 제조업자 또는 판매자가 자기의 회사, 제품, 서비스를 경쟁자와 구별하기 위해 사용하는 이름, 심벌, 용어, 디자인 또는 이들의 결합체를 말한다. 그리고 브랜드명은 단어, 문자, 경쟁자의 제품이나 서비스와 구별되는 이름을 포함한 단어나 문자의 집단을 말한다. 예를 들어 맥도날드, KFC, 스타벅스, 베니건스 등이 바로 브랜드명이다.

기업은 제품을 판매하지만 소비자는 브랜드를 구매한다. 바꿔 말하면 소비자는 햄버거를 먹는 것이 아니라 맥도날드를 찾는다는 의미이다. 이제는 소비자가 제품이 아닌 브랜드 이미지를 구입하는 시대이다. 소비자가 차별화된 브랜드 이미지에 따라 제품과 서비스를 구매하는 것이 일반적인 소비 형태가 되었다.

외식산업은 타 산업에 비해 시장 진입 장벽이 낮고 모방이 쉬워 차별화가 쉽지 않다. 특히 제품에 큰 차이가 없거나 차이를 인식시키기 위해 시간과 비용을 들이지 않으면 안 되는 제품에 있어서 브랜드는 강력한 무기가 된다. 스타벅스가 한국과 일본시장에 진출할 때 단 한 푼의 광고비도 쓰지 않았지만 개장 첫날부터 고객의 행렬이 끊임없이 이어진 이유는 바로 브랜드 파워 때문이다. 브랜드 파워가 기업의 성패를 좌우한다고 해도 과언이 아니다.

스타벅스 로고 변화 과정, 왼쪽부터 1971년, 1987년, 1992년, 2011년

브랜드 자산은 브랜드 충성도, 브랜드 인지도, 지각된 품질, 이미지, 감정 등이 결합하여 그 자산 가치를 나타낸 것이다. 브랜드 자산은 높은 브랜드 충성도와 브랜드 인지도로써 소비자들이 구매하려는 집착 정도, 그리고 브랜드명을 빨

리 또는 쉽게 기억하는 정도에 의해서 형성된다. 따라서 브랜드 충성도와 브랜드 인지도를 높여 강력한 브랜드자산을 구축하여야 한다.

브랜드 자산은 기업, 제품, 서비스에 어떻게 정체성을 부여하고 타 경쟁자와 차별화시킬 것인가에 있다. 맥도날드의 햄버거 또는 스타벅스의 커피가 세상에서 가장 맛있는가 하는 논의는 별로 중요하지 않다. 제품의 맛, 품질, 서비스 등이 타 기업과 비교하여 우위에 있는 측면도 있지만 소비자들이 그곳을 찾는 이유는 브랜드가 갖고 있는 특유의 정체성 때문이다. 오랫동안 지속적인 광고와 PR은 인지도 개선에 많은 도움이 된다. 또한 소비자들이 무엇을 좋은 품질로 평가하는지 파악하여 강조함으로써 자사를 좋게 지각할 수 있도록 한다.

2) 가격 전략

가격은 마케팅 믹스 중에서 레스토랑을 선택하는 데 중요한 요인이 된다. 그러나 대부분의 레스토랑들이 가격 결정을 비용구조와 마케팅 환경의 분석 없이 설정하고 있다. 가격 결정의 목표를 확실하게 정해서 메뉴가격을 설정하는 것은 레스토랑 경영을 위해서 매우 유용한 과정이며, 여기에는 두 가지 선택이 있다. 먼저 낮은 이윤으로 전체시장에서 높은 인지도를 가지게 되어 매출증대와 시장 점유율 확대를 목표로 가격 결정을 하는 것이다. 다른 하나는 높은 이윤으로 전체시장의 낮은 인지도를 가지게 되지만 이윤 극대화를 목표로 가격결정을 하는 것이다. 일상적으로 사용되는 두 가지 접근방법은 시장 스키밍 전략과 시장 침투 전략이다.

(1) 시장 스키밍 전략

시장 스키밍 전략은 고가격 전략이라고도 하며 높은 이익을 창출하기 위해서 자사 제품의 가격을 경쟁 제품의 가격보다 높게 책정하는 전략으로 자사 제품의 품질과 이미지가 경쟁사 제품보다 우월하고 독특한 서비스 등으로 그 시장에서 명성이 높은 기업일 경우에 사용 가능한 전략이다.

시장 스키밍 전략은 처음부터 제품에 높을 가격을 책정해서 그만한 값을 지불할 의사를 가진 고객을 공략하는 방법이다. 따라서 커다란 잠재시장에서 낮은 비율의 고객이 기꺼이 높은 가격을 지불할 수 있어야 하고 경쟁자는 동일하거나 유사한 제품을 위해 설정된 가격 이하로 낮추지 않을 때 매우 효과적이다.

커피계의 에르메스 '바샤커피'

(2) 시장 침투 전략

시장 침투 전략은 고정비용과 변동비용을 토대로 가능한 가장 낮은 수준에서 가격을 결정하는 것으로 시장에 빨리 침투하기 위하여 고가격 정책을 적용하기보다는 가격을 낮게 책정하는 전략이다. 이 전략은 많은 수의 고객을 빨리 확보하고 시장 점유율을 확대하려는 데 목적이 있다. 시장 침투 전략은 표적된 시장이 가격에 매우 민감하고 시장성장률이 높다고 판단되거나 경쟁자가 시장에 진입하는 것을 방해하고자 할 때 효과적이다.

(3) 가격 조정 전략

할인 가격

대부분의 외식업체는 고객들이 대량 구입을 하거나 비수기에 구매하는 경우에 고객들에 대한 호의로서 기본 가격을 조정하여 판매하는 경우가 많다. 이러한 할인 가격에는 다음과 같은 방법이 있다.

① 묶음 할인으로 둘 혹은 그 이상의 제품이나 서비스를 할인 가격으로 패키지화하여 고객에게 제공하는 것이다.
② 시간 할인으로 비수기에 제품이나 서비스를 구매하는 고객에게 가격을 할인해 주는 것이다.

※ 외식업은 생산과 소비가 동시에 발생하여 소멸하므로 재고가 없기 때문에 공급 능력에 따라 수요를 맞추는 것이 중요하다.

차별가격

고객은 소득 수준, 나이, 교육 수준, 라이프스타일 등에 따라 여러 가지 유형으로 분류할 수 있으며, 동일한 유형에 속하는 고객들도 제품의 가치에 대해 서로 다르게 인식을 한다.

따라서 외식업체는 고객별, 제품별, 장소별 차이에 따라 그들의 기본 가격을 조정하는 경우가 있다. 차별가격 결정에서 한 제품이나 서비스를 두 가지 또는 그 이상의 상이한 가격으로 판매하는데, 이 가격 차이가 원가의 차이에서 기인하는 것은 아니라는 점이 특징이다. 이러한 차별가격 결정에는 다음과 같은 형태가 있다.

> ① 고객별 차별가격으로 동일한 제품이나 서비스에 대하여 고객별로 다른 가격을 설정하는 것이다.
> ② 장소별 차별가격으로 판매 장소에 따라 비용 차이가 없음에도 불구하고, 판매 장소에 따라 다른 가격을 설정하는 것이다.

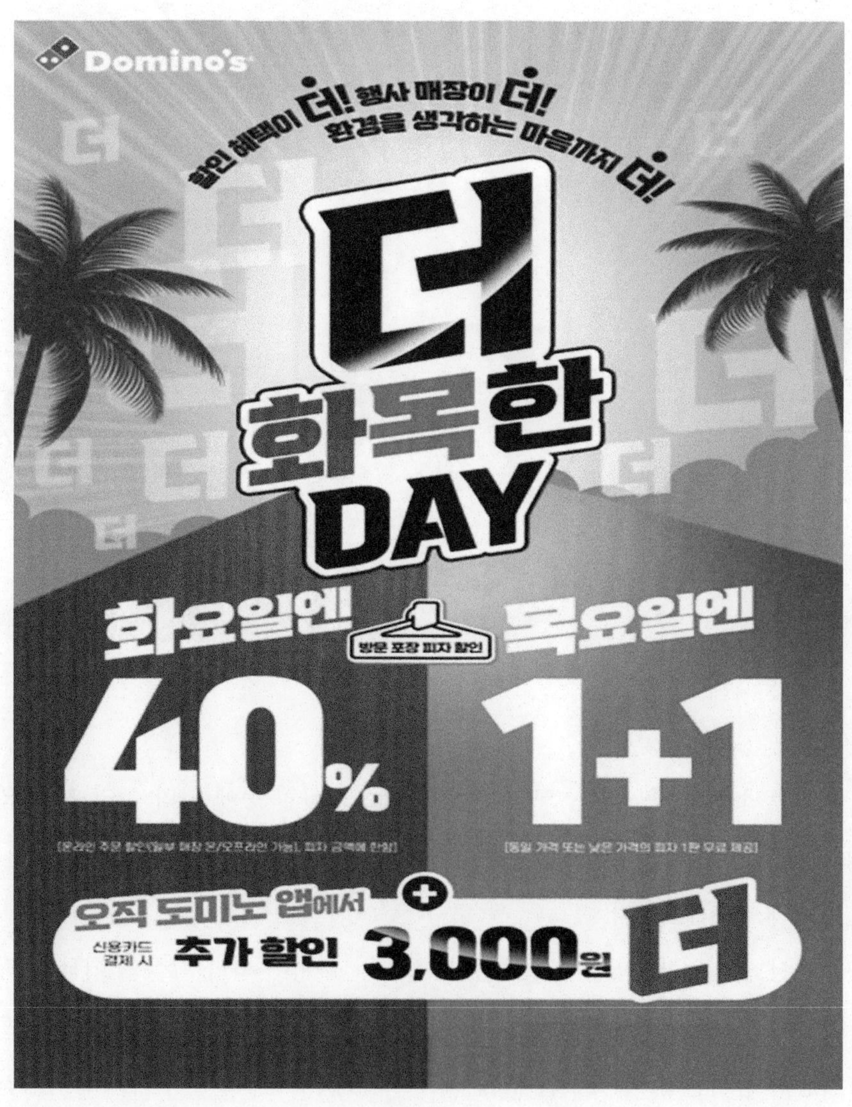

촉진 가격

촉진 가격은 고객의 반응을 유도하기 위하여 일시적으로 자사의 제품을 원가 이하로 판매하는 가격이다.

> 예를 들어, 레스토랑에서 몇몇의 메뉴를 손실 유도품(loss leader)으로 선정하고, 이를 통해 고객들을 보다 많이 유인한 후, 다른 정상적인 메뉴들이 많이 팔리기를 기대하는 것이다.

※ 또한 많은 고객을 유치하기 위해 특별행사 가격(special event pricing)을 이용하기도 한다.

심리적 가격

심리적 가격은 제품을 단순히 경제성이 아니라 가격의 심리적 측면을 고려하여 가격을 책정하는 방법이다.

고객은 가격에 의해서만 영향을 받는 것이 아니라 레스토랑의 평판, 분위기, 이미지, 제품, 그리고 서비스의 내용 · 양식에 의해서도 영향을 받는다.

그러기 때문에 같은 고객, 같은 레스토랑이라 할지라도 누구와 더불어 어디서 무엇을, 언제 먹을 것인가에 따라 가격에 대한 견해도 달라진다.

3) 입지(유통) 전략

레스토랑은 고객이 이용하기 편리한 곳에 입지해야 성공할 수 있다. 입지 또는 유통과정은 외식산업의 중요한 성공 요인 중 하나이다. 호텔의 대중화와 발전을 이루어낸 스타틀러는 호텔의 성공에 있어 가장 중요한 요인은 첫째도 입지, 둘째도 입지, 셋째도 입지라고 하였다. 이것은 소매업에서도 자주 언급되며 외식 산업에서 그 중요성은 더욱 크고 확실하다. 외식산업에서 장소와 더불어 유통도 매우 중요한 요소로 자리 잡고 있다. 외식산업에서 성공을 위해 제품의 넓은 유통망 확보에 노력하고 있으며 제품의 유통경로를 다양하게 하기 위한 전략을 개발하고 있다.

롯데마트 내 푸드코트

(1) 입지의 변화

오늘날 고객들은 바쁜 일상을 보내고 있다. 맞벌이 부부나 편부모 가정, 1인 가구와 전문직 직장인이 늘어나면서 생활패턴이 점점 분주해져 가고 있다. 외식 기업들은 고객이 어디에 있든지 간편하게 먹을 수 있는 음식 개발에 힘쓰고 있다. 넓은 유통망은 어느 누구라도 갈 수 있는 곳에 대리점이 위치하게 함으로써 이를 가능하게 한다.

외식기업들은 전통적인 유형의 레스토랑이 입지할 수 없었던 장소에 규모를 축소시킨 새로운 유형의 레스토랑을 개발하고 있다. 적은 투자로 할 수 있는 작은 건물이나 자동차 식당의 형태를 취하기도 하는데 이를 일컬어 유통시점(POD : Point Of Distribution)이라고 한다. 시간이 부족한 고객들이 순수하게 식음료구매의 목적으로만 독립적인 레스토랑을 찾았던 예전과는 달리 마트, 백화점, 대학교, 공항, 테마파크 등의 시설 내에 레스토랑이 입점함으로써 각 시설을 이용하면서 외식이 가능해졌다. POD가 고객에게 제공하는 것은 바쁜 사회에서 높게 평가되는 편리함과 편리한 장소의 이점을 주고 있다.

(2) 입지 선택

입지는 기업의 마케팅 전략에 의하여 좌우되기 때문에 기업들마다 독자적인 평가 방법을 가지고 있으며, 입지조건에 관해서 하나로 결정된 방식은 없다. 입지 선택은 일반적으로 4가지 단계로 이루어진다.

첫 번째 단계는 마케팅 전략과 표적 시장을 이해하는 것이다. BBQ치킨은 KFC, 파파이스 등이 중심가에 위치하고 있는 것과 달리 주택가에 입지하고 있다. 주택가에 위치한 다른 치킨전문점들이 주류를 판매하고 남성고객을 타깃으로 하는 것과 달리 BBQ는 가족끼리 가장 가까운 곳에서 치킨을 즐길 수 있는 틈새시장을 발견하였다.

두 번째 단계는 지리적 시장 영역의 선택과 관련된 지역의 분석이다. 체인레스토랑들은 새로운 시장으로의 확대를 계획한다. 그들은 규모의 경제는 물론 안정적 수요 측면에서도 진출하고자 하는 지역에 몇 개의 체인점을 확산시킬 수 있는지를 확인한다.

세 번째 단계는 지리적 의미를 지닌 지역 내에서 하나의 구역을 선택하는 것이다. 어느 레스토랑 체인이 5개의 레스토랑을 진출시키고자 할 때 지역의 경쟁과 성장의 잠재적 가능성을 평가하여 가장 유명한 5개의 구역을 선택한다.

마지막 단계는 개별입지를 선택하는 것이다. 입지 선택은 간판의 제약 조건과 배수, 주차장 등 건물의 구체적 조건을 포함하고 있는 체크리스트와 인구, 가구소득, 경쟁자 등의 통계분석으로 결정한다.

일반적으로 가시성, 접근성, 편의성, 주차장 유무 등이 성공적인 입지요인들이다. 가시성이 좋은 레스토랑은 고객에게 쉽게 발견되고 확인된다. 자동차와 가족 외식의 대중화로 레스토랑으로의 편리한 접근성과 충분한 주차공간의 확보가 필요하다. 한편 전통적인 레스토랑 입지에 관한 개념이 바뀌면서 학교, 공항, 쇼핑몰, 터미널, 역 등도 패스트푸드 또는 패밀리레스토랑들의 중요한 입지로 등장하고 있다.

4) 프로모션 전략

기업은 자사의 제품이 경쟁기업의 제품보다 더욱 가치가 있다는 것을 현재고객 및 잠재고객들에게 알려야 하는데 이러한 활동이 프로모션이다. 프로모션 수단의 주요 형태는 광고, 판매촉진, 인적 판매, 내부 판매, PR 등이다. 마케팅 관리자는 고객에게 전달하기 위한 수단과 그 특성을 이해하고 적절히 배합하여 최대한의 효과를 낼 수 있는 프로모션 믹스를 개발해야 한다.

(1) 광고

광고는 장기간의 프로모션 전략 중 하나로 사용되고 제품의 이미지를 고객에게 전달하는 활동이다. 프로모션의 여러 가지 형태 중에서 소비자들에게 전파되는 파급력이 크고 빠른 시간 내에 소비자들에게 전달된다. 반면 광고에는 아주 많은 비용이 든다. 국내에서는 외식산업의 광고시장이 크지 않지만 미국에서의 외식산업은 가장 큰 광고주 중 하나이다. 광고는 많은 비용이 소요되지만 그만큼 확실하게 원하는 내용을 반영할 수 있다. 반면 PR은 직접 비용이 발생하지 않지만 전달된다는 보장이 없고 전달되어도 그 내용과 방향을 사전에 짐작하기 어렵다.

premium beef & veggies

SHABUALLDAY

외식산업에서 광고는 다음과 같이 네 가지의 기능이 있다. 첫째로 광고는 고객에게 정보를 제공한다. 새로운 제품과 서비스, 인테리어, 그 외로 흥미를 끌 만한 것을 고객에게 알린다. 둘째로 고객과의 커뮤니케이션을 통해 그들의 소비를 유지하고 보강한다. 광고의 지속적인 흐름은 광고에 의해 긍정적이게 된 다른 고객을 불러들인다. 셋째로 광고는 단골 고객을 유도한다. 만약 고객이 지속적으로 광고에 노출된다면 누군가는 흥미를 가지고 고객이 될 것이며 다른 누군가와 함께 긍정적인 면에 대하여 대화를 나누게 될 것이다. 이는 고객의 소집단을 형성하게 되고 한 번도 그 레스토랑을 접하지 않은 이들에게까지 최종적으로 영향을 미친다. 마지막으로 광고는 레스토랑의 이미지를 강화시켜 준다. 광고는 항상 명확한 상품을 알리기만 하는 것은 아니다. 고객에 대한 어떤 이미지를 창조하고 보여준다. 문장이나 단어는 때때로 어떤 이미지만 부여할 뿐이다.

레스토랑의 라이프 사이클에 따른 광고 전략도 각각 다르다.

도입단계에는 먼저 그 레스토랑의 필요성과 품질에 대해서 알리는 것이다. 또한 비교 광고를 통해서 주요한 경쟁자와 직접적인 비교를 하는 것이다. 제품과 서비스가 광고에 의해 제공하는 것이 경쟁에 의해 제공하는 것보다 훨씬 뛰어나기 때문에 이 방법은 다른 종류의 영업방법과 함께 많이 사용된다.

확장단계에는 광고를 통하여 가장 긍정적인 이미지를 만들고 보강하는 노력을 한다. 이를 위해 제품과 서비스에 대한 특별혜택을 강조한다. 한편 인기를 끌 수 있는 방법으로 쿠폰을 사용하는 방법이 있는데 쿠폰 서비스는 고객의 수를 늘리는 데 직접적인 영향을 미친다. 그러나 결과적으로 고객들이 할인되는 쿠폰을 사용할 수 있는 곳만 선호하는 결과를 가져오며 이러한 경쟁적 상황은 레스토랑에 부정적 효과를 나타낼 수도 있다.

안정단계에 광고를 하는 기업들은 성공한 레스토랑들이 대부분이다. 모든 것이 확립된 안정된 기업은 광고로 많은 사람에게 인정받는 엄청난 이점을 가지게 된다. 가장 대표적인 예로 맥도날드의 'I'm loving it'을 들 수 있는데 맥도날드는 더 이상 제품이나 서비스를 광고하지 않고 소비자의 마음에 품질과 이미지를 제공하고 있는 것이다.

마지막으로 부활단계에는 레스토랑을 더 확고하게 하기 위한 단계라고 할 수 있다. 새로운 제품과 서비스를 출시하여 새로운 고객을 끌어모음으로써 보다 강한 외식기업이 되는 것이다.

(2) 판매촉진

판매촉진은 광고에 비해 단기적인 동기부여를 통해 구매를 촉진시키는 활동을 말한다. 판매촉진 방법에는 쿠폰, 경품 행사, 프로모션 제품, 이벤트, 무료시식, 가격 할인 등이 있다. 이러한 판매촉진 방법은 제공되는 상품의 가치를 높여주고 즉흥적인 구매를 유도한다. 또한 자주 이용하는 고객들에게 혜택을 주어 고객충성도를 높여주고 재방문을 늘려주며 향후 마케팅 프로그램의 대상이 되는 고객에게 가치 있는 정보를 제공하여 준다.

구매시점 촉진

구매시점 촉진이란 점포 내 촉진(in-store promotion)으로 점포 내에 안내 간판, 포스트, 안내 책자 등을 이용하여 고객에게 정보를 제공하는 것을 말한다. 이런 촉진 도구를 제공하여 상품의 성격을 알리고 구매 전에 눈으로 보거나 맛볼 수 없는 불확실성을 줄이는 것이다. 구매시점 촉진은 충동구매를 유발하고 외식기업의 광고를 강화해 구매를 환기시키는 목적을 갖고 있다.

신 메뉴 이벤트 포스터

가격 할인

가격 할인은 외식업체의 메뉴가격에서 이루어지는 차감을 의미하며, 고객들을 보다 많이 끌어들이기 위해 사용된다. 또한, 가격 할인으로 구매 위험을 줄여주기도 하며 구매 가능성을 높여주기도 한다. 가격 할인은 고객이 이용하지 않는 시간대로 많은 수요를 돌리는 데도 도움을 줄 수 있다.

예를 들어, 많은 레스토랑이나 바(bar)에서 가격을 할인하여 고객이 집중되지 않는 시간에 몰리도록 하고 있다. 또한 가격 할인은 수요를 자극하는 데도 활용된다.

쿠 폰

쿠폰(coupon)은 오늘날 외식업체에서 많이 사용하는 판매촉진 중의 하나이며 단기적으로 매출을 증대시키는 데 매우 유용한 판매 촉진 수단이다.

대부분의 패밀리레스토랑에서는 자사 홈페이지와 점포 방문 유인책으로 홈페이지에 쿠폰을 끼워놓고 이를 프린트하여 사용하도록 하고 있다.

특히, 낮은 가격을 기대하거나 비용을 줄이고자 하는 고객들에게는 매우 설득력 있는 판매 촉진 방법이다.

(3) 홍보

레스토랑의 브랜드와 식음료를 고객들에게 알리는 것은 마케팅의 핵심적인 요소이다. 대표적으로 광고와 홍보가 있는데 이 둘은 접근 방식이 서로 다르다. 광고는 언론매체에 비용을 투자하여 기업이 원하는 부분을 집중적으로 알리는 데 비해 홍보는 이용해 본 고객들의 입소문이 직접 전달되거나 언론매체를 통해 다른 잠재 고객들에게 전달되는 과정이다.

계획이 잘된 홍보활동은 광고가 제공해 주는 것 이상으로 레스토랑에 이익을 가져다준다. 홍보활동은 사회공동체 내에 인식되는 조직의 이미지에 호감을 갖도록 기업이 추구하는 방향을 일반인들이 알 수 있도록 언론매체나 인터넷을 통한 기사를 게재하도록 하는 것이 가장 흔한 방법이다.

스타벅스 리스타트 지원 프로그램

3 인터넷 마케팅

과학기술의 발달과 정보통신산업이 급속도로 발전하면서 21세기는 정보화시대로 자리매김하고 있다. 특히 인터넷은 지역에 관계없이 많은 정보를 빠르고 넓게 전달하면서 세계를 하나의 지구촌으로 만들고 있다.

인터넷의 등장은 인간의 일상생활뿐만 아니라 기업환경에도 큰 변화를 주었다. 특히 인터넷이 거대한 의사소통 매체로 성장하고 대중화되면서 외식산업의 새로운 환경요인으로 등장하였으며, 아울러 외식기업에게 매우 경제적이고 효과적인 마케팅 수단으로 떠올랐다. 그 결과 외식기업들은 온라인과 오프라인의 적절한 상호 연계를 통해 시너지효과를 달성하기 위해 노력하고 있다.

1) 인터넷 마케팅의 개념

인터넷 마케팅이란 인터넷을 이용하여 개인이나 조직을 연결하는 쌍방향 커뮤니케이션의 기반을 구축하고 이를 바탕으로 마케팅 활동을 수행하는 일련의 과정을 말한다. 즉 인터넷이라는 매체를 통하여 고객의 필요와 욕구를 충족시켜 주는 제품, 가격, 입지, 프로모션 등을 계획하고 실행하는 활동이다.

마케팅이라는 넓은 범위에서는 전통적 마케팅과 인터넷 마케팅이 모두 고객만족과 경쟁우위선점이라는 목표에서는 큰 차이가 없다. 단지 인터넷이라는 새로운 도구를 중심으로 하는 전략과 운영에서 차이가 있을 뿐이다. 인터넷 마케팅은 기존의 마케팅에 비해 시간과 장소 등에 구애받지 않으면서도 고객과는 보다 신속하고 친밀하게 마케팅 대응이 가능하다.

〈표〉 전통적 마케팅과 인터넷 마케팅의 특성비교

전통적 마케팅	인터넷 마케팅
고객지향	쌍방향적
대중 마케팅	1대1 마케팅
이미지 중심	정보 중심
상품 중심	관계 중심
수동적 고객	능동적 고객
간접경로 위주	직접경로

2) 인터넷 마케팅의 특성

(1) 쌍방향 커뮤니케이션

전통적 마케팅은 언론매체를 통한 기업의 일방적인 커뮤니케이션이 존재하지만 인터넷 마케팅은 고객과의 쌍방향 커뮤니케이션이 가능하다. 고객의 니즈를 정확하게 알 수 있어 고객화된 서비스를 제공할 수 있다. 쌍방향 커뮤니케이션은 고객의 의사를 반영할 수 있으며 온라인상에서 지속적으로 고객관리가 가능하다.

(2) 시간과 공간의 무한성

인터넷은 시간과 공간의 제약을 받지 않고 무제한으로 정보를 주고받을 수 있다. 언제 어디서라도 기업의 정보와 더불어 제품과 서비스를 주문하고 받아볼 수 있으며 기업의 광고 및 홍보, 판매, 서비스 등을 전 세계로 알릴 수 있다.

(3) 고객 데이터베이스와의 연계

인터넷 마케팅은 고객의 정보와 고객의 행동을 데이터베이스화하여 마케팅에 활용하고 있다. 각 고객마다 커뮤니케이션을 실시하여 정보를 제공하고 고객의 요구에 따라 추가적인 정보와 수정된 정보를 전달할 수 있다. 이것이 고객중심에서 고객가치를 극대화하는 고객관계관리(Customer Relationship Management, CRM)의 시작이 된다.

(4) 측정가능성

전통적인 마케팅은 다소 실험적이고 예측을 통해 실행되고 검증되지만 인터넷 마케팅은 인터넷을 수단으로 하여 고객들의 행동을 좀 더 계량적이고 정량적으로 추적하고 분석할 수 있다. 즉 어떤 고객이 얼마나 방문했고 어떤 제품을 얼마나 구입했는지 등에 관한 정보를 실시간으로 얻을 수 있다.

(5) 멀티미디어의 구현

인터넷은 텍스트, 오디오, 비디오 등을 포함하는 멀티미디어를 구현할 수 있기 때문에 시각적, 청각적으로 제품을 실현하거나 다른 각도에서 볼 수 있도록 조작할 수 있다. 즉 인터넷은 다른 직접광고매체보다 유연성이 크고 효율적으로 정보를 전달할 수 있다.

3) 외식 인터넷 마케팅의 유형

(1) 홈페이지, 애플리케이션

인터넷 마케팅의 여러 가지 방법 중에서 홈페이지와 애플리케이션(이하 앱)은 가장 많이 사용하는 방법 중 하나이며 현재는 기본적인 매체라고 할 수 있을 정도이다. 홈페이지와 앱에는 기업의 기본적인 정보는 물론 각종 이벤트, 쿠폰 등이 등록되어 있는데 효과적으로 마케팅을 하기 위해서는 고객의 지속적인 방문을 유도할 수 있는 콘텐츠를 만드는 것이 중요하다.

도미노피자 홈페이지

(2) SNS, 블로그

홈페이지에 비해 SNS나 블로그는 소규모 입점회사를 위해 필수적인 몇 개의 기능만을 규격화하여 소규모로 홈페이지를 만들어 이용되는 형태를 말한다. SNS는 일반 홈페이지에 비해 특색이 부족하고 홍보성이 떨어지지만 비용이

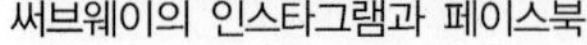
써브웨이의 인스타그램과 페이스북

저렴하고 유지와 보수에 추가비용이 없기 때문에 중소규모의 레스토랑에서 많이 이용하고 있다. 최근에는 블로그 활동을 전문적으로 하는 '파워블로거'라는 신조어도 등장하여 레스토랑 홍보에 직간접적으로 영향을 미치고 있다.

(3) 이메일, 문자 메시지

초기 인터넷시대에는 이메일이 마케팅의 중요한 수단으로 사용되었으나 장점이자 단점인 데이터의 다량 배포로 인해 스팸메일이 너무 많이 등장하여 마케팅 수단으로 가치가 많이 하락되었다. 또한 휴대전화의 문자 메시지도 초반기에는 기업과 제품 및 서비스를 알리는 중요한 수단으로 사용되었으나 스팸메일과 마찬가지로 가치가 하락되었다.

4 고객관계관리(CRM)

현재 외식기업들이 처한 환경은 비슷한 업종과 업태의 매장들이 서로 치열한 경쟁 속에 우위를 점하려 노력하고 있다. 레스토랑에서는 단 한 명의 고객이라도 재방문을 유도하기 위해 마케팅활동에 매진하고 있다. 외식기업들의 치열한 경쟁 환경 속에서는 새로운 고객을 창출해 시장점유율을 높이기보다는 한번 방문한 고객이 다시 방문하도록 하는 고객점유율을 높이는 데 초점을 맞추어 노력해야 할 것이다.

1) 고객관계관리(CRM)의 개념

고객관계관리는 고객 정보를 활용해 서비스를 지원하여 고객과의 장기적인 관계를 구축하고 고객 만족과 고객 가치를 극대화하여 기업의 경영성과를 개선하기 위한 활동을 말한다. 또한 고객과의 관계를 형성하고 개발하여, 신규 고객의 획득보다는 기존 고객의 유지와 향상에 초점을 맞추고 있다. 관리 비용 측면에서도 새로운 고객을 창출하기 위해 발생하는 비용보다 기존의 고객을 유지하고 향상시키는 데 발생하는 비용이 훨씬 적다. 외식기업에서는 고객의 정보와 커뮤니케이션을 통해 고객의 기호, 소비 패턴, 결제 정보, 기념일 등을 관리하여 고객과 지속적으로 좋은 관계를 유지하기 위해 노력해야 할 것이다.

2) CRM의 목적

(1) 신규 고객의 획득

CRM을 하기 위해서는 먼저 신규 고객을 창출해야 한다. 신규 고객들 중에서 충성도가 높고 지출금액도 높은 고객을 우수고객의 모델로 결정하여 이와 가장 유사한 특성을 가진 고객들을 선별하고 적절한 접근방법과 유인을 통해 새로운 거래관계를 형성해야 한다. 우수 고객의 모델을 통해 단골 고객이 될 가능성이 높은 고객을 획득하여 충성도를 높임으로써 이탈할 수 있는 확률을 줄일 수 있으며 효율적인 비용으로 고객을 지속적으로 유지할 수 있기 때문이다.

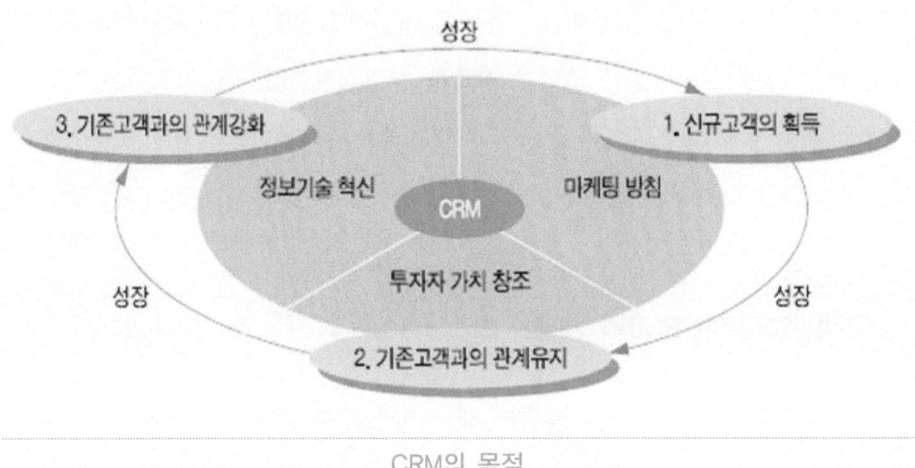

CRM의 목적

(2) 기존 고객과의 관계 유지

한번 방문한 고객이 재방문하거나 지속적인 방문을 늘리기 위해 다양한 혜택을 제공하여 고객과의 관계를 강화시키면서 고객을 유치하는 단계이다. 개별고객의 거래 데이터를 바탕으로 거래량에 따라 이에 상응하는 거래단계별 적절한 금전적, 비금전적 혜택을 제공하여 구매를 자극하고 반복적 거래를 유도하여 고객과의 관계를 강화한다.

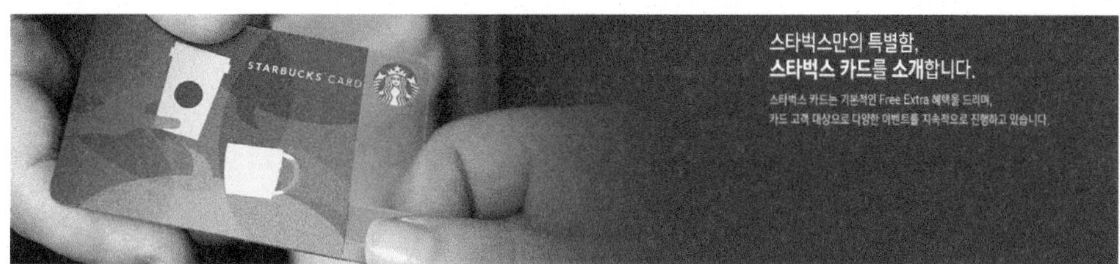

스타벅스가 운영하는 멤버십 제도인 멤버십 회원카드

(3) 기존 고객과의 관계 강화

고객의 충성도를 높여 다른 레스토랑으로 전환하지 않도록 하는 것이 이 단계의 목표이다. 물질적인 혜택이 아니라 고객에 대한 특별한 배려 등과 같은 감성적 혜택을 제공하는 것이 좋다. 이렇게 관계가 강화된 고객은 오랜 기간 제공받은 많은 혜택 때문에 전환 장벽이 발생하며 다른 레스토랑으로 바꾸기에는 전환 비용이 크므로 단골 고객으로 자리 잡게 된다. 단골 고객은 거래가격에 대한 민감성도 낮아져 거래가치를 높여 수익을 높일 수 있다.

3) CRM의 수준

(1) 금전적 인센티브

기업은 고객과의 장기적인 관계를 구축하기 위해 적절한 금전적 인센티브를 제공한다. 예를 들어 레스토랑을 자주 이용하는 고객에게 특별한 특권과 보상을 제공하는 것으로 방문횟수 또는 지출액에 따라 식음료를 무료로 제공하거나 할인을 해준다.

(2) 사회적 혜택

레스토랑은 개별 고객들의 욕구를 파악하여 제품과 서비스를 개인별로 특정화하고 개별화함으로써 고객들과의 사회적 유대관계를 증진시킨다. 예를 들어 단골 고객의 얼굴을 익히고 이름과 직함을 불러주며 그들이 특별히 선호하는 메뉴를 데이터베이스화하여 서비스를 제공하며, 기업이 주최하는 각종 행사에 VIP 고객으로 초대한다.

CJ푸드빌 VIP고객 멤버십 프로그램 '빕스 마니아'

(3) 구조적 유대관계

고객이 다른 곳에서는 쉽게 얻을 수 없는 가치를 고객에게 제공함으로써 유대를 강화하는 것이다. 예를 들어 레스토랑이 붐비는 성수기에는 예약을 받지 않으나 단골 고객에게만 예약을 받아 테이블을 확보해 주는 것이다.

사례 "불황에는 가성비지" 외식업계, 소비자 눈길 끄는 '사이즈 마케팅' 열풍

식품업계에 소비자 기호에 따라 기존 제품의 크기를 늘리거나 줄인 제품을 출시하는 '사이즈 마케팅'이 한창이다.

최근에는 고물가의 영향으로 가성비를 강조한 상품과 함께 다양한 크기의 제품이 지속 출시되고 있다.

이러한 다양한 용량의 제품을 출시하는 소비의 변화에 주된 이유는 가성비와 함께 1인 가구의 변화에서도 찾아볼 수 있다.

통계청 인구 총조사에 따르면 국내 1인 가구 비중은 전체 가구의 34.5%에 달하고 있으며, 2050년경에는 약 40%까지 증가할 것으로 예상되고 있다.

1인 가구 수가 증가하면서 식사 후에 남은 음식 보관이나 음식물 쓰레기 처리에 대한 부담이 없는 크기의 제품 수요가 늘어나고 있다.

도미노피자는 매일매일 가볍게 즐길 수 있는 '해피 데일리 싱글 피자' 5종을 출시했다.

해피 데일리 싱글 피자는 '소시지 맥스 피자', '클래식 리코타 피자', '맥콘 베이컨 피자'에 기존 도미노피자의 시그니처 메뉴인 '포테이토 피자'와 '블랙타이거 슈림프 피자'를 추가한 5종이다.

도미노피자의 '해피 데일리 싱글 피자' 5종은 6900원(클래식 리코타 피자, 맥콘 베이컨 피자)과 7900원(포테이토 피자) 그리고 1만 1900원(블랙타이거 슈림프 피자)이라는 부담없는 가격으로 즐길 수 있다.

음료와 편의점에서도 대용량 제품이 인기를 끌고 있다.

연이은 무더위와 고물가 현상이 이어지자 보다 합리적인 소비와 대용량에 대한 높은 만족도가 이어지면서 빅사이즈 트렌드가 이어지고 있다.

스타벅스 코리아에 따르면 대용량인 그란데(473ml) 사이즈의 매출 비중은 2020년 27%에서 작년 말 32%로 증가한 반면 기본 사이즈인 톨(355ml) 메뉴들은 59%에서 51%로 줄어들며 대용량 음료 수요가 늘어난 것으로 나타났다.

파리바게뜨가 내놓은 '빅사이즈 아이스 아메리카노' 역시 출시 한 달여 만에 100만 잔을 돌파했다.

편의점의 경우 빅사이즈 마케팅으로 GS25는 기간 한정 상품으로 라면 8개 양을 하나에 담은 '점보도시락 라면'이 출시 사흘 만에 5만 개가 팔렸으며 공간춘 쟁반짬짜면, 틈새비김면, 세숫대야 물냉면 등 다른 거대 사이즈 상품을 지속적으로 출시하고 있다.

CU의 경우 삼각김밥 4개를 합친 크기의 '슈퍼 라지킹 삼각김밥'을, 세븐일레븐은 크기를 키우고 밥과 토핑 중량을 늘린 '더커진 삼각김밥' 시리즈를 내놓았다. 또 기본 사이즈(355ml)보다 4배 큰 'get 아이스 아메리카노 2XL'도 선보였다.

외식업계 관계자는 "1인 가구의 증가와 소비자들의 수요, 취향의 변화에 따라 다양한 용량의 제품들의 출시가 이어지고 있다"며 "편리하고 간단한 소비를 원하는 1인 가구와 가성비에 중점을 둔 소비 트렌드 변화로 앞으로도 다양한 크기의 제품들이 지속 출시될 것으로 보인다"고 말했다.

자료 : 데일리안, 2024.9.1

사례 외식 프랜차이즈, 겨울 메뉴로 '소비자 입맛' 사로잡아

외식 프랜차이즈 대표 브랜드들이 겨울철 신메뉴를 통해 소비자의 입맛을 사로잡고 있다. 외식시장에서 새로운 메뉴는 가맹점의 매출성장과 함께 소비자들에게 브랜드 인지도를 높이는 등 다양한 효과를 불러일으킨다.

우선, 초밥 뷔페 프랜차이즈 '쿠우쿠우'는 고객의 미각을 사로잡을 정기 신메뉴 14종을 선보였다. 이번 신메뉴는 '맛으로 승부하는 별들의 전쟁'이라는 '쿠슐랭' 콘셉트 아래, 메뉴 퀄리티를 대폭 향상시켰다.

또한 세계적으로 유명한 미슐랭 가이드에 착안하여, 각 메뉴에 별점을 부여하는 방식으로 독창적인 재미를 더했다. 이를 통해 고객의 호기심과 소비 욕구를 동시에 자극하며, 신메뉴의 고급스러운 가치를 강조했다.

신메뉴는 특히 '맵수저'와 '안맵수저' 고객 모두를 고려한 다양한 메뉴 라인업으로 눈길을 끈다. 맵수저 고객을 위해 화끈한 매운맛을 강조한 매콤우삼겹간짬뽕, 화끈마라양고기탕, 우삼겹마라로제파스타, 스리라차참치유부초밥, 깐풍오!새우, 쭈닭볶음&치즈는 매운맛을 선호하는 이들에게 매력적인 선택지가 될 것으로 보인다.

반면, 안맵수저 고객들을 위한 옥수수시저샐러드, 옥수수 콘치즈피자, 자색고구마찹쌀도넛, 게딱지볶음밥, 파인애플오이샐러드, 한라봉슬러시, 에끌레어, 육회감태롤은 본연의 깊고 진한 풍미의 요리와 달콤한 메뉴도 함께 선보이며 폭넓은 취향을 충족시킨다.

디저트 카페 프랜차이즈 브랜드를 운영하고 있는 ㈜다경컴퍼니의 '금커피별빙수'도 2024 겨울 신메뉴를 선보였다. 2024 겨울 신메뉴는 SNS에서 핫한 '마시멜로 쫀득쿠키' 3종으로 딸기오레오맛, 딸기후르츠링맛, 녹차아몬드맛이다. 또 하나, 다이어트, 붓기, 항산화 등 건강에 좋은 단호박메뉴 3종을 동시에 선보였다.

겨울 신메뉴 야심작인 영양만점 할미표 '수제' 단호박 범벅, 단호박 식혜, 단호박 라떼를 출시하였으며, 이 중 수제 단호박 범벅은 금별의 노하우를 담은 건강한 단맛으로 출시 이후 인기리에 판매 중이다.

금커피별빙수 관계자는 "망고사과 인기 이후, 맞춤형 레시피를 통해 마시멜로 쫀득쿠키 시리즈를 선보인 것으로 SNS 인기 테스트 판매 후 고객들의 반응이 빠르게 오고 있다"고 전했다.

커피 프랜차이즈 '백억커피'는 겨울을 맞아 겨울 시즌 음료 3종, 버블티 음료 3종, 푸드 2종을 새롭게 선보였다. 이번 신메뉴는 ▲홀리베리 뱅쇼 ▲홀리베리 뱅쇼 스무디 ▲쌍화차 ▲흑당 버블티 ▲꿀 녹차 버블티 ▲딸기 홍차 버블티 ▲밀크 크로아상 붕어빵 ▲초코 크로아상 붕어빵 등 총 8개 메뉴다.

특히 '홀리베리 뱅쇼'는 서양의 겨울 전통 음료인 뱅쇼를 백억커피만의 레시피로 제조해 상큼한 풍미를 느낄 수 있다. 여기에 달콤한 딸기와 얼음을 함께 갈아낸 '홀리베리 뱅쇼 스무디'를 함께 출시했다. '쌍화차'는 7가지 한방 재료를 농축해 만든 진한 쌍화차에 달콤한 대추를 곁들인 한국적인 겨울 음료이다.

백억커피는 신규 버블티 음료 3종을 출시하고 타피오카 펄 추가 옵션을 전 메뉴에 도입했다. '흑당 버블티'는 흑당 특유의 달콤함을 느낄 수 있으며, '꿀 녹차 버블티'는 쌉쌀한 맛의 녹차 라떼에 꿀을 첨가해 달콤쌉쌀한 맛을 완성했다.

㈜트렌차이즈의 술집창업 브랜드 '생마차'가 겨울 신메뉴 출시와 동시에 이벤트를 진행하고 있다. 생마차가 선보인 신메뉴 8종은 '추운 겨울을 따뜻하게, 동마차'를 콘셉트로 스키야끼 등 국물 메뉴로 몸을 녹이고 빈속을 든든하게 채워주는 것이 특징이다. 국물 메뉴로는 ▲얼큰스키야끼 ▲백김치스키야끼 ▲미소돈지루 ▲홍합오뎅 죽&술밥으로는 ▲된장술밥 ▲게살계란죽 ▲묵은지참치죽 ▲매콤명란죽이 있다.

신메뉴 출시와 함께 진행되는 이번 이벤트는 신메뉴 8종 중 하나를 주문하면 생맥주 2잔 혹은 소주 1병을 서비스로 제공한다. 25년 2월 2일까지 일부 매장을 제외한 전국 생마차 가맹점에서 진행되며, 매장에 방문하시는 고객이라면 누구나 참여할 수 있다.

자료 : 신아일보, 2025.1.4

1 메뉴의 개념

1) 메뉴의 정의

'메뉴'란 음식물로 제공되는 각종의 음식 · 요리의 이름과 형태, 가격 등을 고객이 주문하는 데 필요하도록 안내 및 설명이 되어 있는 목록을 말한다. '메뉴(menu)'는 세계 공통으로 쓰이고 있으며, 우리말로는 '차림표' 혹은 '식단'이라고 부르기도 한다. '메뉴(menu)'의 원어는 프랑스어 "Minute"에서 따온 말로서 그 뜻은 작다(small) 또는 작은 목록(small list)이란 뜻이다. 고객들은 메뉴를 통해 받은 이미지와 느낌, 기호로 상품을 구매한다. 이것이 고객에게는 기대하는 가치가 되는 것이다. 메뉴는 외식기업이 가지고 있는 입지 여건, 환경, 분위기, 가격을 통합한 것이라고 할 수 있으며, 고객에게 단순히 음식 정보 제공만을 하는 것이 아니라 음식의 판매, 기업 광고의 마케팅 도구로도 사용된다.

'메뉴(menu)'는 고객의 욕구 창출, 고객의 만족, 업소의 수익성, 고객과 업소 간의 원활한 의사소통, 상품 구입을 위한 정보 제공과 마케팅 수단의 역할을 포괄적으로 수행하고 있다. 그러므로 메뉴란 단순히 음식 제공을 위함이 아니라 외식산업에서의 모든 경영 활동을 의미하며, 가치 증진을 위해 중요한 것이기 때문에 고객의 만족을 증대시켜 주기 위하여 체계적으로 구성한 차림표이다.

2) 메뉴의 중요성

메뉴는 판매 상품이 나열되어 있는 리스트로 기업의 이미지와 서비스 방법의 결정 등 레스토랑의 중심이며 얼굴이라고 할 수 있을 정도로 외식산업 경영자에게는 가장 중요한 요소이다. 메뉴는 외식기업의 경영이념과 콘셉트를 전달하는 대표적인 도구로서 레스토랑의 청사진과 같으며, 판매하려는 식음료를 고객이 잘 이해할 수 있게 하고 구매를 촉진시키는 능력을 갖추어야 한다. 즉, 고객에게 전달하려고 하는 정보 메시지가 효과적으로 소통될 수 있어야 한다.

메뉴는 고객과의 의사소통에 사용되는 가장 중요한 마케팅 도구이며, 기업의 단골 고객 여부에 대한 고객의 잠재적 욕구에 가장 큰 영향을 주고 있다. 그러므로 메뉴를 통해 소개되는 상품은 고객의 메뉴 선택에 많은 영향을 주며 외식기업의 경영 방법을 결정한다.

3) 메뉴의 역할

(1) 최초의 판매 수단

메뉴는 고객이 레스토랑에서 처음으로 만나는 상품이며 고객과 커뮤니케이션하는 최초의 판매 도구로 강력한 판매 수단이 된다. 고객은 메뉴가 전달하는 메시지를 받아들이고 그에 따라 행동하기 때문에 레스토랑과 고객이 상호 커뮤니케이션하는 기능을 갖는다.

(2) 마케팅 도구

메뉴는 고객에게 판매 가능한 식음료, 가격, 가치 등을 전달하고, 직원들에게는 레스토랑에서 생산해 내는 상품이 무엇인가를 전달한다. 메뉴는 레스토랑의 상품력을 높이는 데 중요한 역할을 한다. 이처럼 메뉴는 고객과 레스토랑을 연결해 주는 무언의 전달자이며 판매를 촉진시키는 마케팅 도구이다.

(3) 고객과의 약속

고객이 모든 것을 직접 확인하고 식음료를 구매하기는 어렵다. 고객은 메뉴를 통해 자신이 구매하고자 하는 상품의 가치를 확인하고 주문한다. 메뉴는 레스토랑에서 판매하는 상품에 대해서 정확하게 고객에게 전달하고 또한 그 가치를 보장한다는 고객과의 중요한 약속의 매개수단이다.

(4) 내부통제 수단

메뉴는 레스토랑 매출에 중요한 역할을 하고 있으며 모든 영역에 영향을 미친다. 특히 식재료의 구매, 저장, 재고 등의 식재료관리와 연관된 가격정책과 그에 따른 원가관리와 깊은 관련을 맺고 있는 내부통제 수단으로 활용된다.

2 메뉴의 종류

1) 내용에 의한 메뉴

(1) 정식 메뉴(Table D'hote Menu)

1인분의 식사가 코스 요리로 구성되며 미각, 영양, 분량의 균형을 도모하는 식단을 말한다. 가격이 저렴하면서 메뉴에 대한 지식이 없어도 쉽게 메뉴판에서 가격을 식별하여 주문이 가능하지만, 음식의 선택이 좁고 고객의 취향에 따라 상품이 변경되지 않는 단점이 있다.

정식 메뉴

'전채요리', '수프', '생선요리', '샐러드', '주요리', '후식', '음료' 순으로 7가지가 제공되는 것이 일반적이나 경우에 따라 빠지거나 '셔벗'이나 '가금류'가 추가되기도 한다.

Lunch - A

Poached egg with smoked salmon, bacon, mushrooms and spinach salad
수란을 곁들인 수제 홈메이드 훈제 연어와 시금치 샐러드

Main dish of your choice
메인요리를 선택하세요

Fettuccine with shrimps and alfredo cream sauce
알프레도 새우 크림 소스의 그린 페투치네

Spaghetti with seafood
(Choice of olive oil or tomato or cream sauce)
왕새우 그릴을 곁들인 해물 모듬 스파게티
(올리브유 소스, 크림소스, 토마토 소스 중에서 선택)

Spaghetti with tomato sauce and meat ball
소고기 토마토 소스의 미트볼 스파게티

Spaghetti with tomato and lobster
토마토 소스의 바닷가재 스파게티 (+6,000)

Tiramisu
티라미수

Coffee or Tea
커피 또는 티

₩ 35,000

Lunch - B

Baked bread topped with mushroom, onion pesto and mozzarella
치아바타 빵위에 올려 오븐에 구운 버섯, 양파 페스토와 모짜렐라 치즈

Tagliatelle with stewed beef
소고기 스튜 소스 딸리아텔레 파스타

Main dish of your choice
메인요리를 선택하세요

Grilled sea bass
화이트와인과 허브 버터소스의 농어 그릴

Char-broiled lamb chop
참나무 숯불에 구운 청정 냉장의 호주산 양갈비

Char-broiled tenderloin steak
참나무 숯불에 구운 한우 안심 스테이크

Char-broiled rib eye roll steak
참나무 숯불에 구운 호주산 최상급 와규 립아이롤 등심 스테이크

Tiramisu
티라미수

Coffee or Tea
커피 또는 티

₩ 49,000

정식메뉴(Table D'Hote)

(2) 일품요리 메뉴(A La Carte Menu)

일품요리 메뉴란 '고객이 자기의 기호에 맞는 음식을 식성대로 한 가지씩 자유로이 선택하여 먹을 수 있는 음식'을 말한다. 자신에게 적합한 것만 기호에 맞게 주문하기 때문에 편리하며, 현재 대부분의 고급 외식업소에서 사용하는 메뉴이다. 가격이 비싸고 식자재 및 메뉴 관리가 어렵지만, 메뉴 선택의 폭이 넓다.

일품요리메뉴(A La Carte)

2) 식사 시간에 의한 분류

(1) 조식(Breakfast)

조식은 아침에 제공되는 정식 메뉴이며, 서양 요리는 크게 미국식과 유럽식으로 나누어진다.

〈표〉 국가별 조식

국가별 조식	제 공 메 뉴
미국식 조식 American Breakfast	미국식 조식은 계란요리를 주요리로 주스(juice), 토스트(toast), 커피(coffee), 프라이드 포테이토(fried potato) 등이 제공되고 햄(ham), 베이컨(bacon), 소시지(sausage) 등을 선택해서 먹는 식사 형태로 때에 따라 곡류(cereal)가 제공되기도 한다.
유럽식 조식 Continental Breakfast	유럽식 조식은 계란요리가 포함되지 않고 주스(juice), 토스트(toast), 커피(coffee) 등으로 간단하게 먹는 식사 형태로 유럽에서 많이 이용되고 있으며, 객실 요금에 아침 식사 요금이 포함된 것이 특징이다.
일본식 조식 Japan Breakfast	일본의 경우, 조식으로 밥, 국, 구이요리, 무침요리, 계란, 김, 나또 등으로 간단하게 제공된다.

(2) 브런치(Brunch)

브런치는 아침과 점심 중간에 먹는 식사이다. 바쁘게 살아가는 현대인들로 하여금 아침과 점심을 겸하게 하는 식사 형태로 이용객이 늘고 있다.

(3) 점심(Lunch)

점심은 정오에 식사하는 형태인데 저녁 식사보다 가볍게 3~4가지 코스로 구성된다. 그 내용을 살펴보면 수프(soup), 앙뜨레(entree), 후식(dessert), 음료(coffee or tea)로 구성되는 것이 보통이다.

(4) 애프터눈티(Afternoon Tea)

애프터눈티는 영국의 전통적인 식사 습관으로 밀크티(milk tea)와 시나몬토스트(cinnamon toast) 또는 멜바토스트(melba toast)를 점심과 저녁 식사 사이에 간식으로 먹는 것을 말한다.

(5) 저녁 식사(Dinner)

저녁 식사는 내용적으로나 시간적으로 질이 좋은 음식을 충분히 섭취하는 풀코스(full course)로 이루어진다. 디너(dinner)의 풀코스(full course)는 보통 6~7가지인데, 애피타이저(appetizer), 수프(soup), 생선(fish), 앙뜨레(entree), 로스트비프(roast beef), 후식(dessert), 음료(coffee or tea)로 구성되는 것이 보통이다.

(6) 밤참(Supper)

밤참은 늦은 저녁에 제공되는 간단한 식사를 말하는데, 서퍼(supper)의 본래 의미는 격식 높은 정식 만찬이었으나 최근에는 저녁에 먹는 밤참의 의미로 사용되고 있다.

3 메뉴가격

1) 메뉴가격 결정의 목적

메뉴가격의 결정은 기업의 운영 목표와 전략이 가장 직접적으로 반영되고, 관리 영역으로 판매되는 비용과 목표이익, 고객의 가격인지도의 총체적 산물이라고 말할 수 있다. 메뉴가격을 결정하는 데는 여러 가지 중요한 요인들이 있지만, 고객에게 제공되는 음식 상품의 추정 가치를 제시함으로써 판매 수요를 충족시키는 데 목적이 있다.

메뉴의 가격 결정 시에 판매 시장의 수요 상황과 식자재의 구매 원가를 접목시켜 합리적인 가격의 결정 목표를 설정해야 하며, 합리적인 가격 결정은 고객의 경제적 만족과 심리적 만족을 동시에 충족시킬 수 있는 대안이 된다.

2) 메뉴가격 산출 방법

(1) 원가 지향적 가격 결정

① 식재료비에 의한 가격 결정

직접 원가에 의한 가격 결정이 가장 보편적이다. 판매 가격을 식재료 원가에 기초해서 책정하는 가격 책정 방법으로 다음과 같이 산출한다.

$$\text{판매 가격(SP)} = \frac{\text{식재료의 원가}}{\text{목표에 의한 원가 비율(\%)}}$$

〈식재료 원가에 의한 산출 예〉

메뉴가격의 결정을 위해 경영자는 식재료 원가를 10,000원으로 잡고, 목표로 하는 식자재 원가율을 30%로 한다면 다음과 같이 산출하여 그 품목의 판매 가격은 약 33,400원 정도가 된다.

$$\text{SP} = \frac{10{,}000}{30\%(0.30)} = 33{,}333\cdots \text{ 원}$$

② 가격팩터법

가격팩터법은 오랫동안 가장 많이 사용되어 온 가격산출법으로 식재료비의 몇 배를 받아야 적절한 판매 가격이 되는지 산출하는 계산 방법이다. 가격팩터법을 사용하여 판매 가격을 결정할 때에도 경영자의 경험에 의해 약간의 조정이 필요하다. 예를 들어 일정의 판매 가격이 산출되었다 하더라도 가격단위를 계산하기 쉬운 단위나 잔돈이 발생되지 않는 단위로의 조정이 필요하고, 아울러 경쟁력과 고객을 흡입할 수 있는 숫자로의 조정도 필요하다.

판매 가격(SP) = 식재료비 × 가격팩터

〈가격팩터법에 의한 산출 예〉

햄샌드위치의 원하는 식재료비율이 37%, 식재료비가 800원일 때, 먼저 100을 37로 나누어 2.7이라는 가격팩터를 구한 후, 식재료비 800원에 가격팩터 2.7을 곱하여 2,160원이라는 가격을 산출하는 방법이다.

$$\text{factor} = \frac{100\%}{37\%(0.37)} = 2.7$$

$$\text{SP} = 800 \times 2.7 = 2{,}160 \text{ 원}$$

③ 프라임 코스트법

레스토랑 운영비용 중에서 식재료와 인건비가 가장 높은 비중을 차지하고 있기 때문에 이 두 가지를 합쳐 프라임 코스트라 부른다. 프라임 코스트법은 미국의 해리 포프(Harry Pope)가 개발한 것으로 식재료비와 식재료비율을 기준으로 한 가격팩터법에 메뉴를 생산하는 데 직접적으로 사용되는 직접인건비를 포함시켜 계산하는 방법이다. 여기서 직접인건비는 일반적으로 전체인건비 중의 1/3 정도로 추정한다.

〈프라임 코스트법에 의한 산출 예〉

햄샌드위치의 식재료비가 800원, 직접인건비가 400원으로 프라임 코스트가 1,200원(800원+400원)이고, 직접인건비율이 10%(전체인건비 30%), 식재료비율이 40%라 할 때, 판매가격은 1,200원 ÷ 50%=2,400원이 된다.

$$SP = \frac{(800+400)=1,200}{(10+40)=50\%} = 2,400\text{원}$$

※ 인건비와 식자재 원가를 절충하는 방법은 흔히 사용하고 있는 방법들이다.

(2) 경쟁 지향적 가격결정

① 적정 가격법

경영자 또는 관리자의 경험과 추측에 의해서 이 정도면 적당하다고 생각하는 가격을 선택하는 방법이다.

② 최고 가격법

메뉴품목의 가치를 최대한으로 평가하여 고객이 최고로 지불할 수 있겠다 싶은 가격을 선택하는 것으로 영업활동과 고객의 반응에 따라 단계적으로 가격을 조정하는 방법이다.

③ 최저 가격법

상품가치의 최저가를 선택하여 고객으로 하여금 레스토랑의 매력을 느끼도록 하는 방법이다. 이 방법은 레스토랑의 낮은 가격을 보고 들어와서 다른 음식까지 주문하도록 유도하는 것으로 가격과 품질의 비교에 따라 높은 매출을 기대할 수 있다.

④ 독창적 가격법

정확한 수익성이나 원가의 개념 없이 시장반응과 관리자의 경험을 바탕으로 실험적으로 가격을 책정하는 방법이며 비현실적일 가능성이 높다.

⑤ 경쟁자 가격법

경쟁자가 정한 가격을 따르는 방법으로 경쟁자가 제시한 가격에 고객이 만족하고 있다는 전제에서 가능하다. 레스토랑마다 원가와 판매량이 다르기 때문에 단순하게 경쟁자를 모방하는 것은 위험하다. 상품가치는 음식 자체만이 아니라 분위기, 서비스 방법, 실내장식 등이 포함된 상품으로 평가되기 때문이다.

4 메뉴분석

1) 메뉴분석의 중요성

메뉴분석은 고객의 수요와 전체 판매량에서 각 메뉴품목이 판매된 수량을 나타내는 메뉴믹스분석, 수익성이 어떠한가에 그 초점이 맞춰진다. 이러한 메뉴분석을 통해 메뉴품목이 제대로 판매되고 있으며 이익이 어느 정도 발생하는지 분석하고 그 결과에 따라 메뉴품목의 위치를 조정하고 전략도 수립한다. 특히 경쟁관계인 레스토랑의 메뉴분석은 포지셔닝에 도움을 주며 경쟁자와의 제품차별화에 중요한 역할을 한다.

2) 카사바나와 스미스의 메뉴 엔지니어링

(1) 메뉴 엔지니어링 계산방법

미국의 카사바나와 스미스는 고객들이 선호하는 메뉴품목의 인기도를 나타내는 메뉴믹스와 수익성을 평가하여 메뉴에 관한 의사결정을 하기 위한 방법으로 메뉴 엔지니어링을 개발하였다. 메뉴 엔지니어링은 단순히 식재료비율이 어느 정도인가를 확인하는 것이 아니라 현재의 메뉴구성으로 레스토랑이 이익을 얼마나 내고 있는지를 분석한다.

표를 보면 식재료 비율이 낮은 샐러드를 적극 판매하여 전체 식재료 비율을 줄일 수는 있겠지만, 수익이 낮은 편이며, 샌드위치는 식재료 비율도 높고 수익도 낮은 품목이다. 이러한 상황에서 경영자는 어떠한 결정을 할 수 있는가? 메뉴 엔지니어링은 이러한 상황에서 메뉴에 대한 적절한 평가를 내릴 수 있도록 도와주는 도구로 사용된다.

〈표〉 식재료 비율과 수익성

메뉴품목	식재료비	판매가격	식재료 비율	수익성
샐러드	2,400원	5,000원	48%	2,600원
스파게티	4,500원	8,500원	53%	4,000원
피자	5,000원	10,000원	50%	5,000원
샌드위치	4,100원	6,600원	62%	2,500원

〈표〉 **메뉴 엔지니어링 분석표**

(A) 메뉴 품목	(B) 판매량	(C) 메뉴 믹스	(D) 원가	(E) 판매 가격	(F) 수익 (E–D)	(G) 총원가 (D×B)	(H) 총판매액 (E×B)	(L) 총수익 (H–G)	수익 분석	인기도 분석	메뉴 분석 결과
샐러드	600	40%	2,400	5,000	2,600	1,440,000	3,000,000	1,560,000	low	high	plow horses (상)
스파게티	450	30%	4,500	8,500	4,000	2,025,000	3,825,000	1,800,000	high	high	stars (특)
피자	240	16%	5,000	10,000	5,000	1,200,000	2,400,000	1,200,000	high	low	puzzles (중)
샌드위치	210	14%	4,100	6,600	2,500	861,000	1,386,000	525,000	low	low	dogs (하)
	1,500					(I) 5,526,000	(J) 10,611,000	(M) 5,085,000			
식재료 비율 K=I/J		52.1%			평균수익 O=M/N		3,390원	평균인기도 Q=(100%/품목수)×(70%)			17.5% (263개)

메뉴 엔지니어링은 위의 표와 같은 메뉴 엔지니어링 분석표를 작성하여 평가한다. 예시된 4가지 메뉴품목 중 샐러드의 예를 들어 메뉴 엔지니어링 분석표를 작성하고 계산하는 방법에 대해 살펴보고자 한다.

메뉴믹스는 전체 판매량을 기준으로 측정한 특정 메뉴품목 판매량의 비율을 말하는데 이것을 평균 인기도와 비교하여 인기도의 높고 낮음을 평가한다.

평균 수익은 총수익을 모든 메뉴품목의 판매량으로 나누면 구할 수 있다. 각 메뉴품목의 수익을 평균 수익과 비교하여 높거나 같으면 수익이 높은 품목이고, 낮으면 낮은 품목으로 평가한다. 샐러드의 수익은 2,600원이고, 평균 수익은 3,390원이므로 샐러드의 수익이 평균 수익보다 낮으므로 수익분석에서 low로 평가했다.

평균인기도는 메뉴품목 수에 따라 다르게 측정된다. 4가지의 메뉴품목으로 구성되어 있을 때는 100%/4=25%의 평균 인기도를 갖는다. 그러나 현실에서 달성할 수 있는 판매의 정도가 반드시 25%에 이른다고 보기는 어렵기 때문에 오랜 경험과 업계의 추세에 근거해 품목의 판매량 기대를 70%로 잡고 있다. 즉 각 메뉴품목마다 70%만 달성한다면 좋은 품목으로 평가할 수 있는 것이다. 4가지 메뉴품목일 때 70%에 해당하는 평균 인기도 기준수치는 25%×70%=17.5%(263개)가 된다. 샐러드의 경우 메뉴믹스 비율이 40%(600개)로 평균인기도 17.5%(263개)보다 월등히 높으므로 인기도 분석에 high로 평가했다.

(2) 메뉴 엔지니어링 매트릭스에 의한 메뉴평가

메뉴 엔지니어링 분석표를 작성한 후, 수익성과 메뉴믹스를 바탕으로 메뉴 엔지니어링 매트릭스를 만든다. 메뉴품목을 특(stars), 상(plow horses), 중(puzzles), 하(dogs)로 분류하고 평가된 자료를 바탕으로 해당메뉴에 대한 개선방안 등의 관리를 하게 된다.

스파게티는 메뉴분석 결과 특상품(stars)으로 인기도와 수익이 모두 높은 효자 메뉴품목이다. 이런 메뉴는 음식의 품질과 양, 서비스 등을 기존의 수준과 동일하게 제공한다. 메뉴판에도 가장 잘 보이는 위치에 배치시키고 가격을 탄력성 있게 인상시킨다. 현재 수준을 오랫동안 유지하는 것이 관리전략이라고 할 수 있다.

샐러드는 상상품(plow horses)으로 인기도는 높으나 평균 수익을 밑도는 품목이다. 고객에게 인기가 매우 좋은 품목이기 때문에 리더메뉴(leader menu)로 불린다. 이런 메뉴는 판매 가격에 비해 원가가 높기 때문에 일방적으로 가격을 인상하거나 상품의 양을 줄이는 것이 아니라 원가가 낮은 품목과 묶어 세트메뉴로 가격을 인상시켜 특상품으로 전환을 유도해야 할 것이다. 또한 별도의 프로모션이 필요하지 않을 정도로 인기가 높기 때문에 메뉴판에서 가장 시선이 미치지 않는 곳에 배치하고, 가치를 감소시키지 않는 범위 내에서 분량을 줄이거나 가격을 약간 인상하는 방법도 있으나 매우 조심스럽게 접근해야 할 것이다.

피자는 중상품(puzzles)으로 수익은 높으나 인기도가 낮은 품목이므로 메뉴판에서 가장 잘 보이는 곳에 배치해야 한다. 이런 메뉴는 원가가 낮아 가격이 높게 책정된 것일 수도 있기 때문에 고객을 유인하기 위해 가격을 인하하여 우선 인기도를 높여서 상상품으로 전환시키는 것도 하나의 방법이다. 또한 메뉴명을 좀 더 친근감 있거나 유행할 수 있는 이름으로 변경한다. 메뉴에 포함되어 있는 서비스의 질을 향상시키거나 직원이 특별 메뉴로 고객에게 제안판매하게 함으로써 판매수량을 늘려야 한다.

샌드위치는 하상품(dogs)으로 인기도와 수익이 모두 낮아 손실을 가져오는 메뉴로써 메뉴판에서 과감히 삭제하는 것을 고려해 볼 수 있다. 그러나 이런 메뉴가 영업장의 콘셉트를 좌우하는 메뉴라고 한다면 가격을 인상시켜 중상품 수준으로 변화를 유도해야 한다.

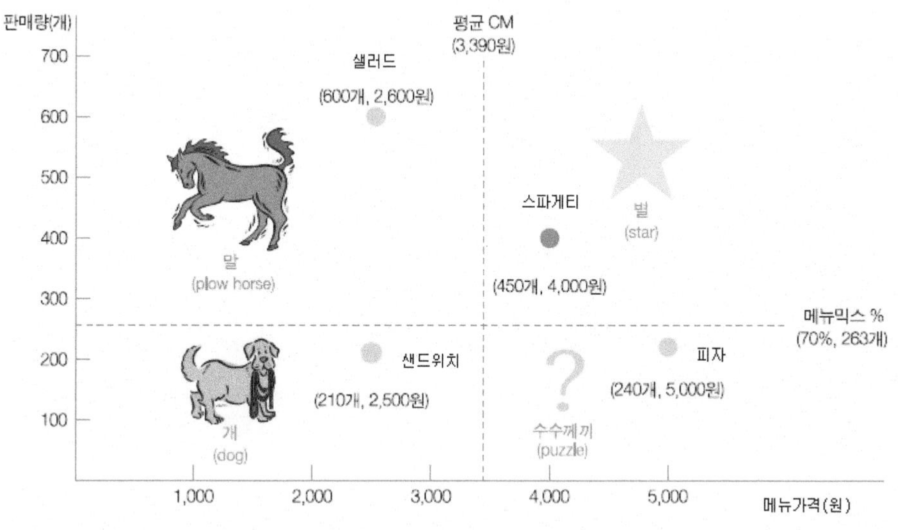

메뉴 엔지니어링 매트릭스

사례 외식업계 '노른자'의 부활··· 컨세션 사업, 효자 역할 '톡톡'

리오프닝 이후 이용객 꾸준히 증가
성수기 여름 휴가철 겹치며 매출↑
중장기 전략 짜고 변화 모색

인천공항 1터미널 스카이허브라운지

컨세션 사업(식음료 위탁운영)을 영위하는 기업들의 표정이 밝다. 리오프닝 이후 공항, 휴게소 이용객이 꾸준히 증가세를 보이고 있는데다, 고물가 장기화 속 성수기인 여름 휴가철을 맞아 평소 절약하던 소비자들의 보복여행 소비 역시 크게 늘어났기 때문이다.

인천공항공사는 올해 여름 성수기(7월 25일~8월 11일) 인천국제공항을 찾는 국제선 승객이 코로나19 팬데믹 이전인 2019년을 뛰어넘을 것이라고 전망했다. 일 평균 국제선 이용객은 21만 3782명으로, 지난해 여름 성수기(17만 8997명)보다 19.4% 증가한 수치다.

SPC그룹의 지난해 인천공항 내 컨세션 사업 매출은 전년 동기 대비 두 배 가까이 급증했다. 가평, 용인 등 고속도로 휴게소 매출은 15% 이상 늘었다. 롯데GRS도 지난해 3분기까지 롯데GRS의 신성장사업 부문 매출이 전년 대비 약 52% 급증했다.

코로나19가 창궐하던 2020~2021년 컨세션 사업 매출은 30~50%가량 감소했으나 엔데믹 전환을 기점으로 급격하게 회복세를 보이고 있다. 지난해 본격적인 리오프닝으로 교통량이 늘고 관광객이 증가하면서 컨세션 사업도 다시 빛을 보게 됐다.

컨세션 시장은 해당 장소에서 다른 먹거리를 찾아볼 수 없는 '특수 상권'의 지위를 누린다는 강점이 크다. 예컨대 공항이나 고속도로 휴게소에서는 해당 식당가 외에는 음식점을 찾을 수 없어 손님이 몰리기 때문에 사람이 많을수록 매출이 자연스럽게 오른다.

컨세션 사업의 또 다른 장점은 장기 계약이라는 점이다. 인천국제공항 식음료 사업의 경우 오는 2028년까지 매장을 운영할 수 있다. 여기에 최대 5년까지 연장도 가능하다.

국내에선 풀무원푸드앤컬처, SPC삼립, 아워홈, CJ프레시웨이, 롯데GRS 등이 컨세션 사업에 드라이브를 걸며 확장 중이다. 업체별 외식, 급식, 임대 수익의 경계가 모호해 정확한 시장 규모는 집계되지 않고 있으나 풀무원 푸드앤컬처와 SPC가 이 시장의 강자다.

최근 컨세션 업계는 사업 확장에 주력하고 있다. 소비 트렌드 변화에 맞춰 젊은 층을 타깃으로 한 파인 다이닝, 이색적인 해외 음식 등을 도입하며 차별화에 나서고 있다. 자동 주문 시스템, 스마트 테이블 서비스 등 푸드 테크도 적용하고 있다.

이와 함께 신규 수주에 참여하고, 다채로운 메뉴와 맞춤형 서비스를 선보이며 고객 모으기에 적극 나서고 있다. 지난해 11월 인천공항 입찰에선 SPC, 아워홈, 롯데GRS, 풀무원이 구역별 사업권을 따냈다.

인천국제공항에 쇼콜라팔레트 2호매장

컨세션 1위 사업자 푸드앤컬처는 최근 중장기 전략을 짜고 변화를 모색하고 있다. 회사 측은 규모의 경제를 통한 수익 창출에 초점을 맞췄다. 휴게소를 복합문화공간으로 탈바꿈시켜 집객을 늘리고, 이를 통해 객단가를 높여 나갈 방침이다.

예를 들면 ▲야외 감성존(야외테라스, 카페형 휴식공간 등) 설치 확대 ▲팝업스토어 등 테마시설 추가 ▲유명 식음료(F&B)브랜드와 메뉴 도입 추진 등을 통해 고객의 체류시간을 늘리고 재방문을 유도해 나가고 있다. 무인단말기, 조리로봇, 무인매장 등도 확대하는 중이다.

SPC삼립은 최근 MZ세대(1980~2004년 출생)에 사업전략을 맡기며 분위기 쇄신에 나섰다. 또 홈델리 브랜드 제품을 선보여 파인캐주얼 시장을 적극 개척하고 있다. 파인캐주얼은 캐주얼한 분위기이지만 엄선된 재료로 고급 요리를 제공하는 식당을 뜻한다.

롯데GRS는 병원에서 시작해 공항, 호텔, 휴게소 등 여러 방면에서 직영 브랜드 운영과 함께 임대 수익을 올리며 안정적으로 성장해 나가고 있다.

특히 엔데믹으로 공항을 찾는 여행객들이 늘어나는 가운데 인천공항 식음료 구역 입찰권을 따내면서 장기 성장 동력을 확보했다. 24년 만의 신규 브랜드인 초콜릿 카페 '쇼콜라 팔레트'를 오픈, 컨세션 사업 주력 브랜드로 키워나가며 외식 사업 강화에 힘을 싣고 있다.

업계 관계자는 “외식업체의 경우 유동인구가 몰리는 지역에 자사 프랜차이즈를 입점시켜 브랜드 파워를 키울 수 있다는 장점이 크다”며 “통상 컨세션 사업을 따내면 자사 브랜드와 외부 브랜드를 절반씩 입점시키고 급식업체는 후방 사업인 식자재 사업과 연계해 매출을 늘릴 수 있다”고 설명했다.

자료 : 데일리안, 2024.8.6

사례 CJ프레시웨이, 온라인 플랫폼 타고 외식시장 공략 강화

CJ프레시웨이가 온라인 식자재 유통 역량을 강화한다. 플랫폼 기업 등 외부 협력을 통해 잠재 고객 접점을 확대하고 고객 컨설팅 일환인 외식 솔루션 기능을 확장하는 등 온라인 식자재 유통 시장 공략에 박차를 가한다.

오케이포스 오늘얼마 앱 내 식자재 구매 주문 화면

CJ프레시웨이는 온라인 식자재 유통 규모가 올해 3분기 누적 매출 기준 전년 대비 10배 성장을 이뤘다고 13일 밝혔다.

오프라인 거래를 중심으로 하는 기존 B2B 식자재 유통 사업을 온라인 시장에 연결하는 온·오프라인연계(O2O) 전환에 주력한 성과다. 특히 온라인 및 데이터 사업에 주력하는 외부 플랫폼과의 협업 영향이 주효했다.

최근 CJ프레시웨이는 포스(POS) 솔루션 기업 오케이포스와의 협업 모델 고도화에 집중하고 있다. 26만여 개 가맹점을 보유한 국내 1위 사업자다. 양사는 2022

년 업무협약 체결 이래 식자재 주문 시스템 연동, 외식 브랜드 론칭 등 다양한 프로젝트를 수행했다.

올해 6월부터는 오케이포스의 식당 매출관리 서비스 앱(APP) '오늘얼마' 내 식자재 주문 페이지를 통해 상품 판매를 시작했다. 관련 매출은 지난달까지 월평균 126%씩 늘었고, 구매 고객 규모는 같은 기간 20배 늘었다. 양사는 앱을 통해 축적되는 데이터에 기반해 상품 큐레이션, 프로모션 기획, 고객 관리 등 영업과 마케팅 활동을 병행하며 고객 확보에 힘쓰고 있다.

매출 성장에는 B2B 경로에 특화된 상품 경쟁력이 작용했다는 분석이다. CJ프레시웨이는 외식시장 수요가 높은 품목을 온라인 전용 상품으로 개발하고 독점 유통 브랜드 상품을 확보하는 등 차별화된 구색을 제시했다.

CJ프레시웨이는 식자재 유통 사업의 O2O 전환과 동시에 지난해부터 운영하고 있는 외식 솔루션 역량도 끌어올릴 계획이다. 국내 최대 규모 식자재 유통기업의 노하우와 기술 플랫폼의 데이터 인사이트를 결합해 독보적인 고객 경험을 설계한다는 목표다.

포스 주문 연계 시스템을 통해 메뉴 판매 추이와 식자재 주문량 등 사업장에서 발생하는 정보를 바탕으로 외식 트렌드 및 상품 수요를 파악하고, 이를 프랜차이즈 브랜드 기획, 메뉴 개발, 점포 운영 컨설팅 등 솔루션 역량을 강화하는 데 활용하는 식이다.

대표 협업 사례는 올해 6월 오케이포스가 서울 삼성로에 오픈한 외식 브랜드 '쇼지'다. CJ프레시웨이가 브랜드 기획, 메뉴 구성, 인테리어, 운영 매뉴얼 수립 등 컨설팅 전반을 수행했다. 오케이포스는 키오스크, 주문정보 통합처리 시스템 등 기술 솔루션으로 운영 효율을 높였다.

CJ프레시웨이 관계자는 "온라인과 오프라인 시장의 경계가 옅어짐에 따라 기존 역량을 초월하는 신성장 동력이 필요한 시점"이라며 "온라인 플랫폼 협업, 솔루션 역량 고도화 등 사업 모델 진화에 지속 힘쓰며 식자재 유통산업 O2O 전환을 주도할 것"이라고 말했다.

자료 : 전자신문, 2024.11.13

07
CHAPTER

식재료관리

1 생산관리

외식산업에서 생산관리는 식재료의 낭비를 줄이고 과잉 생산에 따른 비용의 증가와 판매 가능한 메뉴품목의 부족에서 발생하는 기회의 감소, 그리고 정량의 과다책정에 따른 수익의 감소 등을 줄이려는 노력이다. 외식산업에서 생산관리는 생산계획, 표준 산출량, 표준 레시피, 표준 정량 등의 생산관리과정을 통해 이루어진다.

1) 생산계획

생산계획은 특정한 기간의 판매량을 예측하는 것으로 그동안의 매출기록은 레스토랑이 생산을 계획하고 예측하는 데 많은 도움이 된다. 실제 판매량과 잠재적인 판매량 사이의 비교를 가능하게 하고 원가관리가 용이하며 식재료의 구매와 적절한 양을 유지하는 데 도움을 준다.

매출기록이 존재할 때 생산계획은 일정한 기간 동안 판매된 메뉴와 매출을 분석하고 예측을 통해 앞으로 레스토랑에서 판매될 식음료의 전체규모와 각각의 메뉴에 대한 총계를 산출한다. 이때 기존의 인기 품목, 계절의 영향, 각종 행사 계획 등을 고려하여 계획한다.

2) 표준 산출량

표준 산출량(standard yields)은 구매한 식재료를 조리하여 먹을 수 있거나 제품으로 활용할 수 있는 양을 말한다. 예를 들어 쇠고기 안심 스테이크를 조리한다고 했을 때 쇠고기 안심부위 1kg 중에서 사용하지 않는 부분 150g을 제거하고 고객에게 실재로 제공가능한 양인 850g을 표준 산출량이라고 한다.

표준 산출량을 사용하면 다음과 같은 이점이 있다.

첫째, 표준 산출량은 레스토랑에서 식재료를 구매할 때 가장 적절하고 유리한 크기와 무게를 결정해 주며 생산량을 예측하여 그에 맞는 적정량의 식재료를 결정하는 보조역할을 한다.

둘째, 이중점검의 효과가 있다. 예를 들어 쇠고기를 주문하였는데 용량이 부족하였으나 검수를 하지 못했다고 해도 주방에서 쇠고기를 정량으로 나누는 과정에서 두 번째 점검을 받게 된다.

셋째, 실제 산출량(actual yields)과 잠재적 산출량(potential yields)을 비교할 수 있게 함으로써 조리사의 능력을 측정하는 수단이 되며, 주방에서 일어날 수 있는 절도나 낭비행위에 대한 안전 장치 역할을 한다.

마지막으로 레스토랑에서 메뉴로 제공되는 음식의 구성요소를 밝혀줌으로써 원가관리에 도움이 된다.

3) 표준 레시피

표준 레시피는 특정 메뉴를 생산하기 위해 작성된 조리 일람표로써 완성된 메뉴의 이름, 식재료, 크기, 중량, 조리 방법 등이 명시되어 있다. 표준 레시피는 메뉴의 품목별 원가를 예측하고 실수나 낭비로 인한 식재료의 손실을 최소화시킬 수 있는 도구 역할을 한다.

표준 레시피를 사용하면 다음과 같은 이점이 있다.

첫째, 특정 메뉴에 대한 정확한 원가계산이 가능하고 1인분의 원가를 계산할 수 있다. 1인분의 원가를 알게 되면 기업에서 원하는 수준의 수익을 고려하여 적정가격을 매길 수 있게 된다.

둘째, 구매량을 정확하게 파악할 수 있다. 당일 업무가 종료되고 다음날 사용할 식음료에 대한 필요수량을 파악할 때 표준 레시피를 이용하면 정확한 양을 파악할 수 있다.

셋째, 조리사나 바텐더가 제품을 생산할 때 생산과정을 상기시켜 주거나 신입직원을 훈련하는 데도 유용하게 사용된다. 표준 레시피에 의한 생산이 될수록 고객은 보다 표준화된 제품을 제공받을 수 있다.

넷째, 메뉴를 계획할 때 도움이 된다. 새로운 메뉴를 개발하려고 할 때 표준 레시피를 이용하면 가격, 모양, 맛, 색깔 등에 이르기까지 다른 메뉴들과 균형을 이룰 수 있다.

마지막으로 표준 산출량과 결합하여 사용하면 표준 정량을 결정하는 기초를 만들 수 있고 효과적인 생산관리 시스템의 구축도 가능하다.

4) 표준 정량

표준 정량(standard portion)은 고객에게 제공되는 완성된 메뉴의 정확한 양으로 g 또는 개수로 표시한다. 표준 레시피와 마찬가지로 표준 정량도 원가관리에 도움이 되는데 1인분의 표준 정량이 정해지면 그 메뉴의 총이익을 계산할 수 있다. 정량보다 음식을 많이 제공하거나 정량의 크기가 일관되지 않으면 총이익에 영향을 미치게 된다.

표준 정량을 지키기 위해서는 조리사나 바텐더가 정량에 맞는 규격의 기물을 사용하는 것이 중요하며 이를 지키고 있는지 수시로 점검한다. 표준 레시피와 표준 정량의 세부적인 사항을 차트로 만들어 모든 직원들이 항상 참고할 수 있도록 한다.

2 식재료관리

식재료관리는 생산과정을 일관성 있게 진행하기 위해 필요한 식재료의 구매, 검수, 저장, 출고, 조리 등과 관련된 실질적 업무는 물론 원가관리 및 기타 식재료와 관련된 사항들의 전반적인 관리를 말한다. 식재료는 모양, 품질, 특성 등의 다양성과 환경조건에 따른 수요공급의 변화가 있기 때문에 균일화, 규격화가 어렵다. 따라서 생산계획에 따른 식재료의 구분, 소모량의 산정, 저장, 배분 등의 업무가 과학적이고 능률적으로 수행되도록 담당자는 물론 모든 직원의 관심과 협조가 필요하다.

1) 식재료관리의 중요성

외식산업에서 제품관리는 제공되는 식음료의 맛에 대한 관리이고 제품관리의 시작점은 식재료관리에 있다. 식재료관리는 원가절감을 가장 효율적으로 할 수 있는 방법임에도 제대로 실시되지 못하고 있어 집중적인 관리가 필요하다. 식재료관리를 소홀히 하게 되면 구매 비용의 상승, 상품의 가치 하락, 재료의 높은 부패율 등으로 원가율이 높아지고 원가율이 높아지면 수익이 줄어들기 때문에 수익을 늘리고자 기업에서는 가격을 올리게 된다. 가격이 상승하면 고객이 부담을 갖게 되어 방문하는 횟수가 줄게 되고, 방문 횟수의 감소에 따른 매출이 감소하게 되면서 수익이 줄어드는 결과를 초래한다.

외식산업에서 제품의 맛이 없거나 신선도가 떨어지면 고객의 만족도가 감소하게 된다. 맥도날드는 고유의 맛과 신선도를 유지하기 위해 햄버거는 만든 지 10분, 감자튀김은 튀긴 후 7분이 지나면 모두 폐기하고 있다. 남는 제품을 판매하지 않는다는 것은 이익보다는 품질을 우선으로 하고 있다는 것이다.

2) 식재료관리의 단계

(1) 재고관리

재고관리는 품목별로 보유하고 있는 식재료 양을 파악하고 사용량에 따라 부족분은 보충하고, 과잉수량은 사용을 유도하여 적당량을 보유함과 동시에 품질기준을 유지하고 보관 공간을 효율적으로 이용하는 것을 말한다. 특히 식재료는 신선도가 생명이고 유통기한이 지나면 상품으로서 가치가 없어지는 특성이 있기 때문에 재고관리는 매우 중요하다.

식재료 품목별로 적정재고량을 설정하고, 재고 파악을 효율적으로 하기 위해서 재고 카드에 입출고 수량을 정확하게 기재하여 재고량을 정확하게 파악할 수 있도록 한다. 정기적으로 재고조사를 실시하여 과다 재고 방지와 품질관리 및 원가관리를 철저하게 할 필요가 있다.

재고조사의 목적은 사용재료비를 정확하게 계산하기 위함이다. 매출총이익을 정확하게 계산하기 위해서는 사용재료비의 정확한 파악이 필수이기 때문이다. 정확한 사용재료비는 전일 또는 전월 영업 마감 후 재고량에 당일 또는 당월 매입한 식재료의 양을 합한 후에 당일 또는 당월 영업마감 후 재고량을 차감하면 당일 또는 당월 사용한 식재료의 양을 가격으로 환산하면 파악이 가능하다. 당일 또는 당월 매입한 식재료를 사용한 식재료로 계산하기도 하지만 재고의 수량이 영업 전과 후가 다르기 때문에 정확한 파악은 아니다.

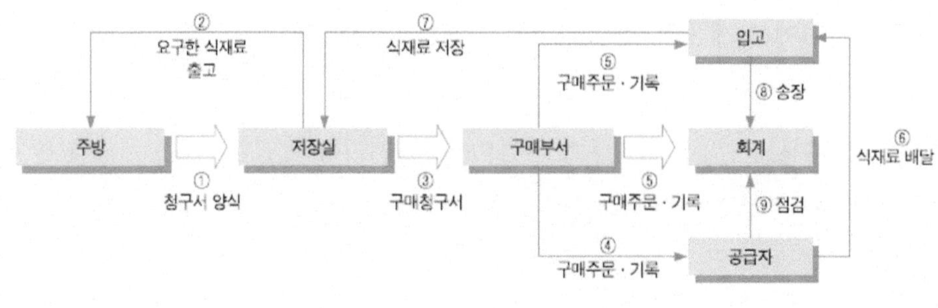

구매 사이클

(2) 구매관리

구매관리는 영업장에서 필요로 하는 양과 품질을 갖춘 식재료를 경제적인 가격으로 적절한 시기에 구입하여 원활한 생산을 가능하게 하고 영업을 활성화하여 수익을 높이고자 하는 식재료관리의 첫 단계이다.

외식산업에서 발생하는 이익의 차이는 구매에 의해 결정된다고 해도 과언이 아니다. 프랜차이즈산업이 가맹점을 지속적으로 확장하기 위해 노력하는 것도 규모의 경제를 실현하기 위함이다. 구매 담당자는 시장상황의 변화와 가격동향에 관심을 갖고 구매 가격을 검토하고 새로운 공급자를 발견한다. 식재료의 손실과 낭비를 최소한으로 줄이고 유리한 구매조건을 찾아야 한다.

외식산업의 주요 식재료에는 육류와 패류가 많아 신선도에 대한 품질이 공급자의 경쟁력이라고 할 수 있다. 그렇기 때문에 공급자를 선정할 때는 엄격한 기준을 바탕으로 공개경쟁을 통해서 적합한 공급자를 찾아야 한다. 식재료 구매원가의 적정성을 검토하고 식재료의 품질, 발주량, 구매량을 점검하여 구매손실을 방지한다. 이를 위해 필요한 식재료의 등급, 크기, 중량 등을 간결하게 기술한 구매 명세서(purchase specification)는 구매하려는 식재료에 대한 정보를 제공하는 데 훌륭한 역할을 한다.

(3) 검수관리

검수는 배송된 물품을 인수하면서 물품의 등급, 수량, 상태 등을 확인한 후 인수 완료가 되었다는 확인으로 서명하는 절차를 말한다. 검수 담당자는 발주서와 납품서(송장)에 기록된 식재료의 품목, 수량, 등급, 상태 등을 정확하게 점검해야 한다. 납품서(송장)에 서명완료가 됨과 동시에 식재료에 대한 소유권은 공급자에서 구매자로 변경되기 때문에 서명하기 전에 정확한 파악이 필수적이다.

식재료의 수량 점검이 우선적이지만 식재료의 상태와 신선도를 점검하는 것도 매우 중요하다. 이때 불량품이나 부적격 식재료에 대해서는 엄하게 주의를 주고 반품 또는 교환을 지시한다. 검수는 수량이 적은 식자재에는 하나하나 세심하게 점검하는 전수조사 방법을 사용하고 수량이 많은 식자재를 검수할 때에는 표본을 추출해서 점검하는 발췌조사 방법을 사용한다.

(4) 저장관리

저장은 신선도가 생명인 식재료를 적절하게 제공하게 하기 위해 적정한 장소, 온도, 습도 등 적정조건에 식재료를 보관하여 최상의 품질을 유지시키고 저장 중에 발생할 수 있는 도난, 변질, 부패 등에 의한 손실을 최소화하는 활동을 말한다. 식재료의 가치 결정은 저장실에서 이루어지기 때문에 식재료의 저장은 매우 중요하다.

저장은 검수와 생산을 연결하는 역할을 하며 생산하는 음식의 품질에 직접적인 영향을 미친다. 특히 식재료는 자산이기 때문에 손실되지 않도록 제대로 보관할 수 있는 저장시설과 체계적인 관리가 필요하다.

저장은 저장하는 장소에 따라 냉장, 냉동, 상온 저장으로 나눌 수 있다. 이때 식재료의 특성에 맞게 분류해야 하며, 저장해야 하는 장소를 정확하게 확인한 후에 저장해야 손실을 방지할 수 있다.

(5) 출고관리

출고관리의 기본은 선입선출(FIFO, First In First Out)의 원칙에 입각하여 실시하는 것이다. 이는 음식의 품질은 물론, 고객의 안전에도 중요할 뿐만 아니라 저장고에서 손실될 수도 있는 식재료를 효율적으로 관리함으로써 원가관리에도 도움을 준다. 이를 위해서는 적정 규모와 공간의 저장고가 필요하며 품목에 따른 올바른 저장방법이 요구된다. 특히 냉장고 또는 냉동고에 보관하는 식재료는 정기적인 온도 관리와 위생관리가 중요하며 기계에 문제가 생기지 않도록 사전에 정기적인 점검을 실시한다.

규모가 작은 레스토랑에서는 보관된 식재료가 부족하면 직접 시장에 가서 구매하면 되지만 규모가 큰 외식산업에서는 식재료 구매의 단계가 있기 때문에 필요로 하는 적정량을 보관하는 것이 중요하다. 저장되어야 할 기준량을 정해놓고 과다하게 초과하거나 미달되지 않도록 출고 담당자는 수시로 점검해야 한다.

(6) 조리관리

외식산업에서 식음료의 품질을 균일하게 유지하기 위해서는 조리작업에 소요되는 식재료비용을 관리하는 것이 중요하다. 표준 레시피는 식재료 사용량의 낭비를 없애고 식음료의 표준화를 이룰 수 있는 도구로써 조리작업이 표준대로 행해지고 있으면 식재료는 정해진 대로 사용하고 있는 것이다. 표준 레시피에 표기된 식재료 비율과 실제로 생산에 사용된 식재료 비율이 거의 일치해야만 식음료 품질의 표준화를 이루고 식재료 손실을 막을 수 있다.

식재료의 사용량을 기준으로 관리하는 표준 정량관리가 제대로 이루어지면 식재료비는 표준 레시피에 기록된 대로 소요된다. 또한 식음료의 표준화를 유지하기 위해서는 작업시간 관리도 필요하다. 조리시간의 낭비는 품질의 낭비로 이어질 수 있다. 식재료의 발주에서 수납, 저장, 해동, 처리, 조리가공에 이르는 전 공정에서의 원재료, 반가공품의 수량관리, 최종 음식의 분량관리 등에 작업시간 기준을 설정할 필요가 있다.

(7) 제공관리

조리가 완료된 식음료를 고객에게 제공하는 방법은 고객에게 서비스 직원이 직접 식음료를 전달해 주는 테이블 서비스부터 고객이 직접 식음료를 가져다 먹는 셀프 서비스에 이르기까지 다양하다. 전통적으로는 테이블 서비스가 주를 이루었지만 인건비 증가에 따른 어려움으로 다양한 형태의 제공 방법이 개발되고 있다.

제공 방법을 막론하고 식음료를 제공할 때는 담겨지는 양이 설정한 기준량인지를 점검한다. 뜨거운 식음료는 뜨겁게, 차가운 식음료는 차갑게 제공한다. 또한 직원 혼자서 고객에게 한 번에 제공이 가능한지 동료직원이 함께 제공이 가능한지 등을 점검하고 제공해야 한다.

3 원가관리

1) 원가의 개념

일반적으로 경영이라고 하는 것은 사람, 돈, 물건의 3요소로 성립되어 있다. 즉, 돈을 준비하고 그 돈으로 물건을 구입하면, 그 재료는 공장이나 업소의 주방에서 사람에 의해 조리나 가공하여 제품을 생산한 후, 영업 관련 부문의 사람이 판매하여 대금을 회수하는 것으로서 회수 대금의 경우에 다시 재료 구입이나 제비용 지출에 충당하게 된다. 이것이 경영이며 반복적으로 하는 것을 경영 활동이라고 말한다.

원가는 크게 생산을 위하여 소비되는 물품의 원가인 재료비와 직원에게 제공되는 임금, 즉 노무비가 있다. 그 밖에도 수도료, 광열비, 전력비, 보험료, 감가상각비 등이 있으며, '재료비'와 '인건비' 이외의 가치를 말하는 '경비'로 구성되어 있는데 이것을 원가의 3요소라고 한다.

이론적인 입장에서 5개로 나누어 '재료비', '인건비', '감가상각비', '이자'와 '혼합비'의 5요소로 구분하기도 한다. 그러나 3요소로 나눌 경우에는 '감가상각비', '이자', '혼합비'로 나눌 수 있으며 이는 경비로 통칭한다. 한편, 비원가 항목으로 사채이자, 도난, 화재로 인한 손실액, 법인세, 소득세, 지급이자 등이 있다. 이러한 원가들은 아래 그림과 같이 판매 가격을 결정하는 데 결정적인 역할을 한다.

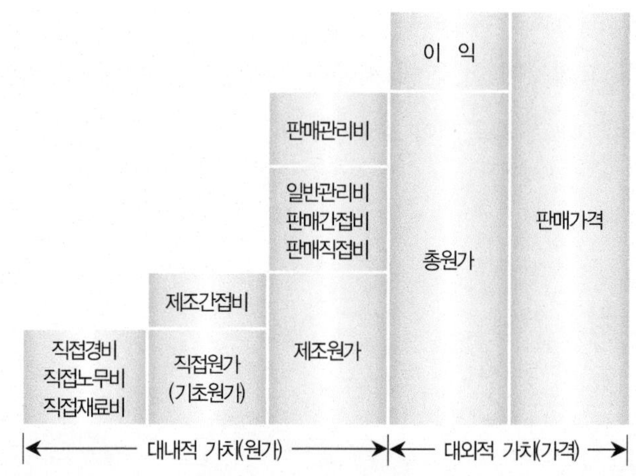

원가와 판매가격의 결정

- 판매가격 = 총원가 + 이익
- 총원가 = 제조원가 + 판매 및 일반관리비(판관비)
- 제조원가 = 직접원가 + 제조간접비

〈표〉 **직접원가와 간접원가**

직접원가	직접재료비	주요 재료비, 매입 부품비
	직접노무비	직접 임금, 급여
	직접경비	외주 가공비
간접원가	간접재료비	보조 재료비, 공장 소모품비
	간접노무비	간접 작업입금, 휴업임금, 상여금, 퇴직급여, 잡급비
	간접경비	감가상각비, 보험료, 수선비, 전력비, 가스비, 수도광열비, 임대료, 운반비, 복리후생비, 잡비

◆ 판매가격은 다음과 같은 과정으로 계산될 수 있다.

① 총백분율 : 음식 재료의 원가 5,000원(=100%)

② 부대비용과 예정 총이익 : 부대비용과 이익 9,500원(=190%)

③ 산정된 판매(추정)가격 : 산정된 판매가격 14,500원(=290%)

〈판매가의 계산(예)〉

100%+190%=14,500원 → (5,000원+9,500=14,500원)
290%/100%=2.9(상수) → (5,000원×2.9=14,500원)
판매가격을 알고 있을 때 → 14,500/2.9=5,000원

④ 총이익의 최종 계산 : 1인당 14,500원에 고객이 10명일 때 재료비는 50,000원이 되어 (10×50,000원)/14,500원 = 3.448%가 된다.

※ 즉, 총이익으로 9,500원을 바란다면 (10×9,500원)/14,500원 = 6.552%가 된다.

〈표〉 원가의 분류

원가 분류	원가 항목
발생형태에 따른	재료 원가, 인건비, 경비
제품과의 관련에 따른	직접 원가, 간접 원가
조업도와의 관련에 따른	변동 원가, 고정 원가
원가 산정의 시점에 따른	과거 원가, 미래 원가, 혹은 취득 원가, 추정 원가
제품 제조의 전후에 따른	실제 원가, 견적 원가, 표준 원가
집계하는 원가의 범위에 따른	전부 원가, 부분 원가
매출액과의 대응관계에 따른	제품 원가, 기간 원가
원가의 관리 가능성에 따른	관리 가능 원가, 관리 불가능 원가

2) 원가 계산

원가 계산이란 원가를 계산하는 절차를 말하며, 제품 단위마다 계산되는 것을 의미한다. 즉, 일정 기간 동안에 소비된 모든 원가를 집계하여 그 기간 동안의 생산량으로 나누어 원가를 산출하는 것이다.

외식산업의 영업 활동은 원활하고 경제적인 식자재 구입을 위한 '구매 활동', 메뉴를 생산하는 '조리 활동'과 고객이나 소비자에게 소비하게 하는 '판매 활동'의 3가지 기능에 의해 형성되고 있지만, 이 중에서 조리 활동은 기업의 이익을 창출하는 원천이 되는 원가 계산의 핵심이라고 볼 수 있다. 외식산업에 있어서 매출 원가란 판매된 제품에 대응하는 원가를 말하는 것이기 때문에 제품을 생산하기 위해 투입된 재료비와 임금, 수도 광열비를 포함한 유틸리티(utility)비, 그리고 시설 장비의 감가상각비를 가산해야 하는 것이다. 이와 같이 음식을 만들기 위해 필요한 비용을 가산하는 것을 원가 계산이라고 한다.

원가 계산은 대부분 1개월을 원칙으로 한다. 그러나 분기별(3개월), 반기별(6개월), 또는 1년 단위로도 행하여지고 있다.

다음 표에서 원가 계산의 원칙을 살펴보자.

〈표〉 원가 계산의 원칙

진실성의 원칙	음식 생산에 소요된 원가를 정확하게 계산하여 진실하게 표현하는 것을 원칙으로 하는 것을 말한다.
발생기준의 원칙	현금의 수지에 관계없이 원가 발생의 사실이 있는 발생 시점을 기준으로 하여야 한다는 것을 원칙으로 하는 것을 말한다.
계산경제성의 원칙	중요성의 원칙이라 하여, 경제성을 고려한다는 것을 원칙으로 하는 것을 말한다. 즉, 금액과 소비량이 적은 직접비는 간접비로 계산하는 경우를 말한다.
확실성의 원칙	여러 방법 중에서 가장 확실성이 높은 방법을 선택하는 원칙을 말한다,
정상성의 원칙	정상적으로 발생한 원가만을 계산하는 원칙을 말한다.
비교성의 원칙	다른 일정 기간의 것이나 다른 업체와 비교할 수 있어야 한다는 것으로, 유효한 경영관리가 되는 원칙을 말한다,
상호관리의 원칙	원가 계산, 일반회계 계산, 요소별 계산, 부문별 계산, 제품별 계산 상호 간에 서로 밀접한 하나의 유기적 관계를 구성함으로써 상호 관리가 가능하도록 되어야 한다는 원칙을 말한다.

사례 토마토·양상추 없는 햄버거라니… 외식업계, 채소 구하기 진땀

긴 여름폭염에 작황 부진 여파
토마토, 한 달 새 2배나 비싸져
맥도날드, 일부 버거 토마토 빼
롯데리아는 양배추로 돌려막기
"3~4주만 버티면 풀릴 것" 기대도

폭염·폭우 등 날씨 영향에 따른 작황 부진으로 채소값이 오르면서 외식업계 전반으로 식재료 수급난이 확산되고 있다. 특히, 풀무원, CJ프레시웨이 등 식재료 유통 기업들은 토마토 등 가격이 급등한 채소들은 공급 축소에 들어갔고, 외식업계는 일부 재료를 제외하거나 대체재로 조달하는 등 자구책 마련에 부심하고 있다.

채소 수급난 외식업계 대응 현황

기업	대응
풀무원	토마토 납품 축소, 대체재 활용
CJ프레시웨이	가공 토마토 납품 대체
써브웨이	샌드위치 샐러드 토마토 수량 제한
뚜레쥬르	가맹점 공급 토마토 단가 30% 인상
한국맥도날드	일부 버거 제품 토마토 제외
롯데리아	양상추, 양배추 혼합

■ 식자재 업체, 토마토 공급 제한

17일 업계에 따르면 올 들어 날씨 영향에 따른 작황 부진으로 식자재 유통 업체들이 토마토 등 채소를 긴축 공급하거나 대체재를 투입하고 있다.

식품 전문업체인 풀무원의 경우 퀵 서비스 레스토랑(QSR)으로 분류되는 햄버거 업계에 조달하는 토마토 수량 제한에 들어갔다. 이는 최근 토마토 가격이 급상승한 데 따른 조치다.

풀무원 관계자는 "아직까지 토마토 납품은 중단 없이 이뤄지고 있고, 연간 고정 가격으로 계약을 체결한 만큼 가격 인상은 어렵다"며 "다만, 토마토 값이 오른

만큼 수량을 제한해서 공급하고 있다"고 말했다. 이어 "학교 등 시설 급식에 납품하는 식재료 역시 수급 불안정성이 커지면서 대체 식재료로 납품하는 사례가 부쩍 늘었다"고 덧붙였다.

CJ프레시웨이는 생토마토(원물) 수급에 차질을 빚으면서 홀토마토(가공식품) 등으로 대체해 공급하고 있다. CJ프레시웨이 관계자는 "농산물의 경우 3~4주 뒤 회복되는 경우도 많아 대부분 일시적으로 다른 품목으로 대체 주문하는 분위기"라고 설명했다.

■ **외식업계, 대체재 찾기 비상**

토마토 등 채소류의 공급 불확실성이 커지면서 외식업계도 직격탄을 맞고 있다. 토마토를 아예 뺀 햄버거가 등장하고, 토마토 토핑이 일시 중단되는 사례가 이어지고 있다.

샌드위치 써브웨이는 샌드위치와 샐러드에 제공되는 토마토 수량을 제한하기로 했다. 써브웨이는 길이 15㎝ 샌드위치에 기존 3장가량 넣던 토마토 슬라이스를 2장으로 조정했다. 뚜레쥬르는 가맹점을 대상으로 공급하는 토마토 단가를 30%가량 인상했다.

맥도날드는 당분간 일부 버거 제품에서 토마토를 빼고, 판매한다. 한국맥도날드는 지난 15일 "일부 매장에서 일시적으로 제품에 토마토 제공이 어려울 수 있다"고 공지한 바 있다. 한국맥도날드는 경기도, 충청도 등 전국 각지에서 연간 약 2000t의 국내산 토마토를 공급받고 있다.

롯데리아는 양상추 수급에 차질을 빚고 있다. 롯데리아 관계자는 "아직까지 토마토 수급 차질이 발생하지는 않지만, 일부 매장에서 품질이 떨어진 양상추가 공급돼 불가피하게 양배추를 섞어 사용하고 있다"고 말했다.

앞서, 롯데리아는 2021년 양상추 대란 당시 양상추와 양배추를 5대5 비율로 혼합한 양배추 혼합 원료를 활용한 바 있다. 토마토 등 채소값이 급등한 것은 올 여름 이어진 폭염에 따른 작황 부진으로 수급에 어려움을 겪고 있어서다.

실제, 한국농수산식품유통공사(aT) 농산물유통정보(KAMIS)에 따르면 소매가격 기준 토마토(1kg)는 지난 16일 기준 1만 3237원이다. 이는 지난달 2일 6956원보다 2배가량 올랐다. 평년(8358원) 대비해서는 58.38% 상승한 수치다. 양배추나 양상추도 배추 값 급등으로 김장 대체재로 수요가 늘면서 수급 불확실성이 커지고 있다.

업계 관계자는 "채소류 수급 불확실성이 커지면서 당분간 채소 대체재를 활용하는 등 업체별로 자구책을 마련하고 있을 것"이라며 "토마토 등 채소 값이 안정화되지 않을 경우 당분간 외식업계의 타격은 불가피할 것"이라고 말했다.

자료 : 파이낸셜뉴스, 2024.10.17

사례 호식이두마리치킨, '2024 한국 최고 경영대상'과 '보건복지부 장관상' 2년 연속 수상

치킨 프랜차이즈 브랜드 호식이두마리치킨이 서울 더플라자호텔에서 진행된 '2024 한국의 최고 경영대상' 시상식에서 '고객감동' 부문 대상과 사회공헌부문 보건복지부 장관상을 2년 연속 수상했다고 17일 밝혔다.

조선일보가 주최하고 식품의약품안전처, 보건복지부, 중소벤처기업부 등이 후원하는 한국의 최고 경영대상은 각 분야에서 서비스 향상, 고객중심 경영을 실천하고 지역과 경제 발전에 이바지한 기관이나 기업 등을 발굴, 선정해 시상한다.

이번 시상식에서 호식이두마리치킨은 끊임없는 노력과 혁신을 통하여 품질과 서비스를 향상시키고, 고객중심, 고객만족 경영 등 고객 가치를 지속해서 창출해 온 공을 인정받아 본 수상의 기쁨을 안게 됐다고 전했다. 사회공헌 부문에서 보건복지부 장관상도 함께 수상하며 2년 연속 2관왕의 영예를 차지했다. 호식이두마리치킨은 창립 초기부터 이어오고 있는 고객감동, 동반 상생의 가치를 다시 한

번 인정받으며 프랜차이즈 업계에 새로운 이정표를 제시하고 있다.

최고의 품질과 위생을 바탕으로 한 가심비! Time to Surprise. 고객감동 브랜드 1999년 한 마리 가격에 두 마리 치킨을 제공하는 가격파괴 마케팅으로 치킨 업계에 신드롬을 일으키며 등장한 호식이두마리치킨은 합리적 가격을 바탕으로 한 가심비는 물론 국내산 하림닭과 파우더, 전용유 등 최고급 원재료를 사용하며 고객감동을 실현해 왔다.

최근에는 코로나19 이후 높아진 고객의 눈높이를 만족시키기 위해 품질, 위생 강화에 더욱 박차를 가하고 있는데, 가맹점 위생 경쟁력 강화를 위해 식품의약품안전처(이상 식약처)에서 주관하는 '음식점 위생등급제'를 적극 도입 추진한 게 대표적이다. 음식점 위생등급제는 영업자가 자율로 위생등급평가를 신청하고 평가점수에 따라 등급 지정, 홍보하여 음식점의 위생 수준 향상과 소비자에게 음식점 선택권을 제공하는 제도로 선진국에서는 이미 보편화되어 있으며, 국내에서도 최근 활발히 진행하고 있는 제도다.

호식이두마리치킨은 전국 사업부 단위로 지원 인력을 배치하고, 본사에 전담 부서까지 둬 위생등급 획득 이후에도 위생 상태가 지속되도록 관리 중이다. 본부에서는 가맹점이 위생등급을 획득하면 별도의 지원금과 홍보물, 판촉물 등을 제공하고 있으며, 위생을 잘 유지할 경우에도 추가적인 지원을 아끼지 않고 있다고 설명했다. 호식이두마리치킨은 Q · S · C 강화를 위한 주축을 위생등급제로 하며 현재 500개 이상인 인증 매장을 연말까지 600개 이상을 달성하고 2025년까지 전 가맹점의 위생등급제를 추진하겠다고 전했다.

Together with! 가맹점, 소외된 이웃과 '동반 상생'

우수한 품질, 위생관리를 바탕으로 한 고객감동 이외에도 20년이 넘는 기간 동안 꾸준히 사랑받을 수 있었던 호식이두마리치킨의 원동력은 가맹점, 소외된 이웃과 함께 성장해온 '동반 상생'에 있다. 호식이두마리치킨은 상생 특별 지원 기구를 운영하고 있는데 이를 통해 돌발 또는 예견되는 위기 상황으로부터 가맹점을 보호하며 사회적 재난, 자연재해, 상권 악화, 점주의 신변상 문제 등을 다각적으로 고려한 가맹점 보호 역할을 하고 있다. 특히 지난 포항 지진, 영덕 태풍 등 직 · 간접적 피해를 입은 가맹점에 위로금과 함께 현물 지원을 했고, 피해 지역

이재민들에게 새벽까지 직접 조리한 치킨을 전달하는 등 고통을 함께 나눴다. 이와 더불어 코로나19로 인해 어려움을 겪고 있는 전국 가맹점에 대한 적극적인 지원을 이어가며 공정거래위원회 산하 공정거래조정원으로부터 〈착한 프랜차이즈〉에 선정되기도 했으며, 이듬해에도 지속적인 지원을 이어가며 2020년, 2021년 2년 연속으로 착한 프랜차이즈에 선정되기도 했다.

호식이두마리치킨의 동반 상생에 대한 기조는 소외된 이웃에 대한 나눔으로도 끊임없이 이어지고 있다. 코로나19 확산 초기 어려움을 겪은 대구 · 경북 지역에 구호지원금 2억 원을 기부했고, 청량리 밥퍼나눔운동본부에 사랑의 쌀 1천 포대(10t)를 기증하고 1천여 명분의 치킨 도시락도 전달한 바 있다. 특히, 사랑의 쌀 기증은 수년째 꾸준히 이어온 호식이두마리치킨의 대표적인 기부 활동이다. 700호점~1,000호점까지 가맹점이 늘어나는 수만큼 감사의 의미를 담아 700포~1,000포의 쌀을 기증해 독거노인, 노숙인 등이 따뜻한 밥 한 끼를 나눌 수 있게 도움을 줬다. 이 밖에도 경북 의성&예천군 소년소녀가장 및 소외가정에 사랑의 쌀과 치킨 후원, 대구 달성군 내 '고마워요. 사랑해요' 행사를 통해 3,800여 조손, 저소득 가정에 치킨을 후원했다.

호식이두마리치킨의 나눔 활동은 2017년 사내 봉사단인 '가가호호 봉사단' 창설로 더욱 정례화, 체계화되어 가고 있다. 가가호호 봉사단은 가맹점과 가맹본부가 합심하여 매월 소외된 이웃들에게 나눔을 실천하는 상생협력 봉사단이다. 매월 빠지지 않고 전국 가맹점과 함께 현장에서 직접 튀긴 치킨과 후원품을 전달하고 있다. 현재까지 복지시설, 보육원, 저소득 계층 등 1만 2천 명이 넘는 이웃들에게 치킨을 전달했고, 1만 2천 명분의 치킨 상품권을 제공했다. 가가호호 봉사단은 '2017, 2018 대한민국 봉사 대상'과 '2019 한국을 빛낸 창조경영 대상(상생부문)'을 수상했으며, 2021년과 2022년에는 '한국 경제를 빛낸 인물&경영' 시상식에서 치킨 프랜차이즈로는 유일하게 동반성장위원회 위원장상을 2년 연속으로 수상하기도 했다. 2023년에는 '대한민국의 최고경영대상' 시상식에서 '고객감동' 부문 대상과 사회공헌부문 보건복지부 장관상을 수상한 바 있으며, 가가호호 봉사단을 통해 가맹점과 가맹본부의 정서적 교류를 나눌 수 있어 상생의 선순환이 이루어지고 있다는 평가를 받고 있다.

'대한민국 No.1 치킨 프랜차이즈'를 비전으로 하는 호식이두마리치킨은 최근 'Time to surprise'라는 새로운 캐치프레이즈를 선보였다. 말 그대로 고객에게 깜짝 놀랄 만한 큰 감동을 선사하겠다는 뜻으로 창립 이후 20년이 넘도록 추구해 온 가치를 다시 되새기며 업그레이드시키겠다고 전했다.

자료 : 르몽드, 2024.7.17

08
CHAPTER

서비스 관리

1 서비스의 개념

서비스는 상품 판매를 위한 수단이나 용역활동으로 돈과 교환할 수 있는 어떤 물건과 함께 동반되어 제공되는 인정된 가치를 말한다. 외식산업에서 서비스의 의미는 고객에게 구매나 판매 및 재방문을 촉진하기 위해 친절하고 정중하게 대하는 것이라 하겠다. 즉 고객에게 상품을 판매하고 제공하면서 발생하는 고객을 대하는 친절한 태도를 의미한다. 서비스의 궁극적인 목표는 고객을 만족시키고 고객의 신뢰를 통해 경영성과를 높이는 데 있다.

서비스는 인적 서비스에서 상품 서비스에 이르기까지 매우 다양하고 복잡한 현상의 의미를 지니고 있다. 서비스를 제공하는 직원은 예의 바르고 친절하며, 고객에 대한 감사함을 마음속에 지니고 있어야만 고객이 서비스에 만족한다. 특히, 외식산업에서는 고객이 있기 때문에 내가 있는 것을 명심하고 행동하여야 한다. 즉, 서비스는 고객만족을 최대한으로 실현하기 위하여 조직이나 기업이 고객의 욕구를 충족시키고 기대에 부응하기 위하여 행하는 활동이라고 할 수 있다.

우리 사회에서는 서비스라는 용어가 다양하게 사용되고 있는 것이 현실이다. 공짜라는 의미의 서비스, 상품과 서비스가 혼합된 의미의 서비스, 그리고 순수한 상품 그 자체의 서비스 등이 그 속에 존재하고 있다.

2 고객 응대 서비스

1) 고객 응대 서비스의 이해

고객 응대 서비스는 고객 서비스를 담당하는 직원의 자세와 태도를 의미하며 진정한 마음에서 우러나오는 친절함을 표현하는 것이 고객 응대 서비스의 기본이다. 서비스 산업 영역에 속하는 외식산업은 고객과 밀접하게 상대하는 산업임에도 불구하고 오랫동안 서비스의 필요성을 과소평가하거나 서비스 자체를 직원의 가치로 받아들이지 못하였다.

현대의 고객들은 외식을 할 때 음식만을 생각하는 것이 아니라 수준 높은 서비스를 받고 싶어 하고 깨끗하고 쾌적한 환경에서 식사를 즐기고 싶어 한다. 따라서 고객에게 수준 높은 서비스를 제공하기 위해서는 노력과 정성이 뒷받침되어야 하며, 형식보다는 마음에서 우러나오는 서비스를 해야 한다. 이제까지 외식산업에 종사하는 관리자들은 호텔이나 고급 외식기업에서 근무하는 직원들에게만 복장, 몸가짐, 접객 태도, 언어 사용법 등의 기본적인 고객 응대 서비스에 대한 교육을 하는 정도에 그쳤다. 그러나 최근에는 고객들이 서비스에 대한 관심이 높아져, 그에 부응하여 경쟁력을 유지시키기 위해서는 모든 외식산업에서 훨씬 강하고 적극적인 고객만족의 개념이 적용되어야 한다.

서비스(service)는 진정한 마음에서 우러나오는 것이며, 숙련도와 신속성에 따라 질이 달라진다.

2) 고객 응대 서비스 직원의 몸가짐과 자세

고객 서비스를 담당하는 서비스 직원들은 레스토랑의 분위기, 인테리어, 조명, 배경음악, 그리고 제공된 식음료 이상으로 고객들의 식사경험에 크게 기여한다. 따라서 말단 실습사원부터 총지배인까지 모두 레스토랑의 대표라고 인식하고, 강한 주인의식을 가져야 하며, 무엇보다도 호감을 주는 표정과 내적인 서비스 정신을 갖추어야 한다. 올바른 마음의 소유자는 말과 행동이 예스러울 것이며 또한, 서비스도 정중하게 이루어질 것이다. 그러므로 서비스 직원은 자신의 몸가짐부터 바르게 하는 근무 태도를 항상 지녀야 한다. 용모복장이 깨끗하고 예의바르며, 신속하고, 경제관념이 투철하며, 보람과 긍지로 맡은 임무를 충실히 수행하면 자신의 발전은 물론 기업의 목표 달성까지도 이룰 수 있을 것이다.

맥도날드의 새로운 유니폼 디자인

(1) 고객 응대 서비스 직원의 요건

- 정직하고 신뢰성이 있어야 한다.
- 자신의 신체와 마음, 그리고 업소를 청결하게 한다.
- 건전한 서비스 정신으로 고객에게 기쁨을 주어야 한다.
- 업소의 기물과 소모품 등에 대해 원가 절감의 관리를 한다.
- 능동적이고 능률적으로 업무의 효율을 높인다.

① 정직과 신뢰성

외식산업에서 서비스를 제공하는 직원은 정직과 신뢰를 바탕으로 인간관계를 형성해야 하며, 경영주와 직원 간에도 서로 믿고 존중하는 관계가 형성되었을 때, 고객은 그 서비스를 신뢰하게 된다. 또한, 직원의 정직과 직장은 불가분의 관계에 있다. 직원의 부정직한 태도는 자신은 물론, 직장에도 부정적인 이미지를 줄 수 있다. 그러기 때문에 정직은 누구보다도 자신의 번영을 위해서도 매우 중요한 사회적 현실임을 알아두어야 한다.

② 청결성

외식산업에서 가장 기본이 되는 중요한 요건은 바로 청결과 위생이다. 고객은 깨끗한 분위기에서 음식을 먹고 싶어 하는 욕구가 있다. 따라서 청결에 문제가 있는 매장에는 두 번 다시 발걸음을 하지 않는다. 그러므로 직원은 항상 정갈한 모습으로 고객을 맞이하고, 복장은 단정하며 청결해야 한다. 개인위생(두발, 면도, 손톱 등)과 태도에도 주의를 기울여야 하고, 고객과의 대화 중에는 불쾌감을 주지 않기 위해 구강의 청결에도 특히 주의해야 한다. 청결한 마음은 맑은 정신을 갖게 하므로 스스로 청결하고 단정한 복장으로 마음을 맑게 유지해야 한다.

③ 서비스 정신과 환대성

환대성이란 고객이 만족해하는 모습을 보고 스스로 기뻐하며 만족을 느끼는 것을 의미한다. 고객의 기쁨이 자신의 기쁨이라고 생각할 때 일하는 보람이 있고 즐거워질 것이다. 고객은 기계적인 행동이나 느낌을 주는 서비스보다는 인간미가 넘쳐나는 인적 서비스를 받고 싶어 한다. 정신적 서비스가 결여되면 질 좋은 서비스가 될 수 없기 때문에 마음에서 우러나오는 서비스가 아니면 그 어떤 서비스도 빛을 발하지 못한다. 직원들이 마음에서 우러나오는 진실한 서비스를 제공할 때 고객만족은 더욱 커질 것이다. 고객에게 제공하는 따뜻하고 진실한 서비스는 기계로 대체할 수 없는 유일한 부분이다. 외식산업에서 인적 자원에 대한 중요성은 계속해서 대두되고 있으며, 앞으로도 수준 높은 인적 자원이 지속적으로 필요하다고 할 수 있다.

④ 경제성

레스토랑의 기물과 기자재들을 자신의 것처럼 주인의식을 가지고, 소모품 및 기물 관리를 철저히 해야 원가 절감을 할 수 있다. 내 돈으로 구입하는 것이 아니니까 함부로 사용해도 된다는 마음가짐을 가지고 있다면 레스토랑에서는 기물과 기자재에 들어가는 비용이 증가하게 되고 수익이 줄어들기 때문에 직원의 복지(보너스, 교육비용, 휴가비 등)에 해당하는 비용이 줄어들 수 있다는 것을 명심해야 할 것이다. 따라서 기물과 기자재의 올바른 취급 방법을 숙지하고, 절약하는 습관을 들여 기물과 기자재 관리를 철저히 하여야 한다. 식자재 역시 아껴 쓰고, 재활용이 가능한 것은 재활용을 하여 원가 절감의 효과를 볼 수 있도록 해야 한다.

예를 들어, 접시나 글라스, 리넨 등에 주의를 기울여 취급하지 않으면 낭비되는 기물이 많아져서 경제적 손실이 발생하게 된다.

⑤ 효율성

능동적인 업무 처리는 효율성을 높일 수 있기 때문에 직원은 자기의 직무를 수행하는 모든 과정에서 능동적 · 능률적 행동을 전제로 임해야 한다. 불필요한 동작과 행동은 비능률적 상황을 초래하고 시간을 낭비하므로 고객이 원하고 필요로 하는 것을 빨리 인식하여 음식이 최상의 상태가 되도록 효율적이고 빠르게 서비스하는 능동적, 능률적인 자세가 필요하다. 또한 레스토랑에서는 주방에서 고객에게 전달되기까지의 다양한 상황을 사전에 설정하고, 동선을 최소화할 수 있는 방법을 결정하여 신속하게 고객에게 전달해야 할 것이다.

3 고객만족

1) 고객만족의 관점

고객만족은 실제적으로 서비스 수행 전에 고객이 기대한 수준과 서비스를 느낀 지각된 서비스와의 비교이다. 즉, 고객의 지각이 기대를 충족시켜 준다면 고객만족이다. 따라서 고객만족은 고객의 기대에 얼마나 잘 부합하는 서비스를 하느냐에 달려 있다. 단기적인 불만족은 고객 불평의 원인이 되고, 장기적인 불만족은 고객을 이탈로 이끈다.

고객만족은 소비자가 구매 전 경험한 희생에 대해 적절하게 혹은 부적절하게 보상받았다고 느끼는 인지적 상태라고 한다. 또한 시장 전체뿐만 아니라 구매한 특정 직원이나 서비스, 소매상 혹은 쇼핑 및 구매 행동과 같은 개별적 행위에서 유도된 정서적 반응이라고도 한다. 따라서 소비자가 평가하는 고객만족에 대한 서비스 품질은 구입 의지와 태도에 영향을 미치는 것으로 볼 수 있다.

2) 고객만족의 중요성

고객만족이란 고객이 제품이나 서비스를 구매한 후, 구매 전의 기대와 구매 후 실제 성과 간의 비교를 통하여 인지되는 평가에 대한 반응이라고 할 수 있다.

모든 외식산업의 중요한 전략 중 하나가 고객만족 경영이다. 고객만족 경영이란 기업 내부의 모든 가치 창출은 고객이 만족했을 때 그 결과로 나타난다는 것이다. 따라서 대부분의 기업들은 제품이나 서비스에 이르기까지의 모든 기업의 활동이 고객 지향적이 되도록 전사적인 운동을 펼치며 노력을 기울이고 있다.

특히, 외식산업 경영에서 고객만족은 그 중요성을 아무리 강조해도 지나치지 않다. 고객이 기업이나 제품 또는 서비스에 대해서 만족한다면 우호적이고, 호감이 가는 구전 효과를 나타낼 것이고 재방문으로 이어질 것이며, 기업의 매출 증대에 기여할 것이다. 반면 제품이나 서비스에 불만족한 고객은 부정적인 구전 효과를 나타낼 것이고 재방문하지 않을 것이다. 재방문 고객이 많을수록 기업의 입장에서는 재투자에 대한 적은 비용으로 지속적인 매출을 기대할 수 있으므로 경영의 효율성을 기할 수 있다. 고객의 재방문은 단골 고객을 의미하므로 장기적인 관점에서 볼 때 고객의 재방문 의도는 지속적인 수요를 의미한다.

'10명의 만족한 고객보다 1명의 불만족한 고객의 불평을 즉시 해결하라'

4 서비스패러독스(Service Paradox)

1) 서비스패러독스의 개념

서비스가 경제에 차지하는 비중이나 중요성은 지속적으로 증가하여 서비스 산업에서는 서비스를 강화하고 서비스에 대한 질을 높이기 위해 노력함에도 불구하고 고객들의 서비스에 대한 불평, 불만은 증가하고 있다. 거시적으로 서비스가 경제에서 차지하는 비중은 높아지는데 고객이 체감하는 서비스의 품질이 악화된다는 것은 아이러니라고 볼 수 있기 때문에 이와 같은 현상을 서비스패러독스(service paradox)라고 한다.

2) 서비스패러독스의 원인

서비스패러독스를 이해하기 위해서는 서비스업에 제조업의 이론을 적용한 서비스 공업화를 살펴보아야 할 것이다. 서비스 공업화(service industrialization)는 효율성 제고 및 비용절감 등을 위해서 서비스 활동의 인적의존도가 높은 부분을 기계나 장치, 시스템 등으로 대체하고, 서비스 활동의 전개에도 적용하는 것을 의미한다. 패스트푸드의 프랜차이즈, 슈퍼마켓, 자동판매기 등이 서비스 공업화의 대표적인 사례로 볼 수 있으며, 이는 여러 방면의 효율화를 가져왔으나 반면에 다음과 같은 몇 가지 한계점을 가지고 있다.

첫째, 서비스의 획일화이다. 인간적 서비스를 공업화하여 생산성의 증대나 품질의 일관성을 가져왔으나 차별화를 추구하여야 하는 서비스에서도 획일적인 서비스를 제공하고 상황에 따라 유연하게 대응하지 못하고 경직되는 위험을 지니고 있다. 무리하게 서비스의 균일성을 추구하다 보니 서비스의 핵심인 개별성을 상실하게 된 것이다.

둘째, 서비스의 인간성 상실이다. 서비스 기업의 산업화를 추구하는 과정에서 효율성만을 주로 강조하면 인간을 기계의 부속품처럼 취급하게 됨으로써 제조업의 발전과정에서 나타난 인간성 무시가 생기게 된다. 그리고 인건비 상승으로 인해 제한된 직원의 수와 폭등하는 서비스 수요에 의해 직원들은 정신적·육체적으로 피곤해지며 무수히 많은 고객을 상대하다 보면 기계적으로 되는 것이 불가피해지게 된다. 제조업과 달리 직원의 사기 저하나 정신적 피로는 즉각적으로 서비스 품질에 반영된다. 서비스 생산은 상호작용적으로 직원과 고객이 함께 참여하기 때문이다. 따라서 서비스 직원의 인간성 상실은 제조업의 경우보다 훨씬 더 심각한 문제가 된다고 할 수 있다.

셋째, 서비스 직원 확보의 악순환이다. 기업에서는 인력확보가 점차 힘들어짐에 따라 고객과 접하는 서비스 직원을 충분한 교육훈련 없이 채용하게 된다. 그리고 고도의 기술 없이도 가능한 업무로 설계해서 직원이 이직한 경우에도 손쉽게 채용하고 교육훈련 프로그램도 최소한으로 줄이려고 한다. 이렇게 되면 직원의 실수 또는 실수할 기회는 줄일 수 있겠지만 직원의 사기를 저하시키고 문제가 발생했을 때 대처할 수 있는 능력을 갖추지 못하게 된다. 따라서 직원이 제공하는 서비스 품질은 저하되고 이에 따라 이익은 낮아질 수밖에 없다. 결국 직원에게 제공할 수 있는 임금은 낮아지게 되어 고급인력을 확보하지 못하고 단순 업무로서 직무를 설계해야 한다. 또한 능력이 뛰어난 직원은 다른 기업으로 이직하거나 고객과 접하지 않는 후방부서로 옮겨가기 때문에 고객 응대 서비스 직원은 신입사원이나 실습사원 등 미숙하거나, 경험은 있으나 능력이 없어 승진 못 한 사람만 남게 될 수 있어 고객이 받는 서비스 품질은 낮아질 수밖에 없다.

3) 서비스패러독스의 해결전략

서비스패러독스를 해결하고 고품질의 서비스를 제공하기 위한 전략을 SERVICE의 알파벳 이니셜 첫 글자로 하는 단어를 키워드로 구성해 보았다.

■ Sincerity, speed & smile

서비스에는 성의, 신속함, 미소가 있어야 한다. 이는 오랫동안 판매의 3S로 중시되어 온 것이다. 성의 있고 신속하게 서비스를 제공하는 것이 중요할 뿐만 아니라 상냥한 미소가 좋은 서비스를 만드는 것이다.

■ Energy

서비스에는 활기가 넘쳐야 한다. 직원의 걸음걸이나 표정이 밝을 때 고객과의 대화나 접촉이 활기를 가질 수 있다. 활기찬 대응이 고객의 인상에 큰 영향을 미친다. 사람의 감정은 전염된다는 사실을 명심하라.

■ Revolutionary

서비스는 신선하고 혁신적이어야 한다. 조금씩이라도 신선하고 혁신적인 요소를 추가하는 것이 중요하다.

■ Valuable

서비스는 가치 있는 것이어야 한다. 서비스란 한쪽에게는 가치 있고 다른 쪽에는 일방적인 희생을 강요하는 것이 아니다. 서비스의 제공자나 고객 모두에게 이익이 되고 가치 있어야 한다.

■ Impressive

서비스는 감명 깊은 것이어야 한다. 기쁨과 감동이 없으면 서비스가 아니다.

■ Communication

서비스에는 당사자 간의 의사소통이 원활해야 한다. 일방적인 의사소통이 아니라 고객의 소리를 듣고 반영하는 쌍방향 의사소통이 필요하다.

■ Entertainment

서비스는 고객을 환대하는 것이어야 한다. 이는 겉으로만 번지르르한 인사치레나 예절 수준이 아니라 손님을 맞는 것처럼 진심으로 고객을 맞이하는 것이어야 한다.

사례 "우리 식당 매출은 상위 몇 %?"… '더 외식 나침반' 서비스 개시

농림축산식품부와 한국농수산식품유통공사(aT)는 식품외식산업 정보포탈 aTFIS 홈페이지에서 매장 맞춤형 경영진단이 가능한 '더 외식 나침반' 서비스를 시범 개시했다고 2일 밝혔다.

외식사업자가 사업자 인증 절차를 거쳐 회원으로 가입하면 매월 주변 지역의 같은 업종 업체들과 비교해 본인 식당에 대한 △매출분석 △고객분석 △리뷰분석을 제공받을 수 있다.

매출분석 기능은 내 매장이 매출액 기준으로 읍·면·동, 시·군·구, 시·도 내 동종업 사이에서 상위 몇 % 수준에 있는지 알려주며, 지역의 동종업 시장 규모, 점포 수, 점포당 평균 매출 등의 정보를 확인할 수 있다.

고객분석 기능에서는 내 매장을 방문한 고객의 특성 정보(남녀 · 나이별 비중, 개인 · 법인 고객 비중) 등을 제공한다. 또 전국 약 17만 개 식당에서 집계된 메뉴 단위 매출 내역과 해당 메뉴를 결제한 고객 정보를 연결한 '메뉴-고객 맵핑 데이터'를 활용해 본인 식당과 같은 업종을 방문했던 남녀 나이에 따른 선호 메뉴 상위 5개 정보를 함께 확인할 수 있다.

리뷰분석 기능은 포털사이트에 등록된 식당별 고객 리뷰 정보를 분석해 내 매장의 강점과 동종업체 대비 보완이 필요한 점을 제시한다.

이번 서비스는 외식사업자가 주문과 결제를 처리하고 관리하는 포스(POS)의 정산자료만으로는 파악하기 어려운 내 매장의 수준과 방문객 특성 정보 등을 제공해 식당 운영자들의 매장 경영전략 수립, 메뉴 구성, 가격 설정, 운영 효율성 개선 등 여러 방면에 실질적 도움을 줄 수 있을 것으로 aT는 기대하고 있다.

아울러 aT는 △매출 기여도가 높은 메뉴를 손쉽게 파악할 수 있는 메뉴분석 기능 △전국 3850여 개 읍 · 면 · 동 단위의 외식 사업체 수 △외식시장 규모(신용카드 결제 총액) △외식 이용자 수(결제자 수) △메뉴가격정보 등을 확인할 수 있는 지역별 외식업 현황판 기능 등을 준비하고 있으며, 개발이 완료되는 대로 서비스를 제공할 예정이다.

농식품부와 aT는 이번 나침반 서비스를 시범 운영하면서 이용자 만족도와 성과를 평가해 정규사업화 여부를 검토할 예정이다.

자료 : 한국경제신문, 2024.12.4

사례 FC다움, 프랜차이즈 가맹점 매뉴얼 제작 서비스 론칭

이제 매뉴얼 제작도 FC다움에서! FC다움

외식인이 운영하는 국내 프랜차이즈 가맹점 관리 앱 'FC다움'이 가맹점 매뉴얼 제작 서비스를 새롭게 선보였다고 2일 밝혔다.

최근 프랜차이즈 업계에는 '점바점(매장마다 맛과 서비스가 다른 현상)'이 큰 논란이 되고 있다. 이러한 문제를 해결하려면 본사에서 체계적인 매뉴얼을 제공하고, 이를 기반으로 가맹점 교육이 이뤄져야 한다. 중대형 가맹본부는 매뉴얼을 자체적으로 제작할 수 있는 자원과 경험을 보유했지만, 소규모 또는 초기 프랜차이즈 본부는 이에 대한 어려움을 자주 겪는다.

외식인 관계자는 "프랜차이즈의 성공 핵심은 어느 매장을 방문하더라도 동일한 서비스와 제품을 제공하는 데 있고, 이를 위해 체계적인 매뉴얼이 필수적"이라며 "외식인의 10년 이상 노하우로 완성된 매뉴얼 제작 서비스"라고 설명했다.

이 서비스는 초기 또는 소규모 가맹본부를 위한 것이다. 위생, 레시피, 법규, 안전, 주방 및 서비스 관리 등 매장 운영의 핵심 사항을 모두 포함하고 있다. 외식인의 프랜차이즈 경력 10년 이상의 전문가들이 직접 설계했다. 가맹점이 체계적인 품질 관리를 실현할 수 있도록 최적의 도움을 준다.

외식인은 이번 매뉴얼 제작 서비스를 통해 초기 본사들이 사업 초기부터 체계를 확립할 수 있도록 지원할 예정이다. 또한 FC다움 앱에 매뉴얼을 등록해 누구나 쉽게 접근할 수 있도록 해 운영 효율성도 높인다는 방침이다.

외식인 관계자는 "나아가 AI 기능을 추가해 검색만으로도 필요한 매뉴얼을 손쉽게 찾을 수 있는 기능을 개발 중"이라며 "이러한 혁신이 가맹점의 품질을 향상시키며, 국내 프랜차이즈산업 전체의 질적 성장을 기대하고 있다"고 말했다.

한편 FC다움은 약 300개의 가맹본부와 전국 3만여 개의 가맹점에서 사용되고 있다. 2024년 말에는 글로벌 서비스도 준비 중이다. 외식인은 국내 프랜차이즈의 품질 관리뿐 아니라 본부 체계구축, 교육, 글로벌 진출, M&A 등 국내 프랜차이즈 산업의 성장을 위한 서비스로 사업영역을 점차 확대해 나가고 있다.

자료 : 핀포인트뉴스, 2024.10.2

1 매뉴얼의 개념

1) 매뉴얼의 유래

매뉴얼(manual)의 기원은 중세 유럽의 로마 가톨릭 사제가 교회에서 행하는 의식 절차를 규정하고 이를 매뉴얼이라고 한 데서 유래되었다. 매뉴얼이 개발되고, 발전되어 온 것은 미국의 군대 조직관리에서 여러 계층의 인간 집단을 통일된 규범 아래 훈련시키기 위한 하나의 규범을 간단명료하게 만들어 놓은 지침서에서 시작되어 그 후, 서비스 산업에서 사용하게 되었다. 외식산업에서의 매뉴얼은 1957년 당시 맥도날드의 영업 관리 담당자였던 프레드 터너(Fred Turner)가 16쪽짜리 매뉴얼을 만들었고, 다음 해에 75쪽의 편람이 나온 이래 현재 600쪽 이상 되는 방대한 분량의 서적으로 발전되었다.

2) 매뉴얼의 정의

매뉴얼이란 기업을 효율적으로 운영 및 관리하기 위해 직원의 업무와 언행들을 표준화한 지침서를 말한다. 외식산업에서 채택하고 사용하는 매뉴얼은 각 업체의 특성에 따라 항목도 차이가 있고, 그 양식도 상이하긴 하지만 큰 틀은 유사한 내용을 보이고 있다. 특히, 프랜차이즈 사업을 전개하는 외식기업들에게는 매뉴얼이 필수적인 지침서이며, 이는 다점포 전략으로 사업을 전개할 경우 통일된 업무 수행과 동일한 이미지를 유지시키기 위한 구체화된 수단이 필요하기 때문이다.

매뉴얼은 외식산업에서 경험이 없는 신입 사원들과 파트타이머들을 위한 교육 자료로써 누구나 자신의 업무 내용을 쉽게 이해하고 파악할 수 있도록 작성된 지침서이며, 빠르고 정확하게 직무를 수행할 수 있도록 하는 데 큰 의미를 두고 있다.

2 매뉴얼의 기능

매뉴얼은 직원이 최소한으로 지켜야 할 서비스 수준을 정리한 사항들이기에 외식산업의 관리를 위해 표준화된 도구이기는 하지만 최상의 수단이라고는 할 수 없다. 즉, 매뉴얼대로의 수행이 최고의 서비스는 아니라는 뜻이다. 또한, 인간 행동의 기계적 작업화를 유도한 규범이기에 비판의 대상이 되기도 한다. 하지만 통일적이고 능률적인 관리를 위해서는 불가피한 수단이기도 하다.

최근에는 고객에게 사용되는 언어까지도 매뉴얼화하고 있는데, 예를 들어 일본 외식산업의 용어 중에 "내가 뜨거운 것을 운반하고 있으니까 조심하세요."라는 용어를 "도리마스"라는 약속어로 만들어 일본어를 잘 못하더라도 단순한 작업은 매뉴얼 용어로 의사소통이 가능하다는 것이다.

매뉴얼의 주요 기능에는 외식기업 콘셉트의 실현 기능, 인재 육성 기능, 기업의 전략적 기능 등이 내포되어 있다.

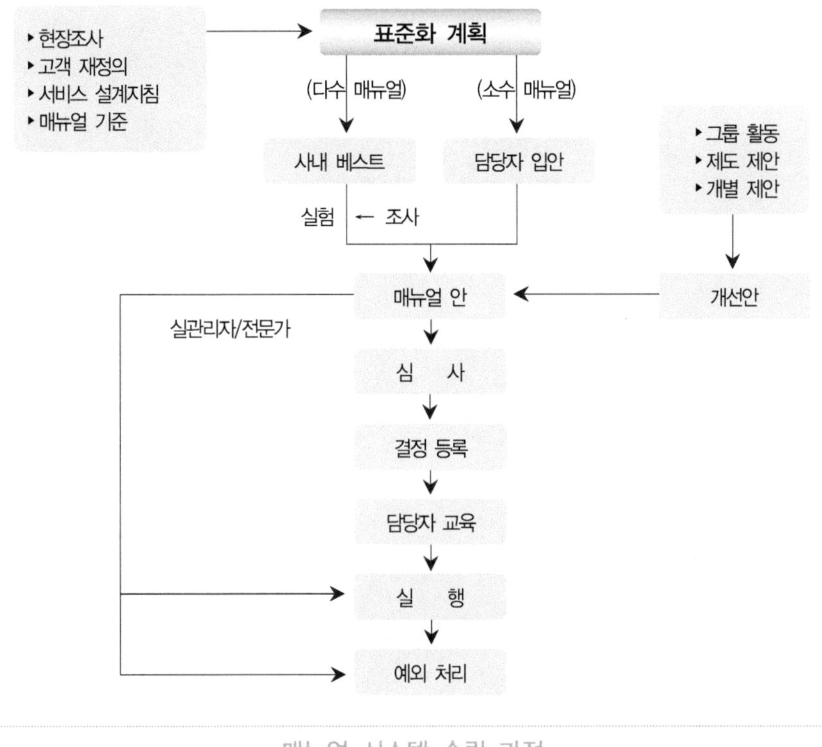

매뉴얼 시스템 수립 과정

1) 콘셉트(Concept)의 실현 기능

매뉴얼은 외식기업의 콘셉트를 실현하기 위한 시스템의 운용 순서, 즉 업무의 진행 방법을 문서화시킨 것이다. 또한 외식기업의 콘셉트를 실현하기 위한 구체적 수단이며, 그것이 여러 가지 전략과 연결됨으로써 효력이 발생한다. 이와 같이 매뉴얼에 의해 기업이 운영될 때 이를 "매뉴얼 경영"이라고 한다.

2) 인재 육성 기능

외식산업에서 필요로 하는 인재는 매뉴얼시스템 내에서 운용되는 인재를 의미한다. 인재 육성은 매뉴얼을 정확하게 사용하여 시스템이 효율적으로 관리되도록 할 수 있는 기능, 즉 능력 있는 인재의 양성이다.

외식산업의 매뉴얼은 간부 사원이든 하급직 사원이든 모든 직원에게 적용 가능하므로 신입사원이나 일용직, 아르바이트 사원이라도 단시간 내에 업무 내용을 이해하고 빠른 업무 진행 속도를 가질 수 있도록 쉽고 단순하게 작성되어야 한다.

3) 기업의 전략적 기능

(1) 콘셉트와 가치(Value)의 지속적인 유지 전략의 수단

외식산업에서 고객에게 만족된 환경을 제공하기 위해서는 자체적으로 통일화, 시스템화시킨 훌륭한 식사를 저렴한 가격에 아무런 불편 없이 신속하게 제공하는 서비스를 수행해야 한다. 매뉴얼은 외식업체의 경영 이념인 콘셉트(quality, service, cleanness)와 가치(품질, 서비스, 청결, 가치)의 수준이 유지될 수 있도록 계획되어 기준으로써의 역할이 수행되어야 한다.

(2) CI 전략의 달성 수단

CI 전략의 달성은 모든 매장의 직원과 서비스, 동일한 점포 이미지의 구축을 통하여 획득되며, 체인업소의 통일된 관리를 통해 CI(corporate identity) 전략을 수립해 나가는 과정에서 매뉴얼은 가장 필수적인 도구이다.

(3) 프랜차이즈 사업의 수단

프랜차이즈 체인 본부가 가맹점에 대하여 동일한 상호나 상표 및 경영 노하우를 이용하도록 해주고 그 대가로 가맹비와 일정 비율의 로열티를 받는 운영 방식으로 체인 본부와 가맹점 양자의 상호 신뢰가 그 기반이 되어야 한다. 이러한 프랜차이즈 시스템의 관리를 극대화하고 경영 성과를 높이는 효율적인 수단으로 매뉴얼을 유용하게 활용한다.

3 매뉴얼의 종류

매뉴얼은 이론이 아니라 실제 운영에 적용되는 수단이다. 매뉴얼은 점포의 효율적이고 원활한 운영을 위해 점장이나 일반 직원들에게 절대적으로 필요하며, 또한 이를 지원하고 감독하는 슈퍼바이저 조직이나 본부 조직을 위한 매뉴얼도 각각 필요하다.

매뉴얼의 종류는 '서비스 교육 매뉴얼', '청소 매뉴얼', '조리 매뉴얼', '점포 운영 매뉴얼', '주방관리 매뉴얼', '인사관리 매뉴얼' 외에 많은 매뉴얼이 있다.

1) 조리 매뉴얼

조리 매뉴얼이란 맛있는 음식을 언제나 균일한 맛으로 고객에게 신속하게 제공할 수 있도록 조리 업무의 내용을 세세하게 명시한 작업표이다. 외식산업의 경쟁력은 맛과 균일성에 의해 좌우되므로 매장에 맞는 조리 기준의 설정은 외식기업이 갖추어야 하는 필수적 조건이라고 할 수 있다. 이를 위해서는 모든 직원(특히, 주방)이 함께 공유할 수 있는 조리 정보가 반드시 필요하고, 바로 이러한 필요를 충족시킬 수 있는 방법이 조리 매뉴얼의 작성이다.

경영자의 직접적인 손길이 닿는 중소 규모의 외식기업들은 사실 업주가 조리장을 겸임하거나 가족 위주로 운영되는 경우가 많아 조리 과정의 매뉴얼화에 대한 필요성이 거의 없으나, 규모가 크고 체인화된 외식업체일수록 불가피한 간접경영으로 야기되는 통제 및 관리의 어려움을 극복하기 위해 조리표의 매뉴얼화는 필수적인 요건이 되는 것이다.

유명한 외국 체인업체는 물론이고 국내 중소 규모의 면류 및 한식 체인점들의 성공의 이면에는 바로 이러한 매뉴얼의 업적이 뒷받침되어 있다. 다시 말하면 이들 업체들이 영업의 상황 변화나 조리사의 경력 유무 및 잦은 이직률에 의해 좌우되지 않고 언제나 한결같은 음식을 제공할 수 있는 것도 사실은 우수한 조리 매뉴얼의 작성과 이용에 따른 결과라는 것이다.

2) 서비스 매뉴얼

서비스 매뉴얼은 일종의 서비스 작업의 지침으로 판매 혁신을 일으키기 위한 목적으로 작성된다. 외식산업이 만성적인 인력난과 조리사의 횡포, 인건비의 급등에 시달리는 현실에도 불구하고 아직도 시간제 직원의 고용에 적극적이지 못했던 것은 서비스 수준의 질적 저하가 야기하는 고객 불만의 가능성 때문이었다. 바로 이러한 문제를 해결하기 위해 등장한 것이 서비스 매뉴얼 시스템이다.

특히, 고객응대 매뉴얼 시스템은 직원의 고객응대 행동을 요소별로 분해한 다음 동작, 언어 사용 등에 대한 기준을 정하여 명문화함으로써 직원의 행동을 통제하려는 방법으로 서비스 과정에서 직원의 자유재량 행동, 자의적 행동을 철저히 배제해 표준적인 서비스로 고객만족을 실현하는 전략적 도구이다.

3) 운영 관리 매뉴얼

운영 관리 매뉴얼이란 업소에서 조리, 접객, 청소의 업무가 제대로 시행될 수 있도록 1일, 1주일, 1개월, 1년 등으로 시간의 흐름에 맞게 업소 전체의 작업 순서를 구체적으로 명시한 업무 계획표를 말한다.

1일 운영 매뉴얼	하루 동안 업소의 영업에 필요한 모든 업무가 빠짐없이 실행될 수 있도록 업무별로 작업 내용과 순서, 담당자를 명시한 운영계획표로 아침에 개점한 후 점심과 저녁의 피크타임을 거쳐 하루의 영업을 마감할 때까지 모든 업무가 지시되어 있는 것을 말한다.
주간 운영 매뉴얼	객장, 주방, 기타 분야를 구분하여 요일마다 실시해야 할 업무 항목을 명시한 것으로, 예를 들어 직원들의 근무 스케줄 작성, 직원 교육, 대청소 등이 요일별로 행해지는 업무가 계획된 주간 업무표를 말한다.
월간 운영 매뉴얼	한 달간 운영될 매뉴얼로, 한 달간의 운영 매뉴얼은 보통 1주 단위로 계획을 세워 각 주의 목표가 달성되도록 체크하고, 1주일의 우수한 운영 매뉴얼은 1개월 운영 매뉴얼로, 그리고 1년간 매뉴얼의 근간이 된다.

(1) 업무 일정 매뉴얼

업무 일정 매뉴얼은 점포의 하루, 일주일, 한 달, 일 년 등 시간의 흐름에 따라 어떻게 업소의 효율적인 관리를 명확히 정례화할 것인가를 명시해 두고 있다.

〈표〉 **일일업무 일정표**

구분	주요 업무 흐름도			비 고 (관리자 체크항목)
	시간	홀	주방	
개점 전 · 개점	09:00	• 출근 • 개점 준비 작업	• 오픈 및 개점 준비 • 주방 스위치 on • 각 부문 청소, 정리 정돈 – 주방 청소 점검	① 사원의 출근 상태 (결근자, 한자여부, 복장 상태 체크) ② 일간지 구독 (고객, 직원 인간관계) ③ 전일 현금 시재표, 거스름돈 및 오늘 시재표 확인 ④ 조례 주관 ⑤ 작업 분담 지시 ⑥ 예약 점검 및 재확인
	10:00	• 각 부문 청소, • 정리 정돈(홀, 룸, 팬트리, 현관 외) • 예약상황 체크, 준비	• 냉동/냉장고, 가스레인지 등 기구류 작동 준비 • 식자재 준비 작업 • 프린터 체크	
	10:30	회의 및 교육(전 종업원), 복장 체크		

구분	주요 업무 흐름도			비 고 (관리자 체크항목)
	시간	홀	주방	
영업중	11:30 ~ 22:30	• 손님맞이 및 안내 • 주문 접수 및 전달 • 세팅 • 요리 제공 • 중간 서비스 • 정산 및 배웅 • 상 치우기 • 정리 정돈 • 오더 스톱	• 주문 접수 및 조리 • 주방 청소 시작 • 폐점 준비	① 점포주변, 점포내부 청소, 정리 정돈 점검 ② 화장실 청소 점검 ③ 테이블 세팅 점검 ④ 냉난방 상태 점검 ⑤ 배경 음악 점검 ⑥ 조명 상태 점검 ⑦ 직원 복장 상태 점검 ⑧ 직원의 접객 요령 점검 ⑨ 인기요리/남긴 요리 점검 ⑩ 잔반 배출/위생관리 점검 ※고객 불만 처리 파악 ※각종 장부 작성 점검
폐점·폐점후	22:30 ~ 23:00	• 폐점 및 점포 청소 • 스위치 오프(off) – 각종 전기기구 – 가스 • 화재 요인 점검 • 조명 오프(off) • 주차장 전기 off	• 폐점 및 주방 청소 • 냉장/냉동고 체크 • 식기 세척/잔반 정리 • 각종 전기 기구, 가스 off • 화재 요인 점검 •조명 off	① 주방 점검 위생/청결/안전관리 ② 객석 점검 쓰레기통/재떨이/방석 등의 화기 여부 점검 ③ 후방 설비 점검 식자재 창고/사무실/휴게실의 화기 여부 ④ 가스, 전기 안전 점검 ⑤ 조명, 시건 장치 점검
	23:00	Closing		

(2) 신규 개점을 위한 교육 · 훈련 계획 매뉴얼

전 직원들에게 실시하는 교육으로, 교육 운영 매뉴얼은 다음의 표와 같다. 전원 합동교육, 층별 교육, 홀별 · 주방별 교육으로 분류하여 정신 교육, 이론 교육, 기술 교육으로 분류하여 실시한다. (세부적인 교육 커리큘럼은 각 부서에 맞게 작성한다.)

〈표〉 교육운영 매뉴얼

일 자	교육 내용	
	홀	주 방
제1일차 (D-7)	오전-점포 콘셉트 소개 직원 및 메뉴 설명(조리장) 오후-일일 영업 흐름 소개-(개점에서 폐점까지) 접객 서비스 기본 흐름-(인사에서 배웅까지)	
제2일차 (D-6)	오전-접객 서비스 실제 (인사요령, 서빙요령, 세팅요령) 오후-접객 서비스 실제 (주문접수 및 추가 요령)	오전-조리 사전 준비 오후-조리 절차/방법
제3일차 (D-5)	오전-청소 업무 실제 (청소방법, 요령, 시간) 오후-청소 업무 실제 (주차장, 현관, 홀, 화장실)	오전-주방기기 취급 방법 오후-주방기기 시운전
제4일차 (D-4)	오전-POS 시스템 사용 방법 (기본적인 취급요령) 오후-POS 시스템 사용 실제 (취급 방법 실습)	오전-식기/비품 확인 오후-식기/비품 세척 및 정돈
제5일차 (D-3)	오전-직원 및 메뉴 기본(주방책임자) (직원 명칭, 가격대, 서빙요령) 오후-직원 및 메뉴 실제 (직원 특징)	오전-식자재 구매 방법 오후-발주, 사입, 저장, 출고
제6일차 (D-2)	오전-접객 서비스 오후-직원 및 메뉴	오전-청결 및 위생관리 오후-청소 방법
제7일차 (D-1)	오전-롤 플레잉 오후-실습(역할 연기)	오전-롤 플레잉 오후-실습
Pre-Open	Pre-open/리셉션	
Open	Grand Open	

(3) 주간 운영 매뉴얼

〈표〉 주간 운영 매뉴얼

요일	중점 체크 사항		비 고
	홀	주 방	
월	• 업소 외관 및 주위 환경 청소 – 업소 외벽, 유리창, 현관 체크 – 간판, 진입로, 주차장, 수목 체크 – 기타 옥외 시설물 체크 (내점력 제고)	• 주방 및 냉동냉장고 청소 • 주방 바닥, 벽, 천장 청소	
화	• 업장 내부 환경 점검 I – 출입문, 깔판, 부착물, 손잡이 점검 – 신발장, 우산꽂이 정돈 – 액자, 화분 등 실내 소품 정돈 – 배경음악, 조명 점검 (산뜻한 첫인상 연출)	• 식자재 창고관리 상태 점검 (냉동, 냉장, 상온 창고 청소) – 기기 작동 여부 체크 – 냉장테이블, 냉면기 등 설비 청소 – 정리 정돈	
수	• 주요 설비 점검 – POS 시스템/호출기 – 냉난방기, 정수기 – 오디오, 방송기기 (설비 수명 연장, 취급요령 습득)	• 전기 배선 및 가스 배관 점검 – 전기누전, 합선, 가스누출 여부	
목	• 업장 내부 환경 점검 II – 서비스 스테이션(1층) – 팬트리 키친(2층) – 테이블 세팅, 방석, 옷걸이 정돈 (접객 편의성 제고)	• 제설비류 청결 상태 점검 – 가스레인지 배기 후드 – 그리들, 프라이어 – 냉동/냉장고 이물질, 성에, 악취	
금	• 화장실 점검 – 용변기, 화장지, 휴지통, 재떨이, 방향제, 소독제, 각얼음 – 세면대, 거울, 마른 수건, 바닥면 (위생 및 청결성 제고)	• 세척기, 싱크대, 배수로 청소	
토	• 업장 내부 환경 점검 III – 벽면, 바닥면, 천장 이물질 제거 – 유리창 및 파티션 청소 – 전열기구 교환 및 수리 – 복도, 계단, 난간 청소 체크 (쾌적성 제고)	• 수납장 전체, 작업대 내부 청소 – 도마, 행주 살균	
일			

■ 작업 시간대 – PM 3:00~5:00(아이들 타임)
※개업 후 약간의 변동이 있을 수 있으나 요일별 중점 청소 스케줄은 꼭 필요하다.

4) 청소 매뉴얼

업소의 청결함은 경영자와 점장을 비롯한 전 직원의 의욕을 나타내는 측정기로 고객에게 인정받는 최선의 방법이다. 다시 말해 청결은 업소의 의욕 표현의 하나인 동시에 서비스의 척도가 되기 때문에 철저한 청소로 인한 청결함의 제공은 외식산업의 성공에 매우 중요한 요소라는 것이다. 아무리 맛있는 요리를 제공하고 그럴듯한 접객 서비스를 보여주어도 지저분한 테이블과 더러운 바닥으로는 고객들을 만족시키기 어렵기 때문이다.

청소 매뉴얼이란 바로 이러한 목적을 달성하기 위해 실행하는 청소의 쓸고, 닦고, 광내는 3가지 작업을 어떤 도구를 사용하여 어떻게 해야 하는지를 설명한 매뉴얼을 말한다. '청소 매뉴얼'을 효율적으로 작성하기 위해서는 우선 점포 영역부터 나누는 작업을 해야 한다.

일반적으로 점포는 점포의 바깥, 객장, 주방, 후방 설비 등으로 나뉘는데, 이렇게 구분하는 이유는 같은 점포 내에서도 영역 또는 지역별로 청소를 필요로 하는 곳들이 다르고 청소되어야 하는 세밀함의 정도에도 많은 차이가 있기 때문이다.

(1) 청소관리 매뉴얼

〈표〉 업소 주변 청소 매뉴얼

장 소	작 업 내 용
주차장/진입로	• 주차장의 청소 여부-쓰레기, 오물 제거 • 쓰레기통, 잔반통의 청결 상태, 악취 여부 • 가로수, 관상용 수목의 생기, 청결 여부 • 진입로의 청소 여부-진입 장애물, 오물 제거 • 배수구 막힘, 악취 여부
외장/간판	• 간판의 먼지, 변색, 전구나 네온사인의 이상 유무 • 벽면의 거미집이나 거미줄, 오물 여부 • 벽면 부착물 이상 여부 • 창틀 먼지, 오물 여부 • 유리창 오물, 파손 여부
현관/출입구	• 현관문 청소 이상 유무 • 현관 매트 청소 여부 • 현관 바닥의 쓰레기, 오물 여부 • 우산걸이 청결, 고장 여부 • 현관 기둥, 천장 청결 여부

〈표〉 업소 내부 청소 매뉴얼

장 소	작 업 내 용
홀/카운터	• 카운터 아래쪽 정리 정돈 여부 • 카운터 위쪽 정리 정돈 여부-전화기, 메모지, 기타 사무용품 • POS 시스템 청소 및 정리 정돈 여부 • 홀 천장 및 벽면의 청소 여부-거미집(줄), 먼지, 오물 제거 • POP, 액자, 거울 등 벽면 부착물 이상 여부 • 바닥면 청소 및 안전 여부 • 각종 조명기구 청소 상태 및 이상 유무 • 테이블 정리 정돈-테이블 세팅, 방석, 옷걸이 등 • 서비스 스테이션 청소 및 정리 정돈 여부 • 고객용 신문, 잡지류 보관 및 관리 상태
화장실	• 청소 상태-변기, 바닥, 벽면, 거울, 쓰레기통, 재떨이 등 • 방향, 향수, 각얼음 등 사용 및 관리 여부 • 환기 상태 및 이상 여부 • 세면대 청소 상태 및 배수관 이상 유무 • 화장지, 비누, 수건 관리 상태 • 청소용구 관리 상태

〈표〉 주방 내부 청소 매뉴얼

장 소	작 업 내 용
내부 공간	• 천장, 벽면, 바닥면 청소 상태-거미집(줄), 얼룩, 기름때 유무 • 전등 이상 여부 및 조도의 적정 여부 • 창틀 먼지, 티끌 유무 • 배기 후드 및 환기팬의 청소 상태-그을음 및 먼지 유무 • 바닥면의 타일 손상 여부 및 배수구 이상 여부 • 잔반통 청소 여부 • 바퀴벌레, 설치류 서식 여부 • 소화기 점검 및 비취 여부
선반 · 기물류	• 식기선반 정리 정돈 상태 • 식기선반 청소 상태 • 식기의 파손 상태 • 식기류 변색 여부 • 식기의 종류 및 수량 적정 여부
설비류	• 가스레인지 등 조리기구의 청소 및 관리 상태 • 가스버너의 화구 이상 유무 • 냉동냉장고 내부 청결 여부-부패물, 성에 제거 • 각종 설비의 작동 상태 및 고장 유무

〈표〉 후방 설비 청소 매뉴얼

장 소	작 업 내 용
창고	• 창고 문 개폐 이상 여부 • 바퀴벌레, 설치류 등 서식 여부 • 식자재 관리 상태-재고관리, 보관 상태 • 환기 및 통기 이상 유무 • 각종 비품의 정리 정돈 상태 • 합리적인 물품 배치 여부 - 이용 빈도가 높은 물품은 입구 근처로 배치 • 불필요한 물건 제거 • 청소 상태
탈의실 휴게실	• 내부 온도 쾌적성 여부 • 직원별 락카 정리 정돈 및 관리 상태 • 식사용 테이블의 정리 정돈 상태 • 휴게용 의자 정리 정돈 • 타임 레코더의 작동 상태
사무실	• 내부관리 상태-청소, 정리 정돈 • 비품의 이상 여부-책상, 의자, 캐비닛 등 • 장부, 서류 등 정리 정돈 상태 • 월간 스케줄표, 영업 현황표 등 관리 상태 • 방문, 창문 등 시건장치 안전성 여부

사례 CJ프레시웨이, 외식 프랜차이즈에 '맞춤형 운영 매뉴얼' 제작

목차

I. 홀

1.서비스 ········ 4p. 2.위생 ········ 21p.
3.맥주관리법 ········ 24p.

II. 주방

1.주방운영 ········ 30p 2.주방위생 ········ 36p.

III. 위생관련 법령

1.위생점검지침 ········ 42p. 2.음식점 위생등급제 ········ 44p.
3.식품위생교육 ········ 45p. 4.종업원 건강검진 ········ 46p.

IV. 발주시스템

1.CJ발주시스템(온리원 푸드넷)이용법 ·· 48p.

V. 기타 운영 세부 내용

1.세무 ········ 65p. 2.근로및급여 ········ 67p.
3.주방 안전점검 ········ 70p. 4.안전사고 발생 시 대처 방법 ········ 73p.
5.법정의무교육 ········ 74p.

VI. 부록

1.기업정보 ········ 76p. 2.금별맥주 운영의 10가지 원칙 ········ 77p.
3.가맹점 직원의 역할과 책임 ········ 78p. 4.본사 교육일정표 ········ 79p.
5.본사 오픈 바이저 지원 ········ 82p. 6.매장 운영 체크리스트 ········ 83p.

본 자료는 금별맥주 본사와 CJ프레시웨이가 함께 제작하였습니다.
본 자료의 저작권은 금별맥주 본사와CJ프레시웨이에 있으며, 자료의 무단전재 및 재 배포를 금지합니다.

CJ프레시웨이는 외식 프랜차이즈를 위한 '맞춤형 점포 운영 매뉴얼'을 제작, 지원한다고 17일 밝혔다.

CJ프레시웨이의 비즈니스 솔루션은 상품 공급뿐만 아니라 재무, 노무, 마케팅 등 사업 운영에 필요한 부가적인 서비스를 지원, 고객사의 경쟁력을 강화하는 데 목적이 있다.

맞춤형 점포 운영 매뉴얼은 홀·주방 운영, 고객 서비스, 위생관리 등과 함께 고객사 특성에 따른 매장 체크리스트, 식자재 보관 방법 등 맞춤형 정보를 제공한다. 프랜차이즈 본사는 체계화된 매뉴얼을 통해 효율적인 점포 관리를 할 수 있다.

CJ프레시웨이는 첫 사례로 맥주 프랜차이즈 금별맥주의 점포 운영 매뉴얼을 제작, 배포했다. 2019년부터 가맹사업을 시작한 금별맥주는 MZ세대를 타깃으로 한 메뉴와 인테리어로 인기를 얻어 현재 전국 65개 매장을 운영 중이다.

CJ프레시웨이 관계자는 "앞으로 비즈니스 솔루션 역량을 더욱 강화해 고객사와 동반 성장하는 '푸드 비즈니스 파트너'로서 제 역할을 다할 것"이라고 말했다.

자료 : 뉴시스, 2022.2.17

사례 아워홈, 물류센터 최초 '스마트HACCP' 인증

품질관리 시스템 개발로 물류 데이터 자동 수집 등 인정
향후 전국 14개 물류센터를 대상으로 인증 획득 목표 추진

아워홈(대표 구지은)이 국내 물류센터 최초로 한국식품안전관리인증원(원장 한상배, HACCP인증원)으로부터 식품냉동냉장업 '스마트 해썹(Smart HACCP) 인증'을 획득했다고 19일 밝혔다.

스마트HACCP은 사물인터넷(IoT) 기술을 활용해 식품안전정보를 디지털화하고, 운영 모니터링을 자동화하는 등 HACCP 관련 데이터 수집 · 관리 · 분석을 총망라한 디지털 기반 종합관리 시스템을 갖춘 시설에 부여되는 인증이다.

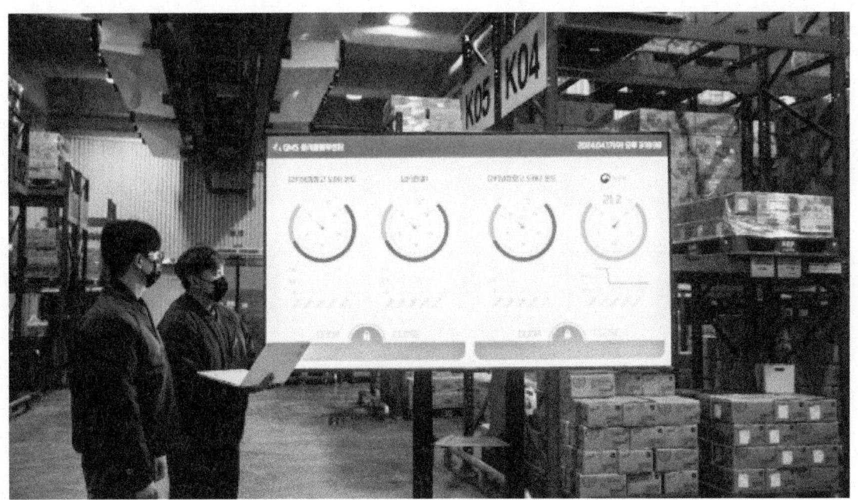

아워홈 동서울물류센터 직원들이 온도관리 사전 예측 모델을 통해 실시간으로 모니터링을 하고 있다.

이번 스마트HACCP 인증을 획득한 시설은 아워홈 동서울물류센터로, 아워홈이 운영하는 전국 14개 물류센터의 허브 역할을 하는 핵심 거점이다. 특히 아워홈은 자체 개발한 품질관리 시스템과 사전 예측 모델을 통한 온도관리 및 모니터

링 자동화 등 우수한 관리 역량을 인정받아 스마트HACCP 인증을 획득했다.

아워홈은 이번 인증을 위해 자체 품질관리 시스템인 QMS(Quality Management System)를 개발하고, 이를 통해 ▲물류 모니터링 및 데이터 자동 수집 ▲온라인 결재 시스템 ▲한계 온도 기준 이탈 시 알람 및 로그기록 조회 등 엄격한 스마트 HACCP 인증 기준을 충족했다. 여기에 철저한 모니터링을 통한 신선 식품 품질 강화는 물론 보관 및 주문 편의성을 높였다.

이와 함께 사전 예측 모델을 개발해 온도관리 자동화 프로세스를 구축했다. 해당 모델은 실시간으로 물류 보관창고와 전실, 외기온도 데이터에 기반해 창고 문 열림 시 한계 온도 기준에 도달하는 남은 시간을 예측·표시해 작업자가 시간 내 문을 닫을 수 있도록 알람 센서를 작동하는 등 관리자에게 문자 알림을 전송한다. 이를 통해 관리자는 사전에 이상 온도를 감지하고 위험 상황을 예방할 수 있다.

기존 온도관리는 한계기준 이탈 후 개선 조치에 초점이 맞춰졌으나 사전 예측 모델 도입을 통해 한층 더 강화된 온도관리가 가능해졌다는 점에서 큰 의미가 있다. 이외에도 배송차량 관리 시스템(TMS: Transportation Management System), 물품 자동분류 시스템 등 식품 안전을 위한 혁신적인 기술을 적극 도입해 식품 보관 및 유통 안전성을 크게 강화했다.

아워홈은 이번 동서울물류센터를 시작으로 전국 14곳 물류센터에도 스마트 HACCP 인증을 목표로 제조 및 유통 전 단계에 걸쳐 품질 안전성을 강화하고 물류 기술력을 향상시켜 나갈 방침이다.

고대권 아워홈 물류본부장은 "국내 물류센터 식품냉동냉장업 최초로 엄격한 기준과 절차를 바탕으로 스마트HACCP 인증을 획득하게 돼 큰 자부심을 느낀다"며 "앞으로 스마트 물류 시스템을 개척해 경쟁력을 확보하고 최고 수준의 식품 제조 및 품질관리 역량을 갖춰 나가겠다"고 말했다.

자료 : 대한급식신문, 2024.4.19

10
CHAPTER

위생 및 안전관리

1 위생관리

1) 위생관리의 이해

음식에 의해 감염되는 질병인 식중독은 심한 경우 목숨을 잃는 경우가 있을 정도로 무서운 질병이다. 근대 이전의 식사 형태는 음식 재료가 대부분 가공하지 않은 자연산 그대로였던 관계로 식품의 취급을 잘못하거나 비위생적인 취급으로 인해 식중독이 주로 발생되었다. 오늘날에는 사회 구조가 변화함에 따라 가공 식품을 이용하게 되고 가구 내 인원의 감소와 경제 수준의 향상 등으로 인하여 외식 빈도가 증가하고 있다.

외식산업에 종사하는 직원들의 위생관리는 시간이 갈수록 그 중요성을 더해 가고 있다. 위생관리의 목적은 식용 가능한 식품을 이용하여 음식 상품이 만들어지는 과정에서 조리사와 조리기구 및 식품 취급상의 인체 위해를 방지할 수 있도록 위생적으로 관리하는 것이다. 조리기구 또는 기기의 비위생적인 관리로 인하여 인체에 유해한 물질이 함유된다면 사람의 건강에 위해를 가할 수 있기 때문이다. 외식산업의 위생 상태와 청결은 고객이 매장을 선택하는 중요한 요인임을 항상 인지하고 철저하게 위생관리를 해야 한다.

위생관리는 마케팅 측면에 있어서도 중요시되는 측면이라고 할 수 있다. 외식산업에서 중요하게 거론되는 QSC(quality, service, cleanness) 개념의 한 요소가 업소의 위생관리와 관계 깊은 청결 문제인 것을 보아도 그 중요성을 알 수 있다. 훌륭한 위생관리의 결과를 얻기 위해서는 생산에서 제공까지의 모든 과정에서 체계적인 관리가 필요하다. 특히 생산을 담당하는 주방에 종사하는 조리사는 위생 관념과 위생 준칙을 항상 인식하여 준수하는 자세가 습관화되어야 한다.

2) 식품위생관리

식품위생관리는 식품에 의해서 발생되는 건강상의 위해를 방지하는 것이다. 고객에게 제공되는 음식물이 안전하게 제공되어 식중독으로부터 고객을 보호할 수 있어야 하며, 고객 보호를 위해서는 무엇보다도 위생적인 관리와 취급 방법이 매우 중요하다.

식재료는 산지에서 생산되어 소비자에게 이르기까지 복잡한 유통과정을 거치게 된다. 유통과정에서 발생할 수 있는 식품에 대한 위해를 방지하는 것이 식품위생관리의 기본 원칙이다.

식품위생이란 그 식품의 생육, 생산, 제조, 유통 및 소비에 이르기까지 일괄해서 안전성을 확보하여 음식물에 의해 발생하는 병해, 즉 식성 병해(food injury)를 방지하기 위한 지식과 기술이라고 할 수 있다.

식품위생법에서는 식품위생을 식품, 첨가물, 기구 및 용기와 포장을 대상으로 하는 음식물에 관한 위생이라 정의하고 있는데, 이는 식품으로 인한 위해를 방지하고 식품 영양의 질적 향상을 꾀하기 위해 식품 그 자체의 변질, 오염, 유해, 유독 물질의 혼입 등을 방지하기 위함이다. 세계보건기구(WHO)에서는 식품위생이란 식품의 생육, 생산, 또는 제조에서부터 최종적으로 사람이 섭취할 때까지에 이르는 모든 단계에서 식품의 안전성, 건전성 및 악화 방지를 위한 모든 수단이라고 정의한 바 있다.

오염에 쉽게 감염되는 음식물은 보다 철저한 주의가 요망되며, 식중독 발병은 음식물을 처리함에 있어서 가장 중요한 위생 규칙을 준수하지 않은 경우가 대부분이다. 식품위생관리는 식품 및 첨가물의 변질, 오염, 유해 물질의 유입 등을 방지하고 첨가물, 기구, 용기, 포장 등에 의해 불필요한 이물질을 제거함으로써 안전성을 확보하는 것이다.

(1) 식중독

식중독이란 음식물이 미생물이나 화학 물질에 의해 오염되거나 병원성 균이 부착해서 증식하는 경우 또는 용기 · 포장을 통해서 유해 · 유독 물질이 혼합된 식품을 섭취하여 발생하는 건강 장애를 말한다.

외식산업에서 발생하는 식중독은 단체로 일어나는 경우가 대부분이라 파급효과가 커지므로 업소의 식중독 예방은 경영의 측면에서 매우 중요한 역할을

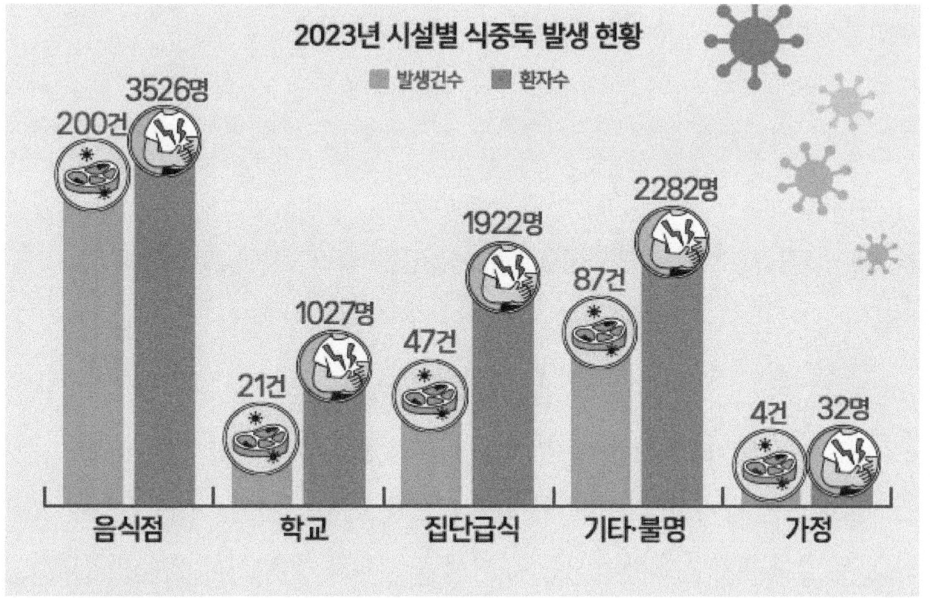

자료 : 식품의약품안전처

한다. 외식산업에서 특히 주의하여야 할 식중독은 세균성 식중독으로써, 질병을 일으키는 세균은 식품의 부적절한 취급과 보관, 그리고 부적절한 조리와 비위생적인 환경 등을 통하여 식품에 침입한다.

① 세균성 식중독(Bacterial Food Poisoning)

감염형(Infection Type)

살모넬라균이나 장염 비브리오균, 병원성 대장균 등이 증식되어 있는 음식물을 섭취하여 장관 내에서 감염을 일으켜서 발병되는 식중독이다. 원인음식은 어패류와 육류, 가공품, 야채샐러드, 우유 및 유제품 등이다.

독소형(Toxin Type)

포도상구균이나 보툴리누스균에 의한 식중독과 같이 음식물 중에서 균이 증식할 때 생성되는 독소를 함유한 음식물을 섭취한 경우 일어나는 식중독이다. 원인음식은 어육 및 수육가공품, 우유 및 유제품이다.

알레르기형(Allergy Type)

부패로 인해서 생긴 유독, 아민(amine) 특히, 히스타민(histamine)이 축적된 식품을 섭취함으로써 알레르기(allergy) 증상을 나타내는 식중독이다.

② 화학성 식중독(Chemical Food Poisoning)

식품의 가공 기술이 발전됨에 따라 식품의 보존성을 향상시키며 상품적 및 영양적 가치를 증강시키기 위하여 화학 물질을 식품 첨가물로 사용하는데 그러한 과정 중에 첨가 사용하는 보존료, 착색료, 감미료 등의 화학 물질이 불량품이거나 허가되지 않은 것을 사용함으로써 식중독을 일으키는 경우가 있다. 화학 중독을 일으키는 물질로 카드뮴, 납, 비소, 수은, 방사성 물질 등의 금속류와 잔류 농약(PCB : Poly Chlorinated Biphenyl), 플라스틱제 등을 들 수 있다.

③ 자연성 식중독

자연성 식중독은 동식물이 그 생활 과정에서 생성한 독물을 잘못 취급해서 경구 감염으로 일어나는 식중독이다. 이는 동물성 식품에 의한 것과 식물성 식품에 의한 것, 그리고 미생물의 대사에 의한 것 등으로 크게 분류된다.

동물성 자연독(Zootoxin)

복어 : 복어 독은 동물성 독성 물질인 테트로도톡신(tetrodotoxin)으로써 복어의 난소와 간장에 특히 많고, 소화관 · 피부 · 혈액에도 존재하므로 보통 사람들이 조리하기에는 위험하다. 따라서 복어 요리는 복어를 다룰 수 있는 면허증을 가진 사람이 조리해야 한다.

복어 독의 중독 증세는 피부나 혀의 앞부분에 마비가 일어나고 그 다음으로 운동 장애가 오며 호흡 마비가 일어나면서 사망하게 된다. 이러한 증세는 개인적인 차이가 있으므로 한 사람의 증세를 보아 다른 사람의 정도를 파악하기는 어렵다.

조개 : 조개류 중독은 조개류 그 자체에서 생성하는 생체 독에 의한 중독과 조개류가 먹는 먹이가 환경 인자로부터 오염되어 조개의 체내에 옮아 들어와 축적된 독에 의한 중독으로 나눌 수 있다. 예를 들어, 모시조개에 의한 베네루핀 중독과 섭조개로 인한 마비성 조개 중독이 있다. 기타 어류 중독의 근원 식품으로 동갈치, 곤들매기 등의 알이 있다.

식물성 자연독(Phytotoxin)

식물 중에는 유독성 물질이 함유된 것이 많으며, 이런 식품을 모르고 섭취할 경우 식중독이 생길 수 있다. 어떤 식물성 식품 중의 독성은 물에 잘 녹는 성질이 있어 손쉽게 제거할 수도 있지만, 또한 부주의로 쉽게 섭취할 수도 있다.

식물성 자연독의 종류로는 감자의 솔라닌, 목화씨 중의 고시폴, 피마자 씨 중의 리신, 각종 식물의 시안 배당체, 청매실의 아미그달린, 대두에 함유된 트립신 활성 억제물질, 독버섯에 의한 중독 등이 있다. 특히, 감자의 경우 발아 부분이나 껍질이 푸르게 되어 있는 부분에는 배당체인 솔라닌(solanine)이라고 하는 독성 물질이 있으므로 감자의 껍질과 싹은 충분히 벗기고 도려낸 후 조리할 필요가 있다. 또한, 감자는 부패하면 유독 물질을 생성하므로 샐러드 요리 등에 감자를 사용할 때 주의하여야 하며, 솔라닌은 호흡 중추를 마비시키거나 위장 장해를 일으킨다.

동물들은 체중 1kg당 25mg의 솔라닌 독성 물질을 섭취하면 동물의 반수가 사망하게 된다. 또한, 아미그달린(amygdalin)이라고 하는 배당체는 미숙한 청매실에서 생성되는 독소인데 이것이 효소에 의해 자가 분해하여 청산을 생성하게 되며 이때 생성된 청산이 중독의 원인이 된다.

미생물의 대사 물질에 의한 자연독(Mycotoxin)

쌀에 기생하는 곰팡이가 생산하는 독소로, 이로 인한 황변미 중독, 맥각이 혼합된 곡류를 식량으로 먹었을 경우 근육이 오그라들거나 줄어들었다 하는 근육 연축작용이 발생하는 맥각 중독, 곰팡이류에 의하여 생성되는 마이코톡신(mycotoxin) 중독 등이 있다.

(2) 식중독 예방

① 음식물 관리

식품에 원인균이 오염되지 않도록 해야 하며 그와 동시에 오염된 식품의 세균을 제거하려는 노력을 해야 한다. 식품에 원인균이 오염되지 않으려는 노력은 완전무결하게 행해지기는 어렵다고 할 수 있다. 다만 식품의 원료로부터 최종 소비에 이르기까지 오염을 최소화하는 것이 가능하다.

모든 세균이나 박테리아가 살아남기 위해서는 영양 공급원을 필요로 하며, 높은 단백질을 함유한 음식물(육류, 생선, 가금류 등)은 세균이 번식하기에 좋은 여건을 가지고 있으므로, 이러한 식자재로 만들어진 음식물은 완성 후에도 관리를 게을리해서는 안 된다.

식품 중의 세균을 제거하려는 노력은 일단 모든 식품이 세균의 오염을 받고 있음을 전제로 하는 것이며, 이들 세균이 증식하지 못하도록 억제함으로써 식중독을 일으킬 수 있는 함량에 미치지 못하도록 하자는 시도이다. 식품 취급을 위생적으로 깨끗이 했을 때, 식품 중독을 예방할 수 있으며 감염된 식품의 세균 증식을 억제하고 제거하면 식중독 방지가 가능하다.

② 온도 관리

식품을 불필요하게 장시간 실온에 방치하여 두는 일은 없어야 하며, 보존이 필요한 식품은 가능하면 해당 식품에 맞는 저온이나 고온 상태로 보존하여야 한다. 예를 들어, 다 같이 오염된 식품을 먹었을 경우, 조리 후로부터 섭취할 때까지 시간의 차이가 있으면 먼저 먹은 사람은 중독 발생이 없고, 뒤에 먹은 사람이 발병하는 사례를 흔히 볼 수 있다. 이러한 것을 볼 때 시간이 오래될수록 오염이 심하다는 것을 알 수 있다. 그러므로 신선한 식품을 먹는다는 것이 예방상의 필요조건이라 할 수 있다.

신선한 식품으로 관리하려는 노력이 업소에서 실시되고 있다고 하더라도 식중독의 가능성이 충분히 배제되었다고는 볼 수 없기 때문에 여러 가지 가능한 수단으로 식품에 부착된 세균을 가열, 살균하도록 노력해야 한다.

- 살모넬라균은 열에 대한 저항력이 강하지 않으므로 먹기 전에 충분히 가열(60℃에서 20분 정도)만 한다면 안전한 식품이 될 수 있다.
- 장염비브리오균은 열에 약하고 담수에서는 잘 사멸되므로 감염 예방을 위해 가열처리를 하고 또 원인식품, 특히 어패류를 깨끗한 물로 잘 씻어야 한다.
- 장염비브리오균 중독이 번지는 시기에는 어패류를 날로 먹지 말아야 하며 또한 조리기구, 행주 등을 잘 소독할 필요가 있다.
- 장염비브리오균은 저온에서는 증식하지 않으므로 식품의 저온 보존 또는 저온 유통체계의 보급이 필요하다.

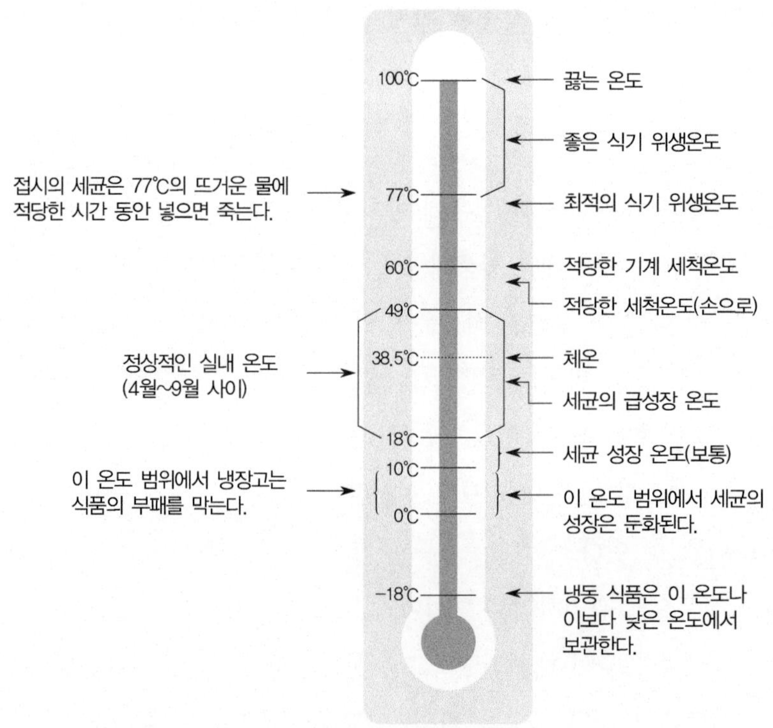

온도와 세균의 관계

위 그림과 같이 일반적으로 세균은 0℃ 이하와 80℃ 이상에서는 발육하지 못하며, 대체로 고온보다 저온에서 저항력이 강하다. 세균이 증식하는 데는 세균에 따라 조금씩은 차이가 있지만 '증식 억제 온도', '증식 최적 온도', '최고 온도'로 구분 짓는데 대부분의 세균들이 14℃와 49℃에서 가장 빠르게 증식하는 것으로 알려져 있다.

> 위험 온도 범위 : 세균의 증식 가능 온도는 더 넓은 4℃~60℃까지 시간에 비례하여 급속히 증식한다. 따라서, 4℃~60℃까지를 위험 온도 범위라 한다.
>
> - 음식을 만들어 보관할 때에는 60℃ 이상으로 가열하여 4℃ 이하로 냉각시켜 보관하는 것이 비교적 세균의 증식을 억제시키는 방법이다.
> - 4시간 이상 '위험 온도 범위'에서 방치된 식품은 폐기해야 한다.

3) 개인위생

외식산업 직원들의 개인위생은 고객의 안전에 직접적으로 직결되는 중요한 사항이다. 따라서 직원들은 자신을 질병으로부터 보호하고, 청결한 몸 관리와 철저한 위생관리를 통해 사전에 질병을 예방하는 것이 중요하며, 또한 고객에게 안전하고 위생적인 음식을 제공하는 것이 가장 중요한 책임이다. 그리고 최상의 상품을 만들기 위해서도 위생관념과 청결이 우선적으로 중요하다. 특히, 주방 직원들은 조리업무를 시작하기 전이나 조리업무 진행 도중에도 위생과 건강 상태를 수시로 점검해야 한다.

매장의 책임자는 직원들에게 위생교육을 철저히 교육하여야 하며, 교육의 방법으로는 매장의 규모, 직원의 수나 그 수준 등을 고려하여 결정하고 업무를 시작하기 전 주기적으로 교육을 실시한다.

> 예를 들어, 슬라이드, VTR 등 시청각 교재나 기구를 이용하여 적당한 기회에 현장에서 실기 지도를 하여 직원들이 구체적인 이해를 할 수 있게 한다.

직원의 건강교육도 위생교육의 일환으로 계획적으로 실시할 필요가 있는데 특히, 건강교육에 관련하여 위생적 습관, 신체의 청결 유지, 청결한 복장 등에 대해서도 아울러서 지도해야 한다.

※ 개인위생을 소홀히 하면 각종 식품과 음식에 교차 오염을 시킬 수 있다.

- **교차 오염** : 손 또는 어떤 식품으로부터 다른 식품으로 세균이 옮아가서 번지는 것을 말한다. 그러므로 날것이든 익은 것이든 식품을 만질 때, 손과 작업 선반과 도마 등을 깨끗하게 씻고 닦아야 한다.

(1) 개인위생 준수사항

① 신체적 위생

- 손톱은 짧게 깎고 항상 깨끗이 유지한다.
- 손에 상처가 있을 때에는 바로 치료하고 직접적인 조리 업무는 하지 않는다.
- 종기나 화농이 있는 사람은 조리 작업을 하지 않는다.
- 반지를 끼거나 매니큐어를 바르면 안 된다.
- 식품을 취급하는 기구나 기물 및 장비에 입과 귀, 머리 등이 닿지 않도록 한다.
- 더러운 도구나 장비가 음식에 닿지 않도록 한다.
- 음식물 앞에서는 기침이나 재채기, 흡연을 하지 않는다.
- 위생복을 착용한 상태로 화장실 출입을 금하고, 용변 후에는 반드시 손을 씻는다.
- 신체를 청결히 유지하고, 위생복은 항상 깨끗한 것을 입는다.
- 조리사는 정기적인 신체검사 및 예방 접종을 한다.
- 머리카락이나 눈, 코 등의 얼굴을 만진 후에는 꼭 손을 씻는다.
- 음식물은 손으로 맛을 보지 않고, 작은 그릇에 덜어 맛을 본다.
- 조리사는 항상 건강에 유의하여 과로, 과음, 과식, 지나친 흡연, 수면 부족 등을 피해야 한다,

• 감기, 피부병 및 전염성 질환의 감염 시에는 업무에 임하지 않는다.

② 주방 위생

위생모자

▸ 위생모자는 상부와 하부가 균형 있게 조화되도록 구겨진 부분 없이 잘 착용해야 한다. 그리고 위생모자는 머리가 완전히 들어가야 하고, 귀를 덮어서는 안 되며, 뒷머리는 위생복의 깃에 닿지 않도록 주의해야 한다.

상 의

▸ 위생복 상의에 있는 이중단추는 작업 시에 발생할 수 있는 오븐 등의 급속한 열을 차단해 주고 뜨거운 음식물이 튀었을 때도 몸을 보호해 주는 역할을 한다. 양쪽 소매는 조리 시 불편함을 없애기 위해 손목이 5cm 정도 노출되도록 접어서 입는다.

하 의

▸ 하의는 허리가 알맞도록 하고, 허리 벨트로 움직임을 방지한다. 하의의 길이는 안전화의 윗부분을 살짝 덮는 것이 좋다.

앞치마

▸ 앞치마의 매듭은 뒤로 둘러 허리 뒤 중앙에 매고 남은 끈은 리본으로 단단하게 묶거나 양옆의 끈에 밀어 넣어 보이지 않도록 한다.

머플러

- 머플러는 항상 목에 착용한다. 뜨거운 요리 재료나 다른 이물질이 목으로 들어가는 것을 방지하며, 또한 머리의 비듬 방지와 다쳤을 때 손을 걸기 위한 용도로도 사용된다.

※ 머플러의 색깔은 조리 업무의 특성과 직급별 상태를 나타내는 역할을 하기 때문에 다양한 색이 있다.

안전화

- 안전화는 다른 신발보다 미끄러움을 방지해 주고, 위험한 물건이 떨어져 충격을 가해도 발등을 감싸고 있는 가죽 내부에 안전장치가 들어 있어 충격을 막아 보호하는 역할을 한다.
- 안전화 끈을 밟고 넘어지는 일이 없도록 단단하게 묶는다.

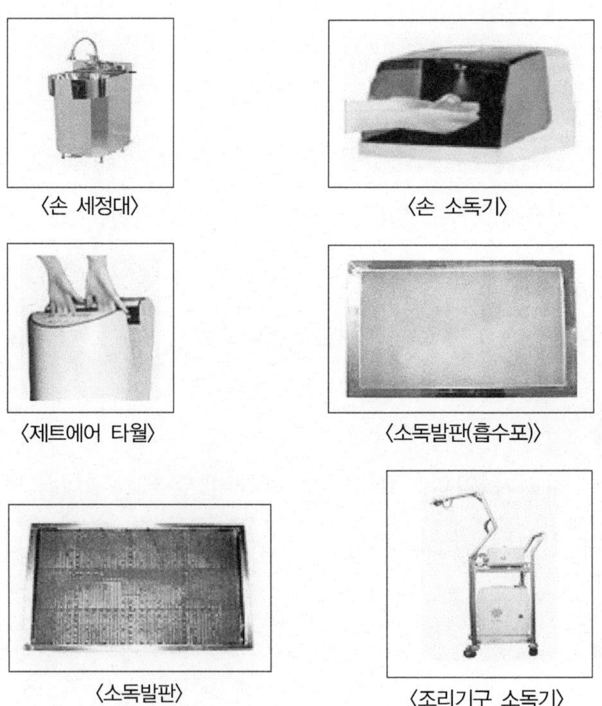

〈손 세정대〉 〈손 소독기〉

〈제트에어 타월〉 〈소독발판(흡수포)〉

〈소독발판〉 〈조리기구 소독기〉

위생 기기 및 장비

4) 오염·부패의 종류, 그 원인과 방지

(1) 오염과 부패의 종류

오염과 부패의 원인은 식자재 내부(예 : 육류의 내부)의 병균에 의한 부패와 식자재 외부에 세균이 감염되어 그 세균이 일정한 조건만 되면 급격히 증식하여 부패되는 것으로 '내부 오염'과 '외부 오염'이 있다.

- **식자재 내부 오염** : 생선, 고기, 과일 내부에 균, 곰팡이가 있는 경우 (입고 시 상한 제품이 아니면 거의 오염되지 않는다.)
- **식자재 외부 오염** : 고기, 야채, 생선 등 식자재 외부의 오염과 조리기구, 손의 부유균, 낙하균 등의 외부로부터 오염되는 경우

(2) 외부 오염의 종류와 원인

외부 오염은 고기, 야채 등의 식자재 표면 오염과 조리 과정에서 오염되는 경우로 오염된 세균, Virus 등이 일정 조건만 갖추어지면 급격히 증식하여 부패가 되며, 외부 오염은 다음과 같이 3단계로 나눌 수 있다.

- 1단계 : 고기, 야채 등의 표면 오염
  구매, 입고 단계에 고기, 야채 등의 표면이 이미 오염되어 있다.
- 2단계 : 조리기구(칼, 도마, 행주 등)와 손에 의한 오염
  무균상태의 생선, 야채라도 가공 조리과정에서 칼, 도마, 행주는 물론, 손에 의해 오염이 된다.
- 3단계 : 조리 후 2차, 3차 오염
  완벽한 관리하에 조리하였다고 해도 가공 조리 후에 다음 공정으로 넘어가기 전에 부유균, 낙하균에 의해 오염이 된다.

박테리아(Bacteria) 번식의 주요 원인

손은 박테리아 번식의 주된 매개체이다. 그러므로 손을 규칙적으로 씻어주어 유해한 박테리아의 번식을 억제해야 한다.

(3) 오염, 변질, 부패의 단계

식자재 내외부의 세균과 곰팡이 Virus는 물론, 식자재의 표면 오염, 조리기구와 손에 의한 오염, 조리 후 2차, 3차 오염에 의하여 오염된 세균, 곰팡이 등은 수분, 온도 등의 증식에 적합한 일정 조건만 되면 기하급수적으로 증식된다.

세균, 곰팡이 등이 급격히 증식되어 야채, 생선 등에서 극히 일부가 육안으로 보이기 시작할 정도로 상하기 시작한 것이 변질된 것이며, 변질된 정도가 2~3일 내지 수일 경과된 상태가 부패이다. 세균과 곰팡이의 증식 숫자 관점에서 변질과 부패는 거의 같은 농도이므로 변질되는 단계로 접어들지 않도록 해야 한다.

〈표〉 **식품의 오염 증상**

식 품	오 염 증 상
농산물 유제품	곰팡이, 물러지고 끈적해짐, 검게 변색, 불쾌한 냄새가 남
캔, 병 제품	저으면 거품이 일고 냄새가 남
해산물	끈적해지고 암모니아 냄새가 남, 조직이 물러짐
가금류	끈적해지고 쉰 냄새가 남, 눈에 띄는 변화는 없음
육 류	끈적해지고 쉰 냄새가 남, 푸르스름한 기미가 보임

※ 오염 증상이 나타나는 식품을 발견하면 즉시 폐기하여야 한다.

(4) 오염 방지 방법

슈퍼마켓, 식품공장, 패스트푸드점 등에 야채, 생선, 과일과 기타 식자재 입고 시에는 식자재 내부의 오염은 거의 없으나, 외부 오염은 대부분 있는 상태이다.

1차 가공 과정, 2차 조리 과정에서 조리기구와 손에 의해 오염된 상태로 가공하기 때문에 2차, 3차 교차오염이 일어나는 경우가 대부분이므로 무방부제 식품일 경우 1~3일이면 변질 혹은 부패되므로 각 오염 과정별로 철저한 예방을 하는 방법밖에 없다.

■ 손 씻기 위생을 철저히 지킨다.

① 근무 시작 전에 씻는다.
② 화장실 사용 후에 씻는다.
③ 코를 풀거나 기침을 한 후에 씻는다.
④ 식음료 섭취 후 또는 흡연 후에 씻는다.
⑤ 몸, 얼굴, 머리 등을 만진 후에 씻는다.
⑥ 가공 안 된 날음식을 만진 후에 씻는다.
⑦ 돈 등을 만진 후에 씻는다.
⑧ 걸레질, 쓰레기통 등을 비운 후에 씻는다.

▸손이 베이거나 긁힌 상처 부위에는 밴드(Band)를 바르고 장갑을 착용한다.
▸손은 항상 비누로 씻는다.
※ 가장 좋은 방법은 식품과 손의 접촉을 최대한 줄이는 것이다.

손 씻기의 올바른 절차

■ 1단계 : 따뜻한 물에 살균비누를 사용한다.
■ 2단계 : 청결하고 위생적인 손톱 브러시(brush)로 손톱 속까지 깨끗이 닦는다.
■ 3단계 : 비누 거품을 이용하여 손 전체를 깨끗이 씻는다.
■ 4단계 : 손을 깨끗하게 헹구어 낸다.
■ 5단계 : 일회용 타월을 이용하여 닦는다.

아무리 위생관리를 완벽히 한다고 해도 오염될 수 있는 가능성은 있으므로 궁극적으로 살균제를 충분히 사용하면 상할 염려가 거의 없지만, 화학 살균제를 충분히 사용할 수 없는 조건이 많으므로 오염될 가능성을 시스템적으로 철저히 차단하면서 오염 예방에 대한 원칙을 지키는 수밖에 없다.

(5) 오염 방지 3대 원칙

식품의 변질·부패로 인한 식중독 등을 철저히 예방해야 하는 것은 두말할 필요도 없지만 식품공장, 슈퍼마켓 등 1차 식품의 간이 가공단계에서 화학 첨가제를 사용하지 않으면서도 보관 기간 연장과 부패 방지를 위한 방법은 '청결의 원칙', '온도의 원칙', '신속의 원칙'의 3대 원칙을 실천하는 수밖에 없다

첫째 : 청결의 원칙

① **신선한 식자재 사용** : 제1의 원칙이다.

② **가공수, 세척수 사용** : 오염의 절반 이상은 물이 주원인이다.
상수도에는 염소가 소량 녹아 있지만 이미 오염된 식자재를 살균시키는 것은 불가능하므로 살균 능력이 있는 물로 세척해 주어야 한다.

③ **칼, 도마, 행주 등 조리기구의 청결 유지** : 세균의 온상이다.

④ **손과 호흡 주의** : 대부분은 손에 의한 감염이다.
특히, 화농성 질환이 있거나 설사 환자는 당분간 휴무시킨다.

⑤ **바퀴, 쥐 박멸** : 살모넬라균이나 웰치(welchii)균 감염의 주원인이다.

⑥ **노출로 인한 오염 방지** : 냉각 과정 동안 실내의 부유균, 낙하균이 계속 내려앉으므로 식품은 계속 오염된다.

둘째 : 온도의 원칙

저온에 의한 세균의 증식 방지와 가열에 의한 고온 살균이 있다.

① 저온 유지

식품을 완전히 무균 상태로 만든다는 것은 통조림, 병조림 등 특수한 것을 제외하면 현실적으로 불가능하며 야채, 과일, 육류 등의 1차 식품에 다소간의

균이 잔존할 확률은 99% 이상이라고 보면 된다. 그러므로 구매, 유통, 보관, 가공 등의 전 과정에서 상온에 노출되는 시간을 최대한 줄이고 1~4℃의 냉장고에 보관하여 저온을 유지하면 대부분 단시일 내에는 식중독균의 급격한 증식은 발생하지 않는다.

② 가열 살균

저온에서는 세균의 급격한 증식은 막을 수 있지만, 사멸은 불가능하기 때문에 가열 살균을 한다. 포도상구균의 Enterotoxin은 열에 강하다지만, 식품을 10분 이상 가열하면 포도상구균에 의한 식중독도 예방할 수 있다. 그리고 살모넬라균, 장염비브리오균, 병원성 대장균 등은 가열만 충분히 하면 살균이 가능하다.(※ 130℃에서 10분간 끓여도 사멸되지 않는 균도 있다.)

셋째 : 신속의 원칙

대부분의 세균, 곰팡이는 실온(25℃) 이상에서 급격히 증식하므로 가공 및 조리가 끝난 음식은 즉시 소비시키는 것이 가장 좋다.

(6) 부패, 식중독 방지 대책

식품의 가공 단계, 가공 후 보관 등에 대한 관리를 아무리 완벽하게 한다고 해도 세균이나 곰팡이에 오염되어 변질 · 부패될 확률은 항상 있으므로, 오염 방지의 3대 원칙을 지켜야 한다.

> 식품 가공의 모든 과정에서 물을 쓰고 있으므로, 그 물을 살균력이 염소보다 7배 강한 오존수를 사용하면 부패나 식중독 사고의 가능성은 1/10로 줄일 수 있다. 실제 일본에서는 단체급식소, 식품공장, 패스트푸드, 할인점, 백화점 등 많은 곳에서 오존수를 사용하고 있다.

① 식품의 올바른 저장

식품을 저장할 때는 저장 시설의 이상적인 온도를 지켜야 한다.

〈표〉 **식품 저장의 이상적인 온도**

저장 식품	이상적 온도
건조 식품	18~24℃
냉장 식품	0~4℃
냉동 식품	−18℃ 이하

식품의 올바른 저장 절차

- Walk-in 냉동냉장고의 적정 온도가 유지되는지 확인한다.
- Walk-in 냉동냉장고 출입 횟수를 최소화하고, 절대로 문은 열어두지 않는다.
- 가장 상하기 쉬운 식품을 Walk-in 냉장고의 가장 안쪽, 온도가 가장 낮은 쪽에 저장한다.
- 공기 순환을 고려하여 식품을 저장한다.
- 날것과 조리된 것은 반드시 따로 둔다.

※ Walk-in System : 창고형 냉동냉장 시설로 구매한 모든 식자재를 1차 보관하는 대형 저장시설(사람이 직접 들어가서 작업할 수 있는 System)

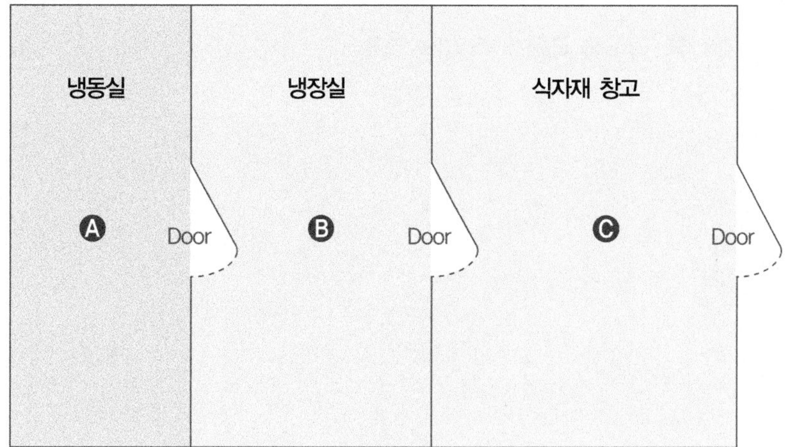

Ⓐ Walk-in **냉동실** : 구매한 식자재를 모두 보관하는 1차 냉동 공간
Ⓑ Walk-in **냉장실** : 공급된 식자재를 신선하게 보관하는 1차 냉장 공간
Ⓒ Reach-in : 냉장 공간으로 Ⓐ, Ⓑ에서 공급된 식자재 작업 공간

Walk-in System 평면도

② 식품의 올바른 해동

식품의 조리를 위하여 냉동된 식품을 해동할 때에는 올바른 해동 절차를 지켜야 한다.

식품의 올바른 해동 절차

- 육류, 해산물, 가금류의 해동에는 특별한 절차를 따라야 한다.
- 최소 이틀 전부터 계획한다.
- 대부분의 냉동품은 냉장고에서 18~48시간 동안 해동한다.
- 평소 소비량에서 10% 정도 여유 있게 해동하여 둔다.
- 예상 판매량에 따라 해동 계획을 새롭게 수립한다.
- 냉동품은 상온 또는 흐르는 물에서 반드시 해동하지 않는다.

※ 육류, 해산물, 가금류 해동의 특별한 절차

육류, 해산물, 가금류는 완전히 해동될 때까지 육류 밀봉에 쓰이는 밀폐된 플라스틱 포장 재료(plastic wrapping)에 싸두었다가 해동이 끝나면 조리된 식품의 하단에 보관한다.

③ 식품의 올바른 조리 온도 준수

식품에 따라 다르지만, 그 식품의 조리 온도를 준수하여 올바르게 조리를 한다.

〈표〉 **식품의 이상적인 조리 온도**

식 품	조리 온도
쇠고기(Rare)	55℃
쇠고기, 돼지고기(덩어리)	69℃
Sauce류	60℃
생선류	63℃
가금류	75℃

※ 한 번 가열한 식품은 다시 원재료(original batch)와 혼합하지 않는다.

2 HACCP(Hazard Analysis Critical Control Point)

1) HACCP의 의미

HACCP이란 'Hazard Analysis Critical Control Point'의 머리글자로서, 일명 '해썹'이라 부르고 있다. 식품의약품안전처에서는 이를 '식품 위해요소 중점관리 기준'으로 번역하고 있으며, HACCP은 위해 분석(HA : Hazard Analysis)과 중요관리점(CCP : Critical Control Point)으로 구성되어 있다. 'HA(Hazard Analysis)'는

위해 가능성이 있는 요소를 찾아 분석 · 평가하는 것이며, 'CCP(Critical Control Point)'는 해당 위해요소를 방지 · 제거하고 안전성을 확보하기 위하여 중점적으로 다루어야 할 관리점을 말한다. 즉, HACCP의 'HA'와 'CCP'의 2가지 핵심 요소는 '위해요소를 분석'하는 것과 '중요관리점'을 식별하는 것이다.

위해 범위

- 생물학적 인자 : 식중독균, 바이러스, 기생충 등
- 화학적 인자 : 중금속, 잔류농약, 분해산물 등
- 물리적 인자 : 인체(입, 혀, 목구멍 등)를 손상시킬 우려가 있는 이물 등

HACCP은 식품의 생산부터 제조 · 가공, 보존, 유통을 통하여 최종적으로 소비자가 섭취할 때까지 모든 단계에서 발생할 수 있는 위해 요인을 조사 · 분석하고, 위해 요인에 대한 예방 대책을 세워 계획적으로 관리 · 감시함으로써 식품의 안전성 · 건전성 확보와 동시에 양질의 식품을 확보하고자 하는 체계적인 관리 방식이다.

"HACCP"은 식품의 제조 및 조리 단계의 예방에 초점을 두고 위해요소를 분석하여 제품 하나하나의 안전성을 확보하는 방법을 말한다.

2) HACCP에 관한 내용

(1) 위해(Hazard)

소비자의 건강 장애를 일으킬 우려가 있어 허용될 수 없는 생물적 · 화학적 · 물리적 특성으로, 사람의 생명을 위협하는 위험이나 해로움을 말한다.

(2) 위해 분석(HA : Hazard Analysis)

가공식품의 원재료인 가축, 가금류, 야채, 과일류, 어패류 등에 대하여 그 발육, 생산, 어획, 채취 단계에서 시작하여 원재료의 보존, 처리, 제조, 가공, 조리를 거쳐 식품의 보존, 유통 단계를 거쳐, 최종적으로 소비자의 손에 들어올 때까지의 각 단계에서 미생물에 의해 발생할 우려가 있는 위해의 원인을 확정하고, 그 위해의 중요도(severity) 및 위험도(risk)를 평가하는 시스템이다.

(3) 중요관리점(CCP : Critical Control Point)

식품의 제조와 유통 체계에 있어 관리하지 않으면 건강 장애를 일으킬 우려가 있는 장소 및 방법을 말하며, 여기서 관리점이란, 원래 위해를 제어하는 장소를 지칭하지만, 현재 CCP는 중점적으로 감시(관리)하는 것에 추가하여 위해를 제어하는 조치와 방법 또는 공정을 전부 의미한다.

(4) HACCP의 역사

- 1960년 초 미국에서 우주 계획의 식품 개발에 처음 적용함
- 1973년 미국 FDA에 의하여 저산성 통조림 식품 제조 시 적용함
- 1989년 미국에서 HACCP의 7가지 원칙 제시함
- 1993년 FAO/WHO가 HACCP 지침을 제시. 국제적으로 사용함

HACCP은 우주 개발을 위해 '미국항공우주국(NASA)'에 Phillsbury사가 우주음식을 공급할 때, NASA의 엄격한 품질 보증 요구에 따라 최종 식품을 광범위하게 검사하고 보니, 납품할 수 있는 양이 너무 적어지므로 발상을 전환하여 사전에 식품을 취급하는 모든 과정(공정)을 체계적으로 관리하는 예방적 제도로 도입하였다.

미국에서 태동한 HACCP제도는 1989년 미국에서 HACCP의 7가지 원칙을 표준화하였으며, 1993년에는 FAO/WHO의 합동식품규격위원회(CODEX)로부터 위생관리의 방법으로, 국제적으로 HACCP제도의 도입을 추진하기 위하여 미국에서 제정한 것과 기본적으로 동일한 내용의 'HACCP 적용을 위한 지침'이 제시되었다. 세계 각국이 각각 추진하고 있거나 추진할 예정인 HACCP제도는 기본적으로 이 지침에 따른 것이다.

3) HACCP의 체계적 관리

HACCP이 생기기 전에는 식품의 안전성을 식품위생으로 관리하였다. 식품위생이란 식품으로부터 생명을 보호한다는 개념으로, 위해 식품은 사람의 생명을 해칠 수 있는 나쁜 것이라는 사고가 바탕이 되었다. 그래서 그 주된 내용이 식품이 왜, 어떻게 사람을 위해하는가에 대한 분석과 연구가 주로 이루어졌고 그 결과 무엇이 식품에서 사람을 해하는지(위해요소)를 알게 되었고, 또한 그 위해요소를 관리하는 방법을 오랜 식품 취급의 경험과 연구를 통해 축적하게 되었다.

HACCP은 전통적 식품위생의 개념에서 나아가 해당 작업장에 적합한 제도를 만들어 체계적으로 식품위생을 관리하는 것이다.

(1) HACCP의 체계

HACCP은 홀로 작동하는 시스템이 아니고, 위생관리 절차나 시설 및 선행 조건 프로그램의 적절한 제조 환경 위에서만 효과적으로 작동할 수 있다.

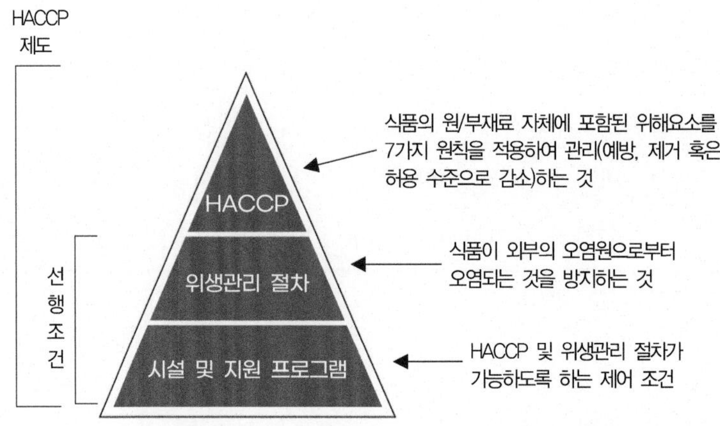

HACCP의 체계

(2) HACCP의 내용

① 위해 분석

위해 분석(hazard analysis)은 HACCP 시스템에서 무엇이 강조되어야 하는지를 결정하기 위해 식품과 관련된 잠재적인 위해를 확인하고 평가하는 과정이다.

◆위해의 분석을 위해서는 다음과 같은 요소들을 고려할 필요가 있다.

① 메뉴품목에 사용되는 성분들(Ingredients)
② 장비(Equipment) 및 처리 과정(Processes)
③ 종업원(Employees)
④ 서비스하는 고객(Customers)

② 잠재 위해 식품의 확인

식품 흐름 중의 어떤 단계에서든 부적절하게 다루었을 경우, 오염될 가능성이 있거나 해로운 미생물이 증식할 수 있는 식품을 확인하고, 그러한 식품들의 리스트를 작성한다.

위해의 분석을 수행하기 위한 핵심 단계는 다음과 같다.

〈표〉 HACCP의 7단계에 따른 계획 작성과 실천

단 계		내 용
1	위해요소 분석	생산 품목의 제조 공정도를 작성해서 품목별 원재료, 장치, 기계, 제조 공정 등에 대한 위해 분석을 실시 후 적용 가능한 조치를 고려한다. (배제가 불가능할 시 허용 한도 등도 고려한다.)
2	중요관리점(CCP) 결정	HACCP을 적용하여 식품의 위해를 제거, 방지할 수 있거나 안전성을 확보할 수 있는 단계 혹은 공정을 결정해야 한다.
3	CCP 한계기준 설정	위해요소의 관리가 한계치 설정대로 충분히 이뤄지는지 판단하기 위한 기준을 설정하는 것으로 관리 기준(specification)과 한계기준(critical limits)으로 나뉜다.
4	CCP 모니터링체계 확립	모니터링(monitoring)이란 위해요소의 관리 여부를 점검하기 위해 실시하는 관찰 측정 수단이다.
5	개선조치방법 수립	위해가 일어나기 전에 공정을 바꾸고 관리가 유지되도록 조치를 취해야 하며, 책임은 개선 조치를 한 개인에게 있다.
6	검증절차 및 방법 수립	효과적 리콜제의 실시를 위해 필요하다.
7	문서화, 기록유지방법 설정	제조업자나 관리 감독 기관의 검증이 필요하다. 서류상 기록의 재검토와 미생물, 물리적 · 화학적 검사 등이 포함된다.

(3) 중요관리점

어떠한 식품의 제조 공정에 있어서 미생물의 오염 또는 증식을 일으킬 수 있는 부분을 결정하고, 최종적으로 살균 공정이 없는 식품의 제조에서는 중요관리점이 하나하나 독립되어 있지 않으면 안 된다.

① 시설 · 설비에 의한 위생유지

식품공장의 시설 · 설비는 위생관리의 기본적인 것이 된다. 더욱 중요한 것은 시설 · 설비의 위생 유지이다. 즉, 쥐 · 곤충과 같이 유해한 미생물을 직접 전파시킬 염려가 있는 것에 대한 방제 대책이 중요하다. 또 공기가 제품의 오염원이 될 수도 있고 먼지, 묵은 도장의 벽가루, 철물의 녹가루 같은 것이 제품의 이물로써 문제가 된다. 따라서 공기 오염이나 곤충들에 의해 오염되는 것을 막으려면 다음의 그림과 같은 위생적 시설이 필요하다.

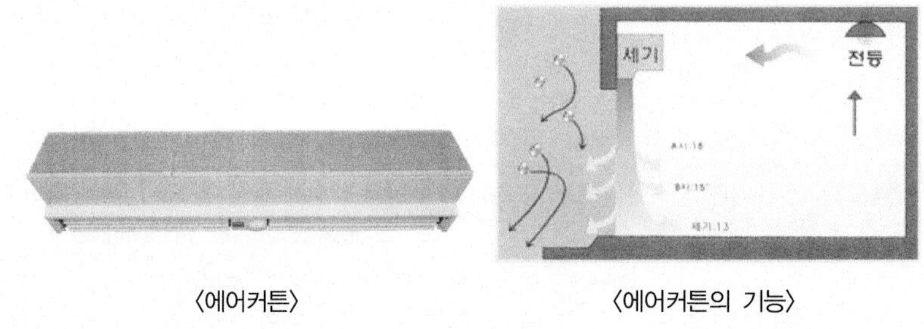

〈에어커튼〉 〈에어커튼의 기능〉

에어커튼과 그 기능

에어커튼의 효과 및 기능은 출입문을 열어 놓아도 실내의 냉 · 난방된 공기가 밖으로 나가는 것을 차단하고 실외의 공기 진입을 차단하여 냉 · 난방에 필요한 에너지의 효율을 높여준다.

※ 에어커튼 외에도 에어 자외선 살균기 등이 있다.

에어 자외선 살균기

여름철 모기, 하루살이 등 벌레의 침입을 막아주는 기능을 하며, 세균의 DNA를 파괴하여 박멸시키므로 세균 종류에 상관없이 모든 세균을 자외선 파장에 의하여 살균하는 에어 자외선 살균기도 있다.

② 용기 · 기구에 의한 위생

용기 · 기구의 불결은 식품의 미생물 오염원으로 대단히 중요하게 주의를 해야 한다. 그러므로 용기나 기구에 대한 세척, 소독에 착오가 있으면 안 되며, 또한 복잡한 구조의 기계 장치 및 표면에 흠집이 쉽게 생기는 조리대, 용기 등도 세균 증식의 온상이 된다는 것을 알아야 한다. 이와 같이 식품공장의 기계화, 근대화가 오히려 식품의 오염도를 높이는 결과가 되는 경우가 있으므로 주의가 필요하다. 바로 이런 것이 중요관리점이 되는 것은 당연하다.

③ 직원의 개인위생

청결한 피복, 깨끗한 몸가짐 및 손의 소독, 올바른 식품의 취급 습관 등은 직원 개개인의 철저한 위생관리가 미생물 오염이 적은 안전한 식품을 만드는 데 기본이 된다. 따라서 평소부터 지속적인 위생 교육 및 지도를 게을리할 수 없다.

④ 평소의 미생물 관리 체계

식품 생산 시 일상 미생물 관리 체계를 수립해야 한다. 이것은 단순한 제품 검사뿐만 아니라 사용 원료, 부원료 및 공정별 검사와 용기, 기계류의 검사도 포함된다. 또 공장별로 이들에 대한 검사 기준을 설정하고, 공정 및 제품이 각각 그 허용 기준에 맞는지 항상 조사할 필요가 있다.

4) HACCP 도입의 필요성

식중독 세균인 살모넬라균, 병원성 대장균 O-157, 리스테리아균, 캠필로박터균 등이 빈번하게 검출되고 있으며, 농약, 잔류수의약품, 항생물질, 중금속 및 화학 물질(포장재 가소제, DOP), 식물성 가수분해 단백질(MCPD, 다이옥신 등)에 의한 위해 발생이 확산되고 있기 때문에 이들 위해요소에 대한 문제 제기가 확산되고 있으며, 식품의 위생 안전성 확보에 대한 관심이 점차 확대되고 있다. 그러므로 위해요소를 효과적으로 제어할 수 있는 새로운 위생관리 기법인 HACCP을 도입하여 적용하는 것이 효과적인 방법이다.

서유럽 및 구미 등 각국에서는 이미 자국 내로 수입되는 몇몇 식품에 대하여 HACCP을 적용하도록 요구하고 있으며, 수출 경쟁력 확보를 위해서도 HACCP 도입이 절실히 요구되고 있는 실정이다.

(1) HACCP 도입에 대한 외식업계의 측면

① 자율적 위생관리 체계의 구축

기존의 정부 주도형 위생관리에서 벗어나 외식업계에서 자율적으로 위생관리를 수행할 수 있는 체계의 구축을 말한다.

② 자주적인 위생관리 시스템의 확립

외식업계에서 자율적으로 위생관리 시스템을 확립하면 위생적이고 안전한 식품의 제조가 예상되며, 위해요소를 과학적으로 규명하고 이를 효과적으로 제어함으로써 안전성이 충분히 확보된 식품의 생산이 가능해진다.

③ 위생관리 집중화 및 효율성 도모

식품 제조의 모든 단계를 광범위하게 관리하는 것이 아니라 위해가 발생될 수 있는 단계를 사전에 집중적으로 관리함으로써 위생관리 체계의 효율성 도모를 극대화시킬 수 있다.

④ 경제적 이익 도모

HACCP 적용 초기에는 시설, 설비 보완 및 집중적 관리를 위한 많은 인력과 예산이 소요되지만, 장기적으로는 관리 인원의 감축, 관리 요소의 감소 등이 기대되며 불량률, 소비자의 불만, 반품, 폐기량 등의 감소로 궁극적으로는 경제적인 이익의 도모가 가능해진다.

⑤ 회사의 이미지 제고와 신뢰성 향상

HACCP 적용 업체에서는 HACCP 적용 품목에 대한 HACCP 마크 부착과 이에 대한 광고가 가능하므로 고객으로부터 회사의 이미지와 신뢰성이 향상된다.

(2) HACCP 도입에 대한 고객의 측면

HACCP 시스템을 통하여 안전한 식품을 고객에게 제공함으로써 식품에 대한 안전성과 위생을 최대한 보장하였다고 볼 수 있으므로, 고객들이 안심하고 먹을 수 있게 된다. HACCP 마크를 통하여 안전한 식품이라는 것을 고객이 알 수 있게 되고, 고객 스스로가 판단하여 안전한 식품을 선택할 수 있게 된다.

3 안전관리

1) 안전관리의 개요

외식산업의 다양한 매장에 각종 기기들의 도입이 늘어나고 있다. 고객과 직원들의 부주의로 그 기기로 인한 사고가 발생하는 경우가 종종 있다. 사고를 유발하면 재산상, 신체상, 정신적인 피해를 입게 되고 매장의 좋은 이미지마저 떨어져 인지도가 낮아진다.

사고를 예방하려면 우선 위험 요소가 되는 것들은 제거해야 한다. 그러기 위해서는 훌륭한 안전관리와 경영 방침을 병행하여 신체적 위험 요소와 안전사고를 유발할 수 있는 요인을 제거하고, 안전관리에 따른 장치를 하고, 안전 교육 프로그램을 개발하여 직원에게 필수적으로 정규적인 안전 교육을 해야 한다. 주방에서 발생할 수 있는 각종 사고 요인을 파악하고, 조리 시 안전 수칙에 대한 주의를 기울인다면 사고 발생을 막을 수 있을 것이다. 사고와 응급 사태들은 항상 급작스럽게 일어나고 신속한 처리를 요구하므로 직원들은 업소의 안전 수칙을 통해 미리 대비해 두어야 한다.

2) 안전 수칙

홀, 주방 등에서 안전사고 예방을 위해 안전 수칙을 반드시 숙지한다.

(1) 주방 안전 수칙

〈조리작업 안전 수칙〉

① 주방에서는 뛰어다니지 않는다.
② 미끄러지기 쉬운 가죽이나 고무로 된 신발보다 딱딱한 재질로 된 바닥의 신발을 착용한다.
③ 무거운 통이나 짐을 들 때는 허리를 구부리는 것보다 쪼그리고 앉아 일어나면서 들도록 한다.
④ 뜨거운 기름이나 용기를 옮길 때에는 주위 사람들에게 알려 충돌을 방지하게 한다.
⑤ 칼은 반드시 안전함에 넣어 보관하고, 칼 위에 행주 등을 덮어 보이지 않게 하지 않는다.
⑥ 칼을 보이지 않는 곳에 두거나 물이 든 싱크대에 담가두지 않는다.
⑦ 칼이 떨어질 때에는 잡으려 하지 않는다.
⑧ 뜨거운 용기를 사용할 때에는 마른 행주를 사용한다.
⑨ 조리 작업에 편리하고 청결한 유니폼과 안전화를 착용한다.

〈주방 장비 및 기물 취급 안전 수칙〉

① 주방의 바닥은 물기를 제거해 건조한 상태를 유지하고, 기름을 떨어뜨렸을 경우에는 미끄러지지 않게 세제로 잘 닦는다.

② 각종 기계는 작동 방법과 안전 수칙을 완전히 숙지한 후에만 사용한다.

③ 적정 온도에 대한 규정이 있는 기구는 그 온도를 반드시 숙지하여 그 규정을 지킨다.

④ 각종 기기는 작동을 완전히 멈출 때까지 기기에서 조리되는 음식을 꺼내려고 하거나 만지지 않는다.

⑤ 물기가 있는 손으로 전기 장비를 만지지 않는다.

⑥ 냉장·냉동실에 들어가야 할 경우 문이 안에서도 열리는지 확인해 잠금장치의 상태를 확인한다.

⑦ 가스나 전기 오븐의 온도를 확인한다.

⑧ 가스의 밸브를 사용 전후에 꼭 확인한다.

⑨ 전기 장비는 스위치를 끈 다음에 다룬다.

⑩ 날카로운 주방기기에 손을 다치지 않도록 주의한다.

(2) 전기 및 가스 안전 수칙

〈전기·가스 사고원인〉

- **전기 안전사고의 원인** : 누전, 전열, 탄화, 과전류, 열의 축적, 정전기, 낙뢰 등에 의한 발화 및 감전
- **가스 안전사고의 원인** : 밸브 고장, 배관 고무호스의 파손, 가스 연소기 주위에서 가연성 물질 취급, 밸브를 잠그지 않는 실수, 가스 불이 조리 중 꺼진 후의 가스 누출 등

〈안전사고 예방〉

특히, 주방에서는 물을 많이 사용하기 때문에 조리사들은 물 묻은 손으로 전열 기구를 사용할 경우에 감전 등의 전기 안전사고와 가스 취급 부주의로 인한 가스 안전사고가 발생하기 쉽다. 때문에 전기설비 점검을 철저히 하고, 전기기기에 대한 위험 표식과 전기 제품에 함부로 손대지 말도록 하는 표식을 하여 감전 등의 전기 안전사고에 대한 예방책을 세운다. 또한 음식 조리 중 국물 등이 넘쳐 가스가 누출하는 등의 가스기기 취급 부주의로 인한 발화 등의 안전사고가 발생되지 않도록 전기에 대한 안전 교육과정 중에도 항상 주의를 기울이도록 하여 인명 사고와 회사에 손실이 없도록 사전에 예방을 한다.

〈전기 안전 수칙〉

① 콘센트에 플러그를 완전히 삽입하여 접촉 부분에서 열이 방생하지 않도록 한다.

② 물 묻은 손으로 전기 기구를 사용하지 않는다.

③ 스위치, 콘센트에 충격을 가하지 말고 물을 뿌리거나 튀어가지 않게 한다.

④ 한 개의 콘센트에 여러 개의 전기 기구를 사용하지 않는다.

⑤ 전기 기구 사용 후 플러그를 빼놓는다.

〈가스 안전 수칙〉

① 가스 사용 후 반드시 밸브를 잠근다.

② 도시가스는 공기보다 가볍기 때문에 가스 누출 경보기를 상단에 설치한다.

③ 도시가스는 냄새가 있어 가스가 새는 것을 쉽게 알 수 있으므로, 냄새가 나면 즉시 가스의 중간 밸브와 매인 밸브를 잠그고 가스 연소기를 점검한다.

④ LPG 가스는 공기보다 무겁기 때문에 가스 누출 경보기를 하단에 설치한다.

⑤ 가스 누출 경보가 울리면 즉시 중간 밸브와 매인 밸브를 잠그고 문을 열어 환기를 시킨다.

⑥ 가스 연소기 부근에는 불붙기 쉬운 가연성 물질을 두어서는 안 된다.

⑦ 가스 배관 호스나 밸브 등을 정기적으로 비눗물을 발라서 검사한다.

⑧ 조리 시 국물이 넘쳐 가스 불이 꺼지면 가스 누출로 이어질 수 있기 때문에 자리를 비우지 말고 지켜야 한다.

사례 "별이 셋… 휴가철 음식점 위생등급 확인하세요"

식품의약품안전처는 식품 안전정보를 제공하는 '식품안전나라' 홈페이지와 '내손안' 앱에서 휴가철 숙박시설 주변의 음식점 위생등급제 지정 업소 현황을 확인할 수 있다고 28일 밝혔다.

식품안전나라 홈페이지와 내손안 앱에서 업소명을 검색하면 위생등급 지정 여부를 확인할 수 있다.

식약처는 네이버, 배달의민족, 요기요 등 포털사이트와 배달앱에서도 위생등급 지정 업소 정보를 확인할 수 있다고 전했다.

음식점 위생등급제는 위생등급 지정을 희망하는 음식점을 대상으로 위생 수준을 평가해 점수에 따라 '매우 우수'에는 위생별 3개, '우수'에는 2개, '좋음'은 1개를 부여하는 제도다. 전국 약 2만 7천840곳의 음식점이 참여하고 있다.

식약처는 음식점 위생등급제 지정 활성화를 위해 이달부터 한국식품안전관리인증원과 함께 강원 · 제주의 리조트 내 음식점 112곳, 부산대 젊음의 거리 · 경북 포항 새록새로거리 등에 있는 음식점 295개소에 대한 위생관리 기술지원을 하고 있다고 전했다.

자료 : 연합뉴스, 2023.7.28

PART 03

외식창업

사례 1인 가구 증가에 따른 외식업 창업의 전략

배달 음식이나 간편식 선호… 오프라인보다 온라인 쇼핑 선호

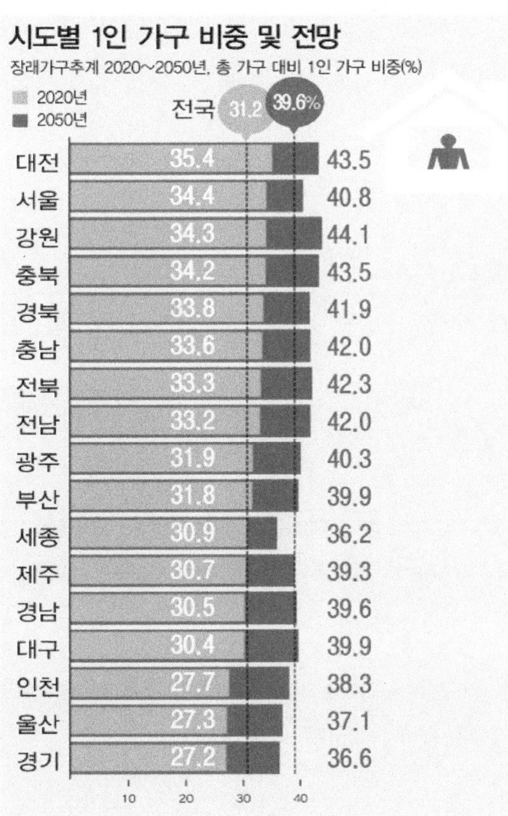

현대 사회는 급격한 변화를 겪고 있다. 그중에서도 1인 가구의 증가는 주목할 만한 사회적 현상 중 하나다.

통계청에 따르면 2000년 15.5%에 불과하던 1인 가구의 비율은 2023년 41%로 급증했다. 2인 가구까지 포함한다면 무려 65%를 차지한다. 이러한 추세는 앞으로도 계속될 것으로 추정된다.

1인 가구의 증가는 소비 패턴의 변화를 가져왔다. 혼자 식사를 하는 경우가 많기 때문에 배달 음식이나 간편식 등을 선호하며, 시간과 비용을 절약하기 위해 오프라인보다는 온라인 쇼핑을 선호하고, 음식점 방문보다는 음식 배달 서비스를 이용하는 경우가 증가하고 있다.

이러한 변화는 이미 외식 창업 시장에도 큰 영향을 미치고 있다. 1인 가구를 대상으로 한 다양한 메뉴와 서비스가 등장하고 있으며, 배달 서비스를 전문으로 하는 외식 업체도 증가하고 있고, 1인용 테이블의 배치가 증가하고 있고 바(bar) 형태의 좌석을 제공하거나, 1인용 메뉴를 제공하는 등의 맞춤형 서비스를 제공하는 외식 업체도 등장하고 있다. 그렇다면 이러한 현상들에 대응하기 위한 창업전략에 대해 알아보자.

- 1인 가구 2000년 15.5%에서 2023년 41%로 급증... 소비패턴도 변화
- 1인용 테이블 증가... 바 형태 좌석을 제공하거나 맞춤형 서비스도 등장

1인 가구는 소형 가전제품, 소포장 식품 등을 선호하며, 외식과 배달 음식을 많이 이용한다.

또한 자신의 취향과 개성을 중시하는 소비 패턴을 보인다. 1인 가구의 증가로 인해 소비 패턴이 변화하고 있는 이유는 시간과 비용을 절약하기 위함이다. 1인 가구는 혼자서 생활하기 때문에, 시간과 비용을 절약하는 것이 중요하다.

이에 따라, 1인 가구는 배달 음식이나 간편식 등을 선호한다. 또한 온라인 쇼핑을 통해 필요한 물건을 구매하는 경우가 많다.

이들은 개인의 취향과 선호도 중시한다. 그리고 자신만의 라이프스타일을 추구하는 경향이 있다. 그러므로 개인의 취향과 선호도를 중시하는 소비 패턴을 보이는 것은 어쩌면 당연한 것이다.

예를 들어, 자신이 좋아하는 음식이나 브랜드를 선호하고, 자신이 원하는 시간에 쇼핑을 하는 등의 행동을 보이는 것이 그것이다. 이들은 사회적 관계가 축소되는 경우가 많다.

혼자서 즐길 수 있는 취미나 여가 활동을 선호하고, 온라인 커뮤니티나 SNS를

통한 사회적 관계를 중시하는 경우도 흔하게 볼 수 있다.

- 외식 창업 시장 변화 중

1인 가구의 증가는 인구 구조의 변화에 따른 것이다. 인구 구조가 고령화되고, 결혼과 출산이 감소하면서 1인 가구가 자연스럽게 증가하고 있다.

이러한 가족 구조의 변화는 대가족 중심의 가족 구조가 소가족 또는 1인 또는 2인 가구 중심으로 변화하고 있다. 이에 따라 가족 간의 유대감이 약화되고, 개인주의적인 성향이 강화되고 있다.

1인 가구는 혼자서 식사를 하는 경우가 많기 때문에, 배달 음식이나 간편식 등을 선호하는 경향을 보인다. 기술의 발전으로 인해 외식산업에서도 디지털화가 이루어지고 있다.

예를 들어, 스마트폰 앱을 이용한 음식 주문과 배달 서비스가 보편화되고 있으며, 로봇 기술을 이용한 음식 조리와 서빙이 이루어지고 있다.

이들은 자신만의 라이프스타일을 추구하는 경향이 높기 때문에 외식산업에서도 개인의 취향과 선호도를 고려한 맞춤형 서비스가 더욱 중요해지고 있는 것이다. 외식산업의 경쟁이 심화되면서 차별화된 메뉴와 서비스를 제공하는 것이 중요하다. 이는 결국 생존을 위한 필수적인 선택이다.

- 외식업 창업의 주요 전략은

1인 가구의 증가로 인한 외식업 시장의 변화에 대응하기 위한 전략을 제시해본다. 먼저 1인 가구는 혼자서 식사를 하는 경우가 많기 때문에, 1인분 메뉴를 제공하는 것이 중요하다. 또 포장 및 배달 서비스를 제공하여, 1인 가구가 쉽게 음식을 구매할 수 있도록 해야 한다.

두 번째는 소규모로 매장을 운영하는 것도 전략이다. 1인 가구는 대형 매장보다는 소규모 매장을 선호한다. 또 키오스크를 도입하여, 고객이 직접 주문을 할 수 있도록 하고, 셀프서비스를 제공하여, 고객이 직접 음식을 가져다 먹을 수 있도록 하는 것이 좋다.

세 번째는 SNS를 활용하는 것이다. 1인 가구는 SNS를 통해 정보를 수집하고, 소통하는 것을 좋아한다. 따라서 SNS를 활용하여, 고객들에게 다양한 정보를 제공하고, 이벤트나 프로모션을 진행하는 것이 좋다.

네 번째는 1인 가구를 대상으로 한 이벤트 및 프로모션을 진행해야 한다. 1인 가구는 자신의 취향과 개성을 중시하는 소비 패턴을 보이기 때문에, 1인 가구를 대상으로 한 이벤트나 프로모션을 진행하는 것이 매우 중요하다. 또 할인 쿠폰이나 적립금 등을 제공하여, 고객들의 만족도를 높이는 것이 필요하다.

다섯 번째는 메뉴를 다양화하는 것이다. 1인 가구는 다양한 음식을 선호하기 때문에, 메뉴를 다양화하는 것이 중요하다. 또 계절이나 유행에 따라 메뉴를 변경하여, 고객들의 입맛을 사로잡아야 한다.

여섯 번째는 위생관리를 강화하는 것이다. 1인 가구는 위생에 민감하기 때문에 위생관리를 강화하는 것이 중요하다.

또한 식재료의 원산지와 유통기한을 철저히 관리하고, 주방과 매장의 청결을 유지해야 한다. 마지막은 고객 서비스를 강화해야 한다.

1인 가구는 고객 서비스에 민감하기 때문에, 고객 서비스를 강화하는 것 또한 필요하다. 또 고객의 의견을 적극적으로 수렴하고, 고객의 요구에 맞게 서비스를 제공해야 한다.

이러한 전략을 통해 1인 가구의 증가로 인한 외식업 시장의 변화에 적절히 대응하고, 성공적인 창업을 진행할 수 있을 것이다. "고통을 거치지 않고 얻은 승리는 영광이 아니다"는 나폴레옹의 충고를 기억하자. 암울한 상황이 이어지고 있는 외식시장 어느 구석에서는 자신만의 무기로 본인의 시장을 넓혀가고 있는 사람은 분명히 존재한다.

자료 : 일요서울, 2024.2.19

11
CHAPTER

창업

1 창업의 개념

창업은 새로운 사업을 시작하는 것을 말하며, 하나의 기업을 새롭게 창조하는 일이다. 인적 자원과 물적 자원을 적절히 결합하여 미리 설정된 기업 목적을 달성하기 위하여 재화와 서비스를 조달하고 생산, 판매하거나 그에 부수된 활동을 수행하는 것을 창업이라고도 한다.

재화나 서비스를 생산하거나 제공함으로써 부가가치를 창출하려는 경영 활동을 목적으로 기업조직을 설립하는 것은 새로운 경영 활동을 수행하기 위해 다각화하거나 변신하는 것이다. 따라서 개인적 입장에서는 기존에 있는 사업체를 인수하든 새롭게 시작하든 모두 창업이며, 상품, 서비스, 자금에 상관없이 모두 창업으로 볼 수 있다.

창업은 사업 아이디어를 가지고 사업 목표를 세우고, 자본, 인원, 설비 등 경영 자원을 확보한 후, 제품 생산 및 용역을 제공하는 기업을 새로이 설립하는 것이다. 외식산업 창업을 할 때 흔히 사업의 운영에 필요한 자격 요건을 갖춘 사람을 고용하고 창업자는 관리자 내지 경리의 역할에만 한정하는 경우가 많은데 이는 바람직하지 않다. 왜냐하면 창업자 자신이 업무에 정통하여 전체 흐름을 주도하면서 새로운 아이디어와 방향 제시로 사업을 이끌어 가야만 성공 가능성이 높아지기 때문이다.

2 창업의 요소

외식산업 창업을 위해서는 다양한 요소들이 요구된다. 서비스, 사업 장소, 직원 등과 같은 많은 요소들이 있는데, 그중에서도 핵심적인 세 가지 요소는 창업자, 사업 아이디어, 창업자금이다.

1) 창업자

창업자는 창업 아이디어, 사업성 분석, 사업 계획 수립 등을 주도하고 책임지는 주체이다. 창업자는 창업 계획을 세우고 성공적인 기업으로 발전되도록 하는 책임을 맡게 되며, 전문 지식과 실무 경험 능력이 갖추어져야 하고, 급변하는 환경에 적응하기 위해서는 유연한 사고를 지녀야 한다.

창업자의 경영 능력, 가치관 등은 창업 기업의 성패와 효율에 영향을 주기 때문에 창업자는 매우 중요하다. 창업자라 함은 경영 주체인 창업자 외에도 기업 조직의 인적 자원 모두를 말한다.

스타벅스 하워드 슐츠

2) 사업 아이디어

사업 아이디어는 창업자가 사업을 추진하는 도구이고, 어떤 재화로 사업을 구성해 나가는지에 대한 사업 동기를 말하는 것으로, 구체적인 사업 아이디어는 창업에 있어 매우 중요하다.

3) 창업자금

창업 아이디어를 바탕으로 구체적인 사업 계획을 수립하게 될 때, 사업 추진에 요구되는 자본을 말하며, 창업자금은 건물(장소), 식자재, 기술 등을 말한다.

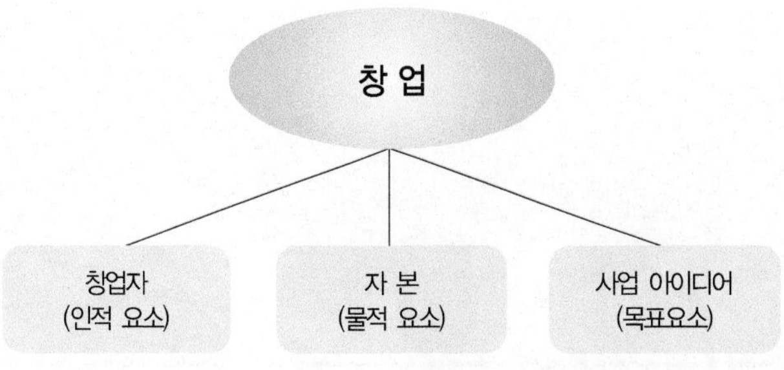

창업=창업자(인적 요소)+자본(물적 요소)+사업 아이디어(목표요소)

창업의 3요소

4) 인적 자원

인적 자원은 창업자의 목적과 사업 아이디어를 구체적으로 실행해야 하는 인적 요소를 말하며, 기업은 결국 사람이 움직여야 하므로 인재를 적재적소에 배치하는 것은 경영성과 실현에 매우 중요한 과제이다.

3 창업절차

창업은 여러 가지 요소를 사업 운영이 가능한 형태로 결합하는 것으로 창업자는 자기가 창업하기에 적합한가를 판단하고, 사업 목적과 사업 아이디어를 검토하고, 자본을 투자하여 인적·물적 자원을 조직화하는 등 다양한 과정을 거치게 되는데, 일반적으로 외식업 창업의 과정은 다음과 같다.

1) 창업의 예비 분석

예비 창업자는 먼저 자신의 창업 자질 및 적성 등을 파악하여 자신이 가진 자원이 창업하기에 충분한지 또는 창업 시기는 적당한지를 분석하여야 한다.

2) 사업 목적의 명확성

창업자는 사업의 운영 방향을 명확히 하여야 하며, 사업 목적이 단순히 이윤 극대화에만 있지 않아야 한다. 이는 여러 목적이 동시에 추구되거나 이윤이 수단화하는 경우도 있기 때문이다.

3) 시장 조사

창업하고자 하는 아이템의 시장 규모와 생산에서 기술적 문제와 입지 조건, 인력 수급 문제 등과 소요 자금의 규모와 조달 가능성에 대해 조사를 하여야 한다.

4) 점포 콘셉트(Concept) 설정

상권의 입지 조사를 통해 얻어진 정보를 이용해서 그 지역에 잘 맞는 업종·업태를 선정하여 메뉴와 서비스 방법, 인테리어 등을 고객 타깃에 맞추어 독특한 점포로 개발한다.

5) 사업계획서 작성

사업계획서는 사업의 내용, 경영 방침, 기술 문제, 시장성, 수익성, 소요 자금의 조달 및 운영 계획, 인력 문제 등을 일목요연하게 정리한 일체의 서류로서 창업자의 얼굴인 동시에 신용을 나타내는 사업에 대한 설계서이다.

6) 사업 전개

외식사업의 전개를 위하여 다음 그림의 창업 Flow Chart를 살펴보자.

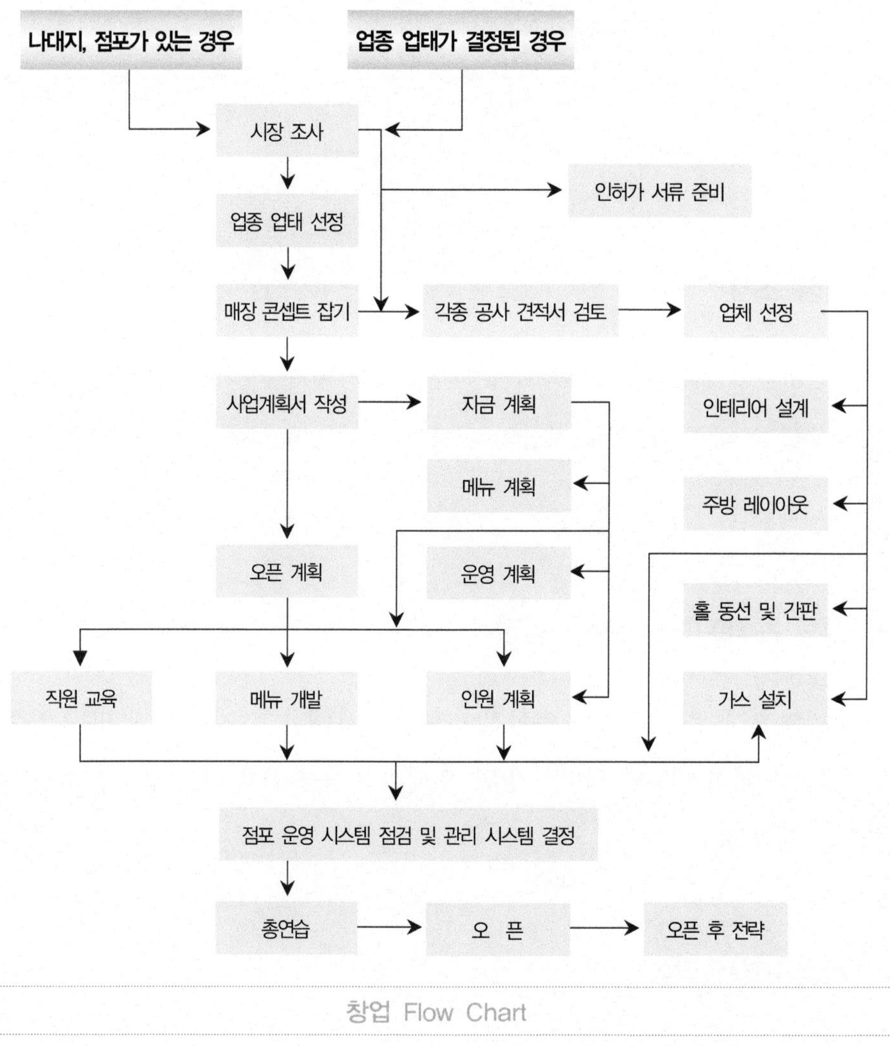

창업 Flow Chart

외식사업은 창업만 하면 되는 것이 아니다. 점포를 개설하고 나면 고객이 만족할 수 있는 메뉴로 구성하여 재구매할 수 있도록 판매 촉진, 마케팅 등 매장을 효율적으로 관리해야 한다.

■ Concept 설정 Flow Chart

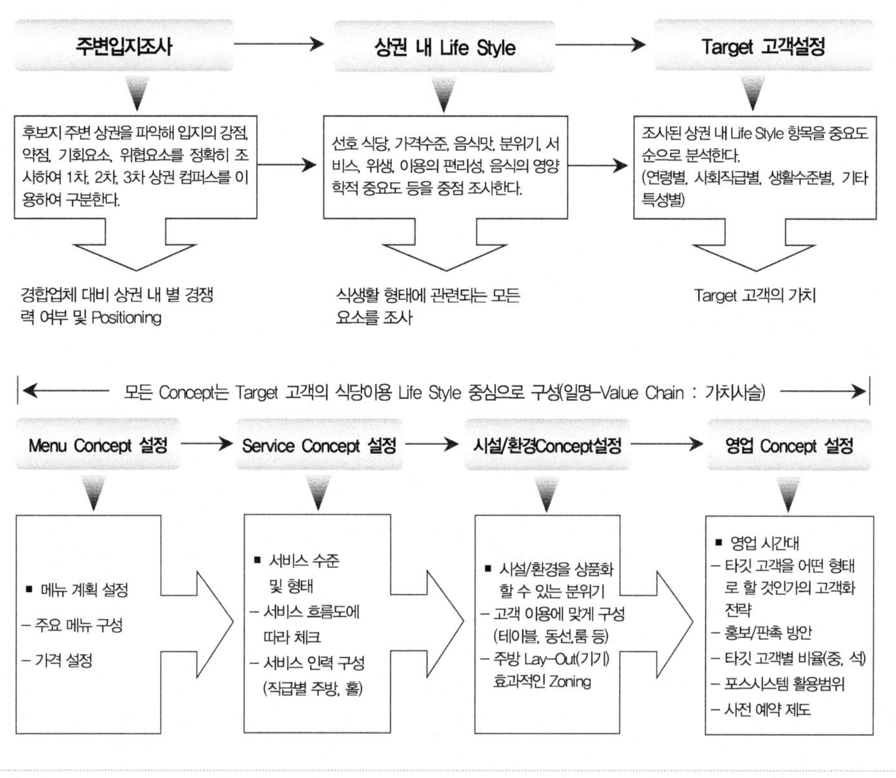

외식사업 창업 및 점포 콘셉트 Flow Chart

4 창업의 형태

1) 독자 창업

한 개인의 책임하에 조달된 자본만으로 이루어지는 창업으로 규모와 상관없이 창업자 한 사람이 전적인 권리를 행사하고 책임도 지는 형태이다.

장 점 : 의사결정이 빠르고 추진력이 강하며, 소신대로 운영할 수 있다.
단 점 : 독선에 빠지기 쉽고, 자금 조달이 어려우며, 창업자의 유고시 대체할 인물이 없다.

2) 공동 창업

가족, 친구, 선후배, 거래 관계자, 투자자 또는 창업투자회사 등 두 명 이상이 공동 투자하는 창업으로 인간적 요소로 강하게 결합한 동업 형태이다.

장 점 : 자본 조달이 용이하며, 독선적 경영에 대한 견제와 균형이 가능하며, 대표자 유고시 즉각 대처할 수 있다.
단 점 : 책임을 회피하거나 전가할 수 있으며, 소신 있는 업무 추진이 어렵고, 의사결정이 늦어지거나 불화의 가능성이 높다.

3) 벤처 창업

창업자와 벤처 자본가가 창업자의 준비된 사업계획서를 통해 만나는 자본적 결합으로 사전에 유대 관계가 없었던 기술과 자본이 만날 수 있는 형태를 말한다.

※ 최근에는 기술만 있으면 자금은 얼마든지 유치할 수 있다.

장 점 : 자금 조달이 유리하고 금리 부담이 적다.
단 점 : 자본가들의 권리 확보에 양보가 없고, 잘못된 경우 인간적 타협이 어렵다.

4) 분가 창업

Spin-off 창업이라고도 하며, 회사의 한 사업 부서를 독립시켜 직원에게 사업자등록증까지 내주는 창업을 말한다.

장 점 : 창업자금이 거의 안 들고 경비가 절약되며, 경쟁력이 높다.
단 점 : 경영의 자율성이 떨어지고 본사에 대한 의존도가 높다.

5) 사내 창업

관리 체제는 그대로 있으면서 영업 분야만 분리하여 독립채산제와는 달리 별도의 조직을 만들어 특수한 분야의 사업을 추진하는 창업을 말한다.

장 점 : 선진국에서 많이 이용하는 사업의 선두주자 역할을 한다.
단 점 : 기존 회사의 사업등록증을 이용하므로 자율성이 적다.

사례 프랜차이즈 가맹점 30만 개, 종사자 100만 명 첫 돌파

지난 10월 31일 서울 강남구 코엑스에서 열린 IFS 프랜차이즈 창업 · 산업 박람회를 찾은 시민들이 참가 부스를 둘러보고 있다./연합뉴스

지난해 편의점 3사나 치킨집 '빅3' 등 프랜차이즈 가맹점 수가 30만 개를 돌파하며, 이 점포들에서 일하는 종사자 수도 100만 명을 넘어선 것으로 나타났다. 유명 프랜차이즈 브랜드를 내걸고 장사를 시작하는 이들이 갈수록 늘어나고 있는 영향으로 풀이된다.

24일 통계청이 발표한 '2023년 프랜차이즈 조사 결과'에 따르면, 지난해 기준 프랜차이즈 가맹점 수는 30만 1327개로 1년 전보다 5.2% 늘었다. 지난 2013년 관련 통계 작성 이래 처음으로 30만 개를 넘어섰다. 편의점이 5만 4823개로 가장 많았고, 한식당(5만 128개), 카페(커피 · 비알코올음료, 3만 2238개)가 그 뒤를 이었다. 지역별로는 경기에 가맹점이 8만 493개 위치하며 가장 많았고, 서울(5만 424개)이 그 뒤를 이었다. 여기에 인천(1만 7380개)까지 합한 수도권 가맹점 수가 14만 8297개로 전체의 49.2%에 달했다.

지난해 프랜차이즈 가맹점 전체의 종사자 수는 101만 2452명으로 1년 전보다 7.4% 늘었다. 프랜차이즈 종사자 수가 100만 명을 넘어선 것도 작년이 처음이다. 여기엔 가맹점주 본인을 비롯해 가맹점주와 함께 일하는 가족, 아르바이트생 등이 모두 포함된다.

지난해 프랜차이즈 가맹점의 전체 매출액은 108조 7540억 원으로 1년 전(100조 3240억 원)에 이어 2년 연속으로 100조 원을 넘어섰다. 가맹점 한 곳당 매출액은 3억 6092만 원으로 1년 전보다 3% 증가했다.

다만 업종별로 희비는 극명하게 갈렸다. 문구점의 경우 가맹점 한 곳당 매출은 평균 3억 4700만 원으로 1년 전보다 16.7% 급감했고, 제과점도 2% 감소했다. 반면 호프집(생맥주 · 기타주점)은 2억 5700만 원으로 1년 전보다 14.1% 늘었고, 가정용 세탁소도 11.7% 증가했다. 온라인 구매가 늘어난 문구점과 제과점 등은 매출이 부진했지만, 코로나 엔데믹(풍토병화) 이후 외부 활동이 늘어난 여파로 호프집과 세탁소는 일부 활기를 띤 것으로 풀이된다.

자료 : 조선일보, 2024.12.24

사례 '흑백요리사' 손님 2.4배 뛰었지만, 주변 골목상권 낙수효과는 없었다

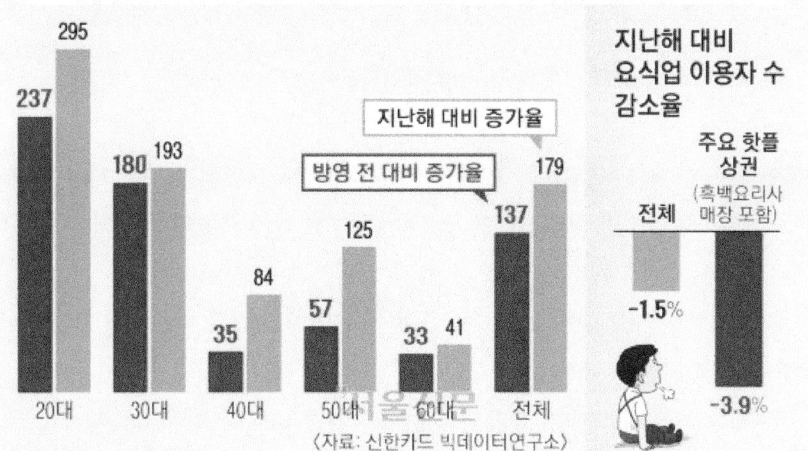

넷플릭스 요리 서바이벌 프로그램 '흑백요리사' 열풍에 등장 식당들을 찾는 발걸음은 2배 이상 급증했지만 주변 상권으로 열기가 퍼져 나가지는 못한 것으로

나타났다. 고물가로 지갑이 얇아진 데다 애플리케이션(앱) 예약이 보편화되면서 현장에서 대기하며 주변 가게들을 둘러보는 일이 현저히 줄어들었기 때문으로 보인다.

31일 서울신문이 신한카드 빅데이터연구소와 함께 '흑백요리사'에 등장한 음식점 27곳의 이용 고객 수를 분석해 보니 프로그램 방영 직전인 지난달 1~14일과 비교해 방영 후인 이달 9~22일 2주 동안 출연자들이 운영하는 식당 이용자 수가 2.4배(137%) 늘어난 것으로 집계됐다. 지난해 10월 9~22일과 비교하면 약 2.8배(179%) 늘어난 수치다.

그러나 '흑백요리사'의 폭발적인 인기가 주변 골목 상권에까지 미치지는 못했다. 서울 내 주요 상권 20곳의 요식업과 편의점 업종 이용자 수를 분석해 보니 '흑백요리사' 운영 매장 입지 여부와 이용자 수 사이의 상관관계는 보이지 않았다. 오히려 경기 불황으로 지난해 대비 주요 상권 이용자 수는 3.9% 줄었다.

신한카드 연구소는 "매장이 여러 상권에 흩어져 있고, 줄을 서서 기다리던 과거와 달리 예약 플랫폼을 이용하다 보니 예약자들만 방문하게 되면서 ('흑백요리사' 식당 여부가) 상권에 미치는 영향이 크지 않은 것으로 추정된다"고 분석했다.

방영 직후 '파인다이닝' 식당에 대한 관심은 높아졌지만 역시 고물가를 이기진 못했다. 파인다이닝(호텔을 제외한 국내 미쉐린가이드 1스타 이상 식당 22곳) 식당 이용 고객은 방영 후 39.7% 늘었다. 하지만 지난해 같은 기간과 비교하면 이용 고객은 9.5% 줄어든 것으로 나타났다.

최고급 식당을 뜻하는 파인다이닝은 코로나19 팬데믹 당시 해외여행 대신 소비력이 몰려 20대를 중심으로 인기를 끌었다. 그러다 지난해 말부터 시작된 고물가에 발길이 끊겼지만 프로그램에 참가한 '백수저' 요리사들이 운영하는 파인다이닝 식당을 중심으로 다시 열풍이 불고 있다.

세대별로 보면 상대적으로 소비력이 높은 40대와 60대의 이용률은 각각 6.9%, 33.3% 증가했지만 20대는 26.7% 감소했다.

연구소는 "고물가와 경기 불황의 영향으로 지난해 대비 올해 미쉐린가이드 식당 이용 고객 수는 감소했으나 '흑백요리사' 방영 전후를 비교하면 관심이 증가하는 양상을 보인다"고 설명했다.

자료 : 서울신문, 2024.10.31

CHAPTER

상권분석 및 입지 선정

1 상권분석

1) 상권의 의의

창업자는 자신이 선정한 업종에 맞는 상권을 설정해야 하는데, 그 상권은 특정 상품이나 서비스를 구매할 의사가 있는 잠재 고객을 끌어들이는 흡인력이 있는 경쟁 업소가 위치한 지리적 영역이다.

상권은 대지나 점포가 미치는 영향권으로써의 거래의 범위를 말하는 것이며, 인위적으로 형성되는 것이 아니라 자연적으로 형성되는 것이다. 상권은 소비자의 생활권과 사업자의 활동권이 직·간접적으로 중층화되어 형성된 공간이라고 할 수 있다.

- 상권 내의 업종·업태별 분포 현황을 파악함으로써 장·단점 분석과 위험 요인을 극복할 수 있고, 기회요인을 최대한 활용할 수 있는가 등의 경쟁력을 분석하고 점포가 확보할 상권의 범위도 파악해야 한다.
- 자기 점포의 상권을 실제로 파악하는 것은 상권분석에서 매우 중요한 요소이다.

※ 상권은 점(point), 선(line), 면(space), 흐름(flow)의 4요소로 구성된다고 한다.

〈표〉 상권의 4요소

점 (point)	시장의 지리적 거점으로써의 점포, 시설로서의 중심을 의미한다.
선 (line)	지역 간의 의존 관계 내지 기능의 상호 의존성을 나타내는 흡인력을 말한다.
면 (space)	시장의 지역적 범위로써 이는 곧 중심지에 의한 흡인력이 작용하는 범위를 말한다.
흐름 (flow)	시장에서 동태적으로 수행되는 마케팅 활동을 의미한다.

상권이란 판매공간, 소비자의 생활공간, 점포의 존재 거점과 같은 3요소로 파악할 수 있으며, 이때 점포의 존재 거점이 되는 점(point)이 바로 소매입지(retail location)이다. 결국, 소매입지 선정이란 상권이 갖는 점(point), 선(line), 면(space), 흐름(flow)의 4요소 가운데 선(line), 면(space), 흐름(flow)의 3요소가 최적화되는 점(point)에 대한 결정이라 할 수 있겠다. 따라서 점포의 존재 거점이 되는 점(point)이 바로 소매입지(retail location)이다.

〈표〉 상권의 영향요인

구분		요인	
외부적 요인	정상적 요인	• 산업구성 • 지역개발계획 • 지역문화와 가치관	• 도시의 성격과 위치 • 관공서, 그 외의 시설 • 라이프스타일과 소비행태
	정량적 요인	• 지리적 조건 • 인구, 세대수, 인구밀도 • 지역별 상업통계	• 소득과 소비수준 • 교통조건
내부적 요인	환경적 요인	• 상업집적 규모, 성격, 성장성 • 레스토랑의 수 • 주차시설 등의 부대시설 • 고객흡인시설	• 업종 및 업태의 구성 • 레스토랑 구조와 규모 • 외관과 인테리어
	경영적 요인	• 제품 · 서비스의 특성 • 고객충성도 • 판매사업과 판매촉진활동	• 매출액 • 고객층 • 경쟁상황

2) 상권분석

상권분석은 점포의 영향권 범위를 개별적인 요소나 성질로 나누어 파악하는 것을 말한다.

① 먼저 지도를 구입해서 1차 상권, 2차 상권의 범위를 확정한다.

② 기존의 점포인 경우 원으로 그려, 한눈에 파악할 수 있도록 한다.

상권은 아파트 단지, 쇼핑센터, 사무실 등 배후 인구수와 상권 내의 업종 구성을 통해서 도움을 줄 수 있는 업소와 경쟁 업소의 상황을 체크할 수 있다.

③ 주소와 아울러 지역별 고객의 내점 빈도, 일정 지역 내 고객의 평균 구매액, 지불 방식 등을 파악한다.

④ 고객 동향 조사를 위해 인구수, 연령, 성별, 직업 분포, 주거 형태, 경제수준, 유동인구, 외식 빈도, 교육수준 등을 파악한다.

〈표〉 **외식산업 상권의 특징**

- 영업범위에 거리적 한계가 있음
- 업종 · 업태에 따라 상권이 다르게 나타남
- 대규모, 편리한 교통, 중심상가 입지 ⇒ 상권 넓어짐
- 높은 객단가 ⇒ 고객의 이용빈도가 낮음 ⇒ 경쟁자 적음 ⇒ 상권 넓어짐
- 낮은 객단가 ⇒ 고객의 이용빈도가 높음 ⇒ 경쟁자 많음 ⇒ 상권 좁아짐
- 강한 브랜드력, 개성이 강한 상품 판매 ⇒ 상권 넓어짐
- 상품의 다양성 · 서비스 · 분위기 등의 고객유인 장점 ⇒ 상권 넓어짐

2 입지 선정

1) 입지의 의의

입지란 점포라는 물리적인 시설이 자리 잡게 될 일정한 공간적 단위로 점포가 자리 잡게 되는 지역을 말하며, 또한 경영 활동의 정착지로 가장 장기적인 투자의 성격을 가지며, 일단 결정하면 입지 변경을 쉽사리 할 수 없을 뿐 아니라 또 다른 입지 확보를 위해서는 많은 자본이 투하되므로 바꾼다는 것은 용이하지 않다. 그러므로 입지 선정은 의사결정자가 결정해야 하는 가장 중요한 의사 결정일 것이다.

좋은 입지는 고객이 신속하게 접근이 가능하고 이동 시에도 눈에 잘 띄는 곳을 말하며, 입지에 있어서 사소한 차이라도 시장 점유율과 수익성에 현저한 영향을 미칠 수 있다. 그러므로 외식사업에서 입지 선정은 매우 중요하기 때문에 체계적인 전략이 필요하다. 또한, 사업의 성공에 있어서 가장 중요한 요소로 사업의 성패와 영업시간의 결정이 일반적으로 그 매장의 입지에 달려 있다. '첫째도 입지, 둘째도 입지, 셋째도 입지'라는 말이 있는 것처럼 입지는 사업의 번성에 필수조건인 것이다. 그러므로 입지를 명확히 분석하여 입지에 적합한 업종·업태를 결정하고, 그 타당성을 잘 검토해야 한다.

매장이 위치한 장소에 적합한 메뉴, 서비스, 업소 분위기를 파악하여야 한다. 그리고 경쟁 업소와 아파트 단지, 집중거리, 교통수단 등 다양한 사항을 고려해야 하며, 경쟁력 있는 업소가 되기 위해서는 매장 주변의 변화를 잘 파악하고 받아들일 수 있는 자세가 필요하다. 입지는 업종별 특성을 감안하되 수익성을 고려하여 선정하며, 매장이 가지고 있는 특성에 따라 그 위치도 달라진다.

[입지 선정 시 고려해야 할 요소]

- 입지의 편리성
- 경쟁 관계
- 교통 및 도로 사정
- 인구
- 인구 특성 및 인구 변화 추세
- 부지 및 건축 비용(또는 임대비용)
- 통신 서비스
- 확장 가능성
- 법적인 규제 및 인력 조달과 인건비 등

또한, 입지를 선정하려고 할 때에는 주민과 기존 소매점의 특징과 관련되어 있는 대체적인 상권을 평가해야 하며, 그 상권 내 어떤 유형의 입지에 출점할 것인지를 결정한다. 특정 입지 유형을 고려해야 하며, 선정하려고 하는 특정 입지 유형 내의 입지(site)를 선택하는 것이 효과적일 것이다.

2) 입지 선정 시 고려요인

입지 선정은 매장을 운영하기 위한 장소를 선택하는 것이다. 입지 조건을 판단하기 위해서는 먼저 상권을 파악하는 것으로, 이는 입지 선정에 있어 상권의 정확한 설정 또는 추정은 해당 매장에 대한 주 고객 대상을 정확히 파악하고 잠재 수요를 예측하기 위해서다.

입지의 효력은 장소의 위치적인 특성에서 유발되는 고객 유인능력으로 외식사업과 같은 소매 업종에 있어서는 이러한 입지의 효력이 매우 중요한 성공 요소이다. 여타 소매업처럼 외식사업에서도 입지는 사업 성패의 반 이상을 좌우하는 중요한 요인이 된다. 반면 교통 사정, 도로 계획, 인구 이동 및 경쟁 업소의 신규 진출 등에 의해 그 조건이 계속 변할 수 있다. 그러므로 입지의 모든 조건과 요인을 다음 입지 조건의 요인을 살펴보고 잘 파악해야 한다.

입지 선정 시 고려해야 할 요인

- **입지 조건 요인** : 주거지역, 주변 사무실 상황, 상업지구, 교육시설 상황, 주요 판매 시장, 지역을 연결하는 도로 상황 및 폭, 산업 활동 상황, 쇼핑센터 등이 이에 속한다.
- **도로 이용거리 요인** : 폭, 포장 상태, 도로 커브 상태, 보도, 조명, 경사도 등
- **입지 도로 측정 요인** : 도로의 길이, 폭, 전체 지역, 주차장 이용성 등이 있다.
- **토지 이용 상황 요인** : 현재의 토지 이용 상황, 변경 가능한 토지 이용의 변화, 건축 높이 제한 규정, 주차 한계 및 제한, 주변 건축물과의 관련성, 광고 간판의 제약 조건 등이 있다.
- **지역 개발 상황 요인** : 인구의 형태, 향후 성장 패턴, 주변 지역의 개발 상황, 잠재 노동력 전망, 향후 개발 계획 등이 있다.
- **유사 경쟁업체 요인** : 음식점 수, 시설과 메뉴의 유형, 평균 매출, 경쟁의 형태가 이에 속한다.
- **주변 시각성 요인** : 장애물의 위치, 광고 간판의 시각성, 위치에 영향을 미치는 시각성 등을 고려하여야 한다.
- **공공 서비스 시설 요인** : 관공서의 위치 및 거리, 경찰서, 소방서, 쓰레기 처리 시설 장소의 거리, 치안을 위한 보호 거리 등이 고려되어야 할 사항이다.
- **지역의 인구 통계적 변수 요인** : 나이, 직업, 종교, 인종, 가족 규모, 교육 수준, 평균 소득 등이 고려 요인이며, 주요 접근로의 시각성과 접근성, 레스토랑을 지나가는 잠재 고객들의 수, 주요 잠재 시장으로부터의 거리, 주위 환경과의 조화 등이 입지 선정 시 고려해야 할 입지 조건 요인이다.

3) 입지 유형과 형태별 분류

(1) 입지 유형

입지를 유형별로 도심(다운타운)형, 시가지형, 도시 근교형, 야외 드라이브형의 4종류로 분류하였다.

도심(다운타운)형

- 도심(다운타운)형은 그 지방의 중핵 도시를 중심으로 쇼핑을 비롯하여 상권의 흐름이 이 상권을 중심으로 모여 분산된다. 당연히 다양한 고객층을 가지고 있고, 많은 유동 인구로 대부분 시간 제약을 적게 받는 손님 층이 많다.
- 서비스업이 활성화되어 있고 비즈니스 관계의 오피스도 있으며, 병원 및 학교, 서비스 관련 회사도 많은 등 일반적인 패턴이 이루어져 낮과 밤의 인구 이동이 아주 높다.

시가지형

- 시가지형은 아파트, 일반 주택가 및 오피스가의 혼합형이다.
- 교외로 나가는 간선도로를 따라 그 뒤편에는 주택이나 아파트가 늘어서 있는 패턴으로 10~20년 전에는 구 주택가였는데 거리의 발전·확대에 따라 도로가 늘어나고 그 양측으로 오피스가 생긴 거리이다.

도시 근교형

- 도시 근교형은 분당이나 일산, 평촌과 같은 신도시처럼 그 규모나 밀도에 있어서 고객을 아주 많이 모을 수 있는 지역이다.
- 지방의 경우 공업단지나 도매단지, 그중에는 대형 교외 쇼핑센터가 입지하는 경우도 있는데 이와 같은 특수한 경우를 제외하고, 이런 입지에서는 일요일이나 휴일에 고객이 집중되는 경우가 많다.

야외 드라이브형

- 야외 드라이브형은 간선도로를 따라 생기는 드라이브의 입지를 말한다.
- 도로형이라고도 할 수 있으며, 최근에는 간선도로변에 관광지, 리조트 입지도 생겨나는 등으로 이를 드라이브형이라고 한다.

〈표〉 입지의 기본 유형

구분	도심형(번화가)	시가지형	도시 근교형	야외 드라이브형
성격 분류	• 역전형 • 번화가형 • 시장형 • 비즈니스형 • 기타	• 구 주택지형 • 이웃 상점형 • 간선도로형 • 생활 도로형 • 기타	• 신흥 주택형 • 신흥 단지형 • 공업 단지형 • 간선도로형 • 생활 도로형 • 교외형	• 휴식지형 • 관광지형 • 기타
특징	• 구 도시에서 가장 많은 사람이 모임 • 인구 규모와 격차가 심함 • 낮, 밤의 인구 흐름이 많음 • 전철, 버스, 도보 이동이 주체	• 80~90년대 주택 형성 지구 • 고령이나 독신이 많고, 연령별 격차가 큼 • 도보, 자전거, 오토바이의 이동이 많음	• 80~90년대 아파트 형성 지구 • 30대의 뉴 패밀리가 많음 • 핵가족화가 높고, 외식 비율이 높음 • 주로 자동차로 이동	• 자동차 생활의 일반화로 휴양지 등이 형성
상권 규모	• 광역, 지역형 상권 형성 • 10만 명 이상 • 1~10km	• 지역, 이웃형 상권을 형성 • 5만 명 전후 • 1~3km	• 지역, 이웃형 상권을 형성 • 5~10만 명	• 거리, 도로형 • 1천~5만 명 • 5~20km

(2) 형태별 분류

입지를 형태에 따라 분류하면 다음 표와 같이 11가지로 나눌 수 있다.

〈표〉 형태별 분류와 특징

입지 형태	특 징
주거형	• 주거를 목적으로 형성된 지역 • 특히 대형 아파트 단지 • 패밀리 레스토랑, 배달 전문업종 등이 유망업종
역세권형	• 역을 중심으로 형성된 지역 • 젊은 층이나 샐러리맨을 상대로 한 패스트푸드형 외식업 개발 유망
버스터미널형	• 시외버스, 고속버스, 버스정류장 등의 터미널 지역 • 유동 인구가 많은 이동 중심지 • 패스트푸드형 음식점, 간이음식점, 식료품점이 유망업종
도심 번화가형	• 유행성 점포가 밀집된 지역으로 쇼핑이나 만남을 목적으로 고객들이 모여드는 입지 • 유행에 민감, 집객력이 시설 형태에 따라 철새처럼 이동하는 경향 • 젊은 층을 겨냥한 패스트푸드, 커피 전문점 등 퀵서비스가 가능한 외식업소가 적당 • 임대료가 비싸고 권리금이 높기 때문에 객석 회전율을 높이지 않으면 사업성이 없음
오피스형	• 사무실 밀집지역 • 점심이나 아침식사를 타깃으로 구성 • 일반적으로 대중음식점이 유리, 전문음식점이 유리 • 디너스타일의 레스토랑이라면 차별화된 최고급 레스토랑이 적합
근린형	• 패밀리 레스토랑과 한국식 전문 음식점이 유리
유원지형	• 유원지 형태의 지역 • 휴일이나 공휴일에 집객력이 높은 지역 • 전문 음식점이나 차량용품 판매, 주유소 등 복합점포 적합
학교 · 학원가형	• 학교나 학원 주변의 입지 • 커피숍, 패스트푸드형 점포, 피자, 스파게티 등의 점포 유망
유흥가형	• 유흥가가 밀집된 지역 • 심야 영업 점포나 해독을 위한 음식점 유망
백화점 및 신 · 구 시장형	• 백화점 내 또는 그 주변의 입지 • 가족 고객이나 주부들이 대부분 • 백화점 내에는 중저가형 레스토랑이나 커피숍 유망 • 시장형에는 스낵류의 음식점이나 포장 판매 점포 적합
교외형	• 비교적 한가한 사람들, 주부모임, 가족 나들이, 드라이브를 즐기는 사람들을 타깃으로 함 • 건강식 메뉴 식당, 전문점 유리 • 차량 소통 원활하고, 자연 경관이 좋으며 가시성이 높은 지역

사례 "오픈런 대박" 맘스터치 日 1호점, 일주일 새 1만 6000명 찾았다

일일 평균 방문객 수 '2300명'…만족도 95%
지난해 팝업스토어보다 방문객 수 45%↑

맘스터치가 일본에서 핫플레이스로 떠올랐다. 도쿄 시부야 직영점에 오픈런이 이어졌다. 지난해 10월 시부야 팝업스토어 방문객 기록도 갈아치웠다. 사전 좌석 예약은 내달까지 꽉 찼다. 맘스터치는 폭발적인 인기에 힘입어 현지 시장 입지를 확대하는 데 주력한다는 방침이다.

25일 맘스터치에 따르면 도쿄 시부야 직영점이 지난 16일 개점 1주일 만에 1만 6000명이 방문했다. 단순 계산하면 일평균 2300명이 찾았다. 지난해 시부야에서 진행한 팝업스토어에 3만 3000명이 다녀간 것을 감안하면 괄목할 만한 성과라는 분석이다.

고객 만족도 또한 높다. 점포 방문객을 대상으로 설문조사한 결과 메뉴·서비스 만족도는 전체의 95%에 달했다. 특히 시그니처 메뉴 싸이버거·순살 후라이드 치킨의 만족도는 99%로 집계됐다. 재방문 의사는 96%로 나타났다.

맘스터치는 현지 시장 입지를 강화하기 위해 가맹 사업을 이어갈 파트너사를 찾는 중이다.

맘스터치 관계자는 "'맘스터치 시부야 직영점'을 K-버거를 대표하는 랜드마크이자 향후 글로벌 시장 진출을 위한 베이스캠프로 키워 나가겠다"고 전했다.

맘스터치는 이번 시부야 직영점을 기점으로 글로벌 '맘세권' 확대에 속도를 낸다는 방침이다. 태국(6개점), 몽골(4개점)에 마스터 프랜차이즈 형태로 진출해 현지 매장을 운영 중이다. 연내 태국은 12호점, 몽골은 10호점으로 아시아 영토 확장에 나설 계획이다.

자료 : 글로벌뉴스, 2024.4.25

부록

APPENDIX

01 외식산업 관련용어

간접세(Indirect Financing)

① 세금을 납부하는 사람과 실제로 부담하는 사람이 다른 세금. 부가가치세, 특별소비세, 주세, 관세 등이 이에 해당한다. 이것은 납세자의 부담이 옮겨지므로 조세의 징수가 용이하고 대중 과세의 성질을 띠는 반면, 빈부의 격차를 심화시키고 물가를 자극한다. ② 국민총생산을 구성하는 항목으로 기업의 경상계정상에는 경비이지만 소득이 아니고 최종 구매자에게 전가되는 세금 및 세 외 부담 등을 말한다. 전매익금, 각종 수수료 등 기업 부담금이 포함되며 지방세인 사업소세 등도 이에 포함된다.

간접 행동광고(Indirect Action Advertising)

직접 구입 행동을 자극하기보다는 향후 필요가 생겼을 때 구매를 유도하기 위해 회사명이나 상품명, 상품의 특징을 강조하는 광고를 말한다. 일반적으로 볼 수 있는 브랜드 광고의 거의 대부분이 간접 행동광고이다. 이 광고는 인지와 수용성을 확립하는 것을 목적으로 하고, 이것을 구입할 경우 적어도 상표가 고려될 것이라는 것을 기대하여 상표에 대한 바람직한 태도를 창조하거나 서비스정책 및 판매업자에게 자사 전 상품의 이점을 강조하는 등 상품이 매출에 간접적으로 영향을 줄 것이라는 소구(訴求)를 특징으로 한다.

감가상각(Depreciation)

매년 소모되는 각종 기물이나 생산설비 등에 있어 그들이 원래 지니고 있는 제 가치의 감소분에 대한 보상. 기업은 제품이나 서비스의 원가계산 속에 감가상각 부분을 포함시키고 이를 매년 부분적으로 회수, 적립함으로써 제 설비가 노후될 경우 시설 개체 재원으로 활용한다. 따라서 기업으로서는 감가상각 기간이 단축될수록 유리하기 때문에 법적으로 제한된 모든 기간의 단축이 곧, 투자촉진을 위한 기업의 정책수단으로 흔히 대두되기도 한다. 감가상각의 방식으로는 감가총액을 매 회계연도에 균등하게 배분하는 정액법과 고정자산의 잔존가액에다 일정률을 곱하여 매년 상각액을 산출하는 정률법이 대표적인 것으로 꼽힌다. 손익계산을 할 때 자칫 감가상각비를 계산하지 않는 경영주들이 많으나 점포의 장기적인 경쟁력을 위해서는 이 부분에 대한 금액설정이 필요하다.

감동 제안형 점포

지금까지 점포의 개념은 판매지향의 일방적 흐름을 강조하였다. 즉, 물건을 파는 장소로, 상업시설로써 물리적인 공간으로써 단순한 쇼핑 장소이며 판매 공간으로서의 역할만 강조되어 왔다. 그러나 이러한 점포에 대한 근시안적 사고는 고객 욕구를 충족시키지 못하고 고객에게 외면당하는 점포가 되었다. 따라서 고객과 교감하는 고객 중심의 양방향적 흐름의 커뮤니케이션이 필요하게 되었고 지역사회의 한 구성 공간으로서 서비스 공간으로 인식하려는 개념이 확산되었다. 즉 만남의 공간, 사회에 봉사하는 공간, 공감 · 공명하는 공간, 서비스의 가치를 파는 공간, 자기실현의 공간, 휴식할 수 있는 공간, 생활 제안이나 생활 발견을 할 수 있는 공간을 의미하게 되었다. 이와 같이 고객에게 감동을 제안해 줄 수 있도록 점포 구성이 이루어진 점포를 감동 제안형 점포라고 한다.

감성 마케팅(Semiotic Marketing)

특정의 재화와 용역을 마케팅함에 있어서 상품의 기본적 편익이나 기능보다는 상품이 나타내는 심벌, 메시지, 이미지를 더 중시하는 마케팅을 의미하며, 이러한 상품이나 서비스의 판매를 말한다. 이러한 마케팅 활동을 일명 감성 마케팅이라고도 하는데 앞으로는 소비자의 지적, 감성적 욕구를 충족시키지 못하는 마케팅 전략은 실패하게 된다.

감성공학(EE : Emotional Engineering)

미국과 일본 등을 중심으로 전 세계적으로 확산되고 있는 새로운 경영기법으로 사람이 갖고 있는 감성을 기업경영과 제품의 품질 향상에 응용하려는 일련의 감성 엔지니어링을 말한다. 이는 원래 사람의 미묘한 신체 및 생리적, 정신적 특성을 비롯하여 감각기능 그리고 일련의 정서 상태와 욕구 등 이른바 '감성지수(EQ: Emotional Quotient)'를 고려하여 소비자가 가장 편리하고 기분 좋게 사용할 수 있는 제품의 생산을 목적으로 하는데 최근에는 직원들의 감성을 높이고 최상의 작업환경에서 최상의 작업능률과 최상의 생산성을 기할 수 있도록 하는 이른바 '감성경영'으로도 이어지고 있다. 이를테면 직원들을 대상으로 바이오리듬 점검 제도를 실시하여 작업을 그때그때 할당하든지, 직원들로 하여금 자신의 컨디션을 색깔이 있는 카드로 제시토록 함으로써 작업량을 조절하는 등의 경우가 이에 해당한다.

감성소비(Emotional Consumption)

감각이나 기분에 따라 재화나 서비스를 소비하는 일. 소비의 다양화, 개성화, 분산화 경향이 높아짐에 따라 단순히 좋고 싫음이라는 감성에 따라 선택하는 소비행동을 말한다. 흔히 충동구매라고도 한다. 감성소비의 대상이 되는 상품은 패션성, 기호성이 강해 기능이나 품질 면에서 상품의 차이가 거의 없는 것으로, 예컨대 잡지, 문방구, 식품과 같은 분야에서 현저하게 나타나고 그 바탕에 깔려 있는 행동이나 사고의 기준이 소비의 질적 측면을 중시하는 것이다.

감성지수(EQ: Emotional Quotient)

감성지수는 지능지수(IQ)와 대조되는 개념으로 자신의 감정을 적절히 조절, 원만한 인간관계를 구축할 수 있는 마음의 지능지수를 뜻한다. 이는 미국의 심리학자 다니엘 골만의 저서 『감성지수(emotional quotient)』에서 유래됐지만 타임스가 이 책을 특집으로 소개하면서 EQ라는 용어를 처음으로 사용해, 기업과 학계에 널리 알려지기 시작했다. 특히 감성지수는 지능만을 검사하는 지능지수와 달리 조직에서 상사나 동료, 부하직원들 간에 얼마나 원만한 관계를 유지하고 있으며 개인이 팀워크에 어느 정도 공헌하는지를 평가하고 있어 기업인들의 많은 관심을 끌고 있다.

갑종근로소득세

원천징수의 방법에 의해 거둬들이는 근로소득세. 줄여서 갑근세라고도 한다. 근로소득은 노동의 제공과 직접적으로 관련이 있는 급여를 말하는데 이는 갑(甲)종 근로소득과 을(乙)종 근로소득으로 분류된다. 을종 근로소득은 외국 기관이나 재외 외국인으로부터 받는 급여 등을 말하며, 납세조합을 통해 특별 징수되거나 확정 신고에 의해 징수된다.

강등(Falling Rank)

현재 포지션보다 지위가 내려가는 것을 말한다. 강등 조치가 취해질 때는 그 이유가 분명해야 한다. 대표이사를 비롯한 간부들은 강등이 적고 보통 사임형식으로 책임을 진다. 강등은 사내 신상필벌의 엄격함과 재기회가 주어지는 따뜻함이 있어야 비로소 의미가 있으며 효과적이다. 점포 내에서 수치에 대한 책임을 지는 경우가 아니면 강등은 되도록 없으며 상여금에 대한 불이익을 주는 경우가 많다. 또한 관리자로서 지식, 경험, 식견이 결여되면 강등된다.

예를 들어, 패스트푸드 점포에서는 노력을 하면 짧은 시간 안에 점장이나 슈퍼바이저가 될 기회가 많은데 경험 부족으로 인해 놓치는 경우가 많다. 이런 경우에는 포지션을 한 단계 낮춰 실무 경험을 쌓고 재도전을 하는 것이 본인에게나 회사에 유익하다. 강등의 성패는 상사의 지도력에 있다.

객석 가동률(Occupancy Rate)

객석 이용률을 말한다. 객석 가동률은 테이블이 모두 찼을 때 객석 수의 몇 %가 이용되었는가로 표현된다. 객석 가동률은 점포의 효율성 연구와 고객의 쾌적성과 상관관계를 가진다. 테이블 수와 객석 수는 매장 크기로 결정되는데 몇 인용 테이블이 얼마만큼 필요한가는 평균 한 그룹당 방문고객 수에 따라 결정된다.

패밀리레스토랑 같은 다목적 식당은 테이블의 구성방법에 따라 피크타임 때 매상이 결정된다. 토, 일요일 또는 디너 시간대는 가족고객이 많아 4인용 테이블 활용이 좋으며 평일 런치 시간대는 평균 내객 수가 2~3명 전후 내지 혼자 오는 고객이 많으므로 이에 따른 테이블 구성이 필요하다. 만약 런치타임에 4인 테이블이 중심이 된다면 객석의 가동률은 25%로 낮아진다.

객석 레이아웃(Floor Layout)

점포 내 테이블 배치와 통로 설치방법을 중심으로 한 객석도면. 객석 레이아웃을 고려할 때는 손님이 점포에서 편안함을 느끼고 직원들이 일하기 편한 공간을 만드는 것이 중요하다. 객석 레이아웃은 접객 서비스 직원들의 작업효율에 영향을 미치므로 노동생산성과 서비스의 질을 좌우한다. 따라서 서비스 동선은 주방을 중심으로 가능하면 각 테이블과의 거리가 일정한 것이 좋으며, 테이블에서 주문을 받고 전표전달과 완성된 요리를 테이블로 운반하는 거리를 단축시키는 것이 바람직하다. 이로 인해 각 테이블마다 접객담당 직원들의 작업량을 동일하게 만드는 것이 목적이기도 하다. 되도록 접객직원들의 움직임을 직선화함으로써 피로와 불필요한 동선낭비를 줄일 수 있기 때문이다. 또한 테이블 배치도 고객 서로 간의 시선이 근거리에서 마주치지 않도록 레이아웃을 구성해야 한다.

객석 안내원(Host or Hostess)

고객을 맞이하여 객석으로 안내하는 직원. 미소로 따뜻하고 반갑게 맞이하는 것으로 패밀리레스토랑 T.G.I.프라이데이스에서는 대기석에서 안내를 담당하는 직원을 SPG(Smiling People Greeter)라고 부른다.

객석 안내원은 고객 인원수와 모임 성격에 맞는 테이블을 선택해 주고 고객에게 충분한 서비스가 되도록 좌석 배치를 효율적으로 하여 특정 직원에게 집중되지 않도록 안내하는 역할을 한다. 또한 고객 안내를 위해 테이블 사이를 왕래할 기회가 많으므로 냉수, 커피보충, 재떨이 교환 등 손님이 기분 좋게 식사할 수 있도록 세심한 관찰과 배려를 해야 한다.

객석 할당제(Floor Zoning)

객석을 나누어서 홀의 서버가 담당 객석 고객의 서비스에 책임을 지는 방법으로 블록 할당제라고도 한다. 객석 할당제는 접객 직원에게 담당 테이블의 고객을 인식시키고 충분한 서비스로 만족시키는 것이다.

홀의 접객 직원들도 주방과 담당 구역 내에서는 완벽한 업무처리를 해야 하므로 고객의 서비스 요구에 관심을 기울여야 하며 객석 레이아웃도 이러한 작업이 원활하게 이루어지도록 구성되어야 한다. 객석 할당제는 모든 접객 서비스를 익히고 있어야 가능하므로 이에 대한 교육 훈련이 기본적으로 선행되어야 한다.

객석 회전율(Seat Turnover)

한 좌석당 1일 몇 명의 고객이 앉았는가를 나타내는 숫자이다. 점포에서는 객석 회전율을 통해 한 좌석당 손님 수를 계산할 뿐만 아니라 한 좌석당 매출을 영업현황의 기준으로 삼는다. 한 좌석당 매출을 기준으로 할 때는 자본의 수익성을 고려해서 한 좌석당 투자액을 먼저 따져보아야 한다.

「하루 총 고객 수/객석 수=객석 회전율」이며 객석 회전율은 매출을 분석할 때 중요하다. 「매상고=객단가×객석 수×객석 회전율」로 객단가와 객석 회전율의 대소에 따라 매상고가 결정된다. 일반적으로 객단가가 높은 장사일수록 객석 회전율은 낮다. 객석 회전율은 피크시간대나 손님 수가 가장 많은 피크 요일별로 검토하는 것이 도움이 되며 이를 통해 피크 시간대에 인원과 서비스를 보충해 주는 것이 효과가 크기 때문이다.

객층(Customer Profile)

소비자를 연령, 성별, 소득, 직업 등에 따라 분류하는 것. 외식업체의 경쟁이 치열해지면서 어떤 고객층을 대상으로 영업할 것인가 점포의 성격을 분명히 해야 한다. 영업 대상의 특정 고객층을 설정하면 이에 따라 점포의 분위기, 서비스, 가격, 메뉴 등이 결정된다. 예를 들면, 대학가에 위치한 점포는 학생이 주 고객층이므로, 가격이 모든 것에 우선하는 것이다. 그러나 점차 외식의 동기가 다양해짐에 따라 고객층만으로 점포의 영업목표를 규정하기는 어려운 면이 생겨나기도 한다. 이를 위해 자신의 점포는 어떤 외식동기를 가진 고객층을 대상으로 할 것인가를 설정하는 것도 점점 중요해지고 있으며 지나치게 일부 객층으로 제한하면 점포의 성장이 한계에 다다를 수도 있다.

건강식품(Health Food)

외식업에서도 고객의 경제적, 사회적 여유가 많아짐에 따라 건강식, 기능식 음식을 선호하는 추세가 점차 뚜렷해지고 있다.

건강식품은 아직까지는 이렇다 할 뚜렷한 정의는 없으나 일반적으로 건강과 관련하여 효과가 있다거나 또 그럴 개연성이 있는 식품을 총칭한다. 그 유형은 대체적으로 자연식품과 같은 '무첨가물형'과 '건강증진형', '건강지향형' 그리고 '영양보조형' 등으로 나누어지는데 일반식품 중에서도 특히 콩류라든지 현미, 버섯, 등 푸른 생선 등도 건강식품에 속한다고 전해진다. 최근 들어서는 소비자들의 건강에 대한 관심이 높아지면서 그 시장 규모가 나날이 커지고 있으며 따라서 그 종류와 형태도 점점 다양해지는 추세다. 그러나 건강식품은 어디까지나 식품류에 속하기 때문에 그 효능이나 효과에 대한 상품상의 의학적인 표시는 '약사법'에 위반된다.

검품(Checking of Supplygoods)

납품된 상품이 발주서와 동일한가를 확인하는 작업을 말한다. 검품 작업은 주문전표와 납품전표의 대조를 먼저 한 뒤 납품전표대로 식자재와 상품들이 배달되었는가와 수량과 단가도 확인한다. 품질도 규정대로인지 반드시 확인해야 한다. 검품은 좋은 상품을 만들기 위해 가장 중요한 작업이므로 점장이나 조리장의 주 업무 중 하나이다. 식자재 원가관리를 위해서도 검품은 중요한 역할을 한다. 검품이 끝나면 납품전표를 경리부에 송부하고 점장의 사인으로 확인한 납품서 기록과 납품업자의 청구서를 정리해서 지불한다.

경상이익(Ordinary Profit)

업소의 경영 실적이 양호한가의 여부를 파악하는 데 상당히 중요한 회계 항목으로서 한 해의 결산기 총매출액에서 매출원가와 판매비, 일반 관리비 등을 제외한 영업이익에다 각종 이자나 배당금, 잡수익 등의 영업 외 수익과 각종 지불이자 및 할인료 등 잡손실 비용을 가감함으로써 계산된다. 기업 회계원칙에서 당기순이익이라고 부르는 것에 해당한다.

경상지출(Ordinary Expenditures)

경상비라고도 한다. 매년 정기적으로 필요로 하는 재화, 서비스 구입에 사용되는 지출을 말한다. 매년 필요한 경비이므로 예산 편성 시 영속성 있는 재원을 충당해야 한다. 종업원의 급여나 부채의 원리금 지급, 각종 상여금 등이 여기에 포함된다.

경영관리(Business Management)

경영조직체를 만들고 그것을 운영하는 일. 이 경영관리의 기능은 ① 계획 ② 조직 ③ 지휘 ④ 조정 ⑤ 통제 등 다섯 가지 요소로 이루어진다. 경영의 대규모화에 따라서 경영 직능이 전문화되었기 때문에, 전문적인 경영자가 생겨나기도 했다. 그러나 이 같은 직능은 상사만이 수행하는 것이 아니고 중간감독자, 하부감독자, 종업원도 각각의 역할을 담당한다.

경영권 프리미엄

기업이 경영활동을 통해 쌓아온 무형의 자산 가치. 기업을 평가할 때는 기업 소유의 부동산이나 주식가격 같은 유형자산과 경영권 프리미엄으로 대표되는 무형자산을 포괄한다. 경영권 프리미엄에는 영업권을 비롯해 고객 인지도와 상표 가치 등의 수치화할 수 없는 요소들도 있다. 이는 업체의 인수·합병 시 인수하는 업체에서 이것을 적절히 평가해 가격을 지불하는 것이 관례이다.

경영권(Management Right)

사업체에서 경영자의 권한을 가리키는 말. 내용으로는 대외적·대내적 경영권의 두 가지로 구분된다. 대내적 경영권이란 경영 내부, 즉 직원 및 그 집단에 대한 것이며, 대외적 경영권은 경영 이해자 집단 전부에 대한 것이다.

경영분석(Business Analysis)

재무분석이라고도 하며, 대차대조표 · 손익계산서 등의 재무제표를 이용해 회사의 수익능력, 자산 내용 등의 경영 상태를 판단하는 것을 말한다. 경영분석에는 돈을 빌려줄 때의 신용분석과 유가증권 투자를 할 때의 투자분석이 있다.

경영수익(Operating Profit)

마케팅의 목적에서 볼 경우 Gross Margin(Gross profit)에서 경영비용(사업주이건 고용자이건 간에 지배인 급료에 포함한다), 고정자산과 설비의 비용, 때로는 투하 자본에 대한 이자 등을 차감한 것을 가리킨다.

경쟁 점포 조사(Survey of Competitors)

자기 점포와 경쟁 점포를 비교해서 문제점을 찾아내고 경쟁력을 알아보기 위한 조사이다. 자유 경쟁 시대에서는 주변의 경쟁 점포보다 인기가 있고, 고객에게 선택을 받아야 비로소 살아남는다. 경쟁을 전제로 하는 평가는 상대평가이므로 보다 맛있고, 저렴하고, 신속하게 기분 좋은 서비스가 있는지가 중요하다. 경영주는 경쟁 점포와 비교해서 자신의 점포가 어떤 면에서 가치가 높은지를 따져보면서 운영 전반에 걸친 판단을 내려야 한다. 이러한 판단정보가 경쟁 점포 조사다. 즉, 메뉴 내용의 비교, 점포 내외장의 비교, 서비스 등을 비롯한 모든 경영요소를 체크한다. 프랜차이즈 브랜드의 경우는 본부의 마케팅 부서에서 동종 업체의 동향을 분석하여 가맹점에게 정보 제공하는 시스템을 갖추어야 한다.

계절변동지수(Seasonable Variation)

매월 매출금액의 변화 상태를 지수로 나타낸 것. 매출은 매월 다르게 나타나지만 매출의 변화 상태는 월별로 일정한 경향으로 나타난다. 연간 총매출을 12

개월로 나누고 평균 매출액을 100으로 해서 각 달의 지수를 산출한다. 이 지수는 연간 매출 예산을 세우거나 지출예산을 세울 때 중요한 자료가 되며 점포의 경비도 계절변동지수에 맞춰 계획한다. 계절변동지수는 점포 전체의 매출을 기준으로 파악할 수도 있으며 각 메뉴별로 같은 방법으로 계절변동지수를 만들어 메뉴 계획에 활용할 수 있다. 계절변동지수는 인원, 상품, 운영자금 등 점포를 계획적으로 운영하는 데 필요하다.

고객(Customer)

법률적으로는 어떤 재화나 용역을 구입하거나 판매하는 불특정 다수의 개인이나 사업자, 거래 상대방, 또는 사업자로부터 약관을 계약 내용으로 할 것을 제안받는 사람 등으로 규정되고 있지만, 통상적으로는 일반적인 소비자를 의미한다.

고객감동

고객감동, 고객감격은 사전에 고객들로부터 감동과 감격을 자아내게 하여 고객을 창조하는 세계화시대의 신 마케팅 전략으로 대두되는 마케팅 철학이다. 이와 유사한 용어인 고객만족은 고객들로부터 불만이 접수되었을 때 그것을 해소하는 사후적 조치이다. 따라서 수비적인 마케팅 전략인 반면에 고객감동은 사전적이고 공격적인 마케팅 전략이다.

고객관계관리(Customer's Relationship Management)

점포를 방문한 고객을 소중하게 대접해서 다시 이용하고 싶은 마음이 들도록 점포와 고객과의 관계를 잘 맺는 것을 말한다. 특히 고객은 현재 점포를 이용하고 있는 고객과 이용한 경험이 있는 고객, 개발 가능한 잠재 고객 등으로 나눠지므로 고객이 계속해서 점포를 찾도록 하는 데는 점장을 비롯한 전 직원의 노력이 필요하다. 그리고 객단가가 높은 점포, 단체모임이 많은 점포에서는 점장과 같은 현장 관리자의 고객과의 관계에 따라 매상의 수준이 크게 달라지므로 내점한 고객과 대화를 자주 나누어야 한다. 대화 중에 고객의 이름과 회사명, 직위, 주소, 연락처 등 영업하는 데 필요한 정보를 얻고 찾기 쉽도록 정리해 둔다. 이러한 점포를 평소에 방문한 경험이 있는 고객에게는 특별 이벤트나 신 메뉴, 계절 메뉴 출시 내용, 할인권, 무료 시식권 등을 보내거나 방문을 권유한다. 점포에서 사소한 실수로 고객에게 불편을 끼쳤다면 피하지 말고 정중히 사과하고 적극적인 대처를 하면 점포의 단골 고객으로 만들 수 있는 기회로 이용할 수도 있다.

고객만족(CS : Customers Satisfaction)

소비자의 성숙도에 비례하는 이른바 '고객 서비스'의 개성화를 추구하는 등 어떤 상품이나 서비스에 대하여 고객의 기대치 이상으로 만족감을 충족시켜 줌으로써 고객의 재구매율을 높이고 상품이나 서비스 등에 대한 선호도가 지속되도록 하는 상태. 기업 본위의 상품이나 서비스 개발 경쟁은 이미 어느 정도 한계에 도달해 있다. 따라서 상품이나 서비스, 업소의 이미지 등을 고객 위주로 새롭게 조명함으로써 고객의 기대와 신뢰에 부응하지 못하는 한, 더 이상 생존할 수 없다는 이른바 '고객중심의 경영패턴'을 기본으로 하고 있다. 원래 미국, 유럽으로부터 확립되기 시작한 고객만족은 현재 우리나라에서도 이미 자리를 잡고 다방면에 걸쳐 활용되고 있다.

고객만족경영(Customer Satisfaction Management)

고객만족경영은 경영의 모든 부문을 고객의 입장에서 생각하고 진정한 의미에서 고객을 만족시켜 업소의 생존을 유지하고자 하는 신 경영 조류의 하나로 1980년 후반부터 미국이나 유럽에서 주목받기 시작했다.

고객과의 거래는 한 번에 그치는 것이 아니라 일생 동안 계속되는 것이다.

그래서 한 사람이 불만을 가지면 주위의 모든 사람들에게 영향을 미쳐 결국 한 사람을 잃는 것이 아니라 수십 명을 잃는 결과를 낳게 된다.

여기에 대해 고객만족경영은 고객이 상품 또는 서비스에 대해 원하는 것을 기대 이상으로 충족시킴으로써 고객의 재구매율을 높이고 고객의 선호가 지속되도록 하는 것이다. 고객만족을 높이기 위해서는 고객의 기대를 충족시킬 수 있는 품질을 제공해야 하고 고객의 불만을 효과적으로 처리해야 한다. 또한 고객만족을 위해 업소에 대한 종업원의 만족이 필수적이므로 종업원들의 복지향상, 일체감조성 등 종업원 만족도 아울러 뒤따라야 한다.

고객만족은 결국 상품의 품질뿐만 아니라 제품의 기획, 설계, 디자인, 제작, 애프터서비스 등에 이르는 모든 과정에 걸쳐 제품에 내재된 업소의 문화 이미지와 더불어 상품 이미지, 이념 등 고차원적인 개념까지 고객에게 제공함으로써 소비자들에게 만족감을 제공하는 것으로 요약될 수 있다. 따라서 고객만족경영은 시장 점유율 확대가 원가절감이라는 단기적인 목표보다 고객만족을 궁극적 경영 목표로 추구하는 것이다.

그 사례로서 현재 판매하고 있는 상품에 하자가 발행할 경우에는 판매 자체를 즉시 중단해 버리는 '필드스톱제도(field-stop system)'라든지 소비자의 불만처리를 즉시 확인해 주는 '해피콜제도(happy-call system)', 판매한 상품에 이상이 있을 경우 해당 상품을 모두 회수하여 새 상품으로 일괄 교환해 주는 '리콜제도(recall system)' 그리고 상품의 구입과정에서 발생하는 모든 쓰레기를 대신 수거해 주는 '그린서비스(green service)' 등 파격적이고 새롭게 등장하는 고객 서비스 제도들이 좋은 예이다.

고객의 프로(Pro) 시대

소비자를 명명할 때 지금까지는 Consumer로 통칭하였으나 최근 소비자들의 소득 수준 향상에 따른 삶의 질 추구에 따라 소비자들은 개성화와 생활의 창조자로서의 역할을 수행하게 되었다. 따라서 최근에는 소비자를 소비자 개인의 생활 창조자라는 의미에서 Prosumer라고도 부른다. 이들은 보통 생활의 여유를 갖는 중산층 소비자들이며 이와 같은 생활 창조자로서의 소비자를 만족시키기 위해 나타난 상품군의 전형적인 사례가 'DIY(Do It Yourself)' 상품들이다.

고객 행동론(Customer Behavior)

상품 및 서비스의 구매, 지불 및 사용을 결정하고 행동이 일어나게 가정과 고객이 취하는 정신적, 육체적 활동을 말하는데 최종 소비자 행동은 물론 조직 구매자 행동을 포함시킨 개념이다.

고과(Evaluating Personal)

개인별로 능력을 고려해서 부족한 경험이나 지식을 분명하게 하는 것을 말한다. 통상 지칭하는 승진이나 보너스 제공을 위해서 개인별로 달성한 업무의 실적을 평가하는 것만은 아니다. 고과는 어떤 교육을 실시하면 더욱 성과를 높일 수 있을까 검토하는 것이며 항상 교육이 전제가 되는 작업이다. 교육은 OJT(On the Job Training), 집합교육(OFFJT : Off the Job Training), 사외연수 등으로 구성된다. 하급자에 대한 교육은 상사의 중요한 업무 중 하나며 그 직무를 다하려면 먼저 하급자가 어떤 경험과 지식이 부족한가를 알아야 하는데 이것이 고과라고 할 수 있다.

고정비(Fixed Costs)

매출에 상관없이 일정하게 지출되는 경비를 말한다. 매상이 높은 점포는 고정비율이 낮아지고 반대의 경우는 고정비율이 높아진다.

$$\text{고정비율} = \frac{\text{고정비}}{\text{매출액}}$$

점포 운영에서 경비는 매출에 비례해서 변화되는 변동비와 고정비로 나뉜다. 고정비 중에는 인건비(일부는 변동비), 임대료, 금리, 감가상각비, 보험료, 일부 수도광열비가 포함된다.

고정비를 얼마나 낮추는가에 따라 이익이 좌우된다. 변동비 대부분은 식자재비, 인건비가 차지하는 만큼 손익분기점을 넘으면 매출의 30% 이상은 완전히 이익이 된다. 따라서 고정비를 얼마나 낮추는가와 고정비의 변동 비율화가 얼마나 진행되는가가 효율적인 경영의 포인트이다. 하지만 점포를 운영하는 과정에서는 점포 투자액이 점차 증가하기 때문에 고정비는 항상 상승하기 쉬운 항목이기도 하다.

고정비율(Fixed Assets to Net Worth Ratio)

고정자산을 자기자본으로 나눈 비율로 자본의 유동성을 나타낸다. 고정자산은 환급할 수 없고 또 여기에 투자한 자산의 회수(감가상각)도 기간이 오래 걸리므로 가급적 자기자본으로 조달하고 타인자본에 의존하지 않는 것이 바람직하다. 즉, 이 비율은 100% 이하가 이상적이며 비율이 낮을수록 안전도가 높은 업체라 할 수 있다.

$$고정비율 = \frac{고정자산}{자기자본} \times 100$$

고객 수(number of customers)

일정 기간에 점포를 방문한 손님 수를 말한다. 점포 경영에서는 매출과 이익도 중요하지만 현장 종업원들에게는 결과에 지나지 않는다. 점포에서의 모든 업무는 고객 수를 늘리는 목적을 위한 과정들이다. 고객을 늘리기 위해 광고를 하고 요리를 개발하고 서비스를 한다. 즉, 이러한 과정에 대한 성공의 바로미터가 점포를 방문하는 고객 수이다. 영업의 목적은 고객의 요구를 충분히 들어주고 만족시키는 데 있다. 이익 창출은 두 번째 일이다. 고객이 만족하고 그 대가를 지불하는 것이 이익이기 때문이다. 다음이 경비 지출방법, 원가관리 등이 합쳐져 이익을 얻는다. 최고경영주부터 현장 종업원까지 점포 운영에서 최대의 관심을 가져야 할 것이 점포를 찾는 고객 수이다. 최근에는 고객의 마음을 통해 인지도를 높여가는 경영활동을 전개해 나가는 경영 형태가 확산되고 있다. 고객만족이란 고객이 상품 또는 서비스에 대해 원하는 것을 기대 이상으로 충족시켜 감동시킴으로써 고객의 재구매율을 높이고 그 상품 또는 서비스에 대한 선호도가 지속되도록 하는 상태를 일컫는다. 고객만족도를 높이는 것은 고정 고객층의 이탈 방지를 통해 안정적 기업 이익을 확보하는 안전한 방법이다. 고정 고객은 반복 구매뿐 아니라 호의적 구전광고를 통해 새로운 고객을 창출하고 업체의 판촉비용을 경감시켜 줌으로써 기업 이익을 크게 늘려준다. 많은 서비스 업체의 실증 연구에 의하면 치열한 경쟁 상황 속에서는 고정 고객의 유지, 발전에 초점을 두는 경영이 새로운 고객의 창출에 따르는 경우보다 비용이나 효과 면에서 유리하다는 결론이 나왔다. 따라서 고객만족 경영에서 고객은 잠재 고객보다 기존 고객에게 초점이 맞춰져 있음을 알 수 있다. 그리고 고객만족 경영을 실현하기 위해서는 외부고객뿐만 아니라 내부고객, 즉 내부 직원들의 만족도가 선행되어야 한다. 자사 상품 서비스에 만족하지 못하는 직원들이 자부심을 가지고 고객에게 판매나 서비스 활동을 전개하기를 기대하기는 힘들게 마련이다.

'제록스'의 사례에 의하면 내부고객의 만족도와 외부고객의 만족도는 90% 이상의 직접적인 상관관계를 갖는다는 것이 입증된 바 있다.

고정자산회전율(Fixed Assets Turnover)

어느 영업기간의 매출액(연간으로 환산)을 토지, 건물, 기기 등 고정자산 총액으로 나눈 비율을 말한다. 고정자산의 이용 능률을 나타내며 영업 상태를 판단하는 데 쓰인다. 이 회전율이 높을수록 영업 성적이 좋은 업체인데 업종에 따라 평균율에는 차이가 있다.

공동광고(Cooperation Advertisement)

서로 다른 업체의 상품을 하나의 광고에 담는 것으로 광고비를 대폭 절감할 수 있고 상대방 브랜드의 장점을 공유함으로써 시너지 효과를 낼 수 있다. 예전에는 신용카드회사와 항공사 간의 공동광고가 주류를 이뤘으나 최근에는 영화사와 제품 생산업체 간 공동광고가 늘어나고 있다. 외식업체는 패밀리레스토랑, 패스트푸드 브랜드들을 중심으로 영화나 연극, 놀이시설, 이동 통신, 의류 등 다양한 방법으로 제휴를 하고 있다.

공동구매(Joint Buying)

여러 점포가 서로 협력하여 재료 등을 함께 구입하는 것. 대규모 점포망을 가진 브랜드에서는 제조업체나 도매상에 양으로 절충할 수 있고 가격 경쟁력이 높아진다. 하지만 공동구매를 하려면 상품 지식과 상품 정보, 구매처 선택 등 구매에 관한 전문가가 필요하다. 메이커 제품, 가공식품은 특히 구매량에 따라 단가가 달라진다. 신선한 식품류는 단가 인하에 따라 상품의 질이 크게 좌우되므로 싱싱한 식품을 다량구매하는 것이 가장 좋은 방법이다. 이와 같이 공동구매의 장점이 점점 부각되면서 유사업종의 독립점포들이 함께 공동체를 이루어 구매하기도 하고 분점 형태 및 체인브랜드에서 많이 활용하고 있다.

공생적 마케팅(Symbiotic Marketing)

비슷한 수준의 외식 브랜드들이 자본, 생산, 마케팅 기능 등을 결합하여 각 업체의 경쟁 우위를 공유하려는 추세가 있는데 이를 수평적 마케팅시스템이라고 하며 수평적 마케팅시스템에 의한 마케팅을 공생적 마케팅이라고 한다. 즉, 자사 브랜드의 장점과 타사 장점을 결합하여 시너지 효과를 얻음으로써 불필요한 과당경쟁과 비효율적인 자원의 사용을 피하려는 것이 목적이다.

광고(Advertising)

상품, 서비스, 정보를 팔기 위해서 TV, 신문 등 매체를 이용해 유료로 알리는 것을 말한다. 광고를 하려면 먼저 고객에게 무엇을 팔 것인가의 그 판매 상품을 분명히 해야 한다. 또한 광고에는 매체를 이용하는 광고, 여러 가지 인쇄물 등 다양한 방법이 있다.

광고매체(Advertising Media)

불특정 다수인을 대상으로 어떤 광고가 갖고 있는 메시지를 전달해 주는 매개체. 이는 크게 일반적인 '매스미디어(mass media)'와 '판촉미디어(sales promotion media)'로 나누어볼 수 있는데 전자의 경우에는 대중 신문이나 잡지, 라디오, 텔레비전 등 이른바 4개의 매체를 말하며, 후자에는 옥외 광고나 각종 차량을 이용한 광고 및 영화나 다이렉트메일(direct mail), 전단지 등 소위 '자가매체(house media)'라고 부르는 것들이 속한다. 이외에도 최근에는 문자방송을 이용한 문자도형 정보시스템이라든지 유선방송(CATV) 등이 '뉴미디어(new media)'의 하나로 여기에 속한다.

교외형 점포(Suburban Store)

도심의 교통문제 및 공해 등으로 주거지가 점차 교외로 이동해 감에 따라 등장하기 시작한 외곽지 도로변 점포. 이는 주생활 입지가 교외로 빠져 나감에 따라 자연히 고객들의 내점 수단이 주로 자동차를 이용하게 된 것에서 비롯되었다. 따라서 간선도로변에는 고급 모텔을 비롯하여 레스토랑 등이 자연스럽게 입지하기 시작하여 1980년대 후반부터는 업종 업태를 불문하고 각종 점포들이 이 같은 교외의 도로변에 단독으로 입지하는 경우가 많아졌다. 이른바 '로드사이드 숍(roadside shop)'이라고 부르며 이들 점포들은 모두 점포 면적에 비해 높은 주차율과 장시간의 영업시간, 풍부한 상품 품목, 그리고 체인화에 의한 높은 지명도 등을 특징으로 한다.

교외화(Suburbanization)

주택지가 도심에서 교외로 이동함에 따라 상업을 비롯한 경제 활동도 교외로 옮기는 것을 말한다. 이처럼 교외화는 보다 경제적인 활동과 보다 풍요한 생활 환경을 찾아 진행되는 것으로 자동차의 대중화와 교통망이 발달하면서 더욱 가속화된다. 외식은 주택지의 이동과 함께 움직인다. 일은 도심에서 해도 사생활 기반은 완전히 주택지 주변으로 옮겨진다. 특히, 생활 관련 상업 시설인 쇼핑센터와 같은 인구 집중도가 높은 시설들이 증가한다. 넓은 주차 공간이 확보된 형태의 외식업소가 생겨난다. 또한 이러한 주차 공간의 확보는 매상의 크기를 좌우하며 자동차의 대중화로 주차장이 확보된 레스토랑은 상권을 더욱 넓혀가고 있다.

APPENDIX 02

프랜차이즈 관련용어

가맹사업(프랜차이즈 비즈니스)

가맹본부가 가맹사업자로부터 보증금이나 로열티를 받는 대신 자기의 상호, 상표, 상품, 간판, 영업 표시 등을 사용할 수 있는 권리를 부여하고 상품 가격, 매장 진열, 신상품 개발, 종업원 교육·지도 등 경영 전반에 관한 노하우를 제공하는 방식으로 상호 이익을 추구하는 사업

가맹금

가맹본부가 가맹점사업자에게 가맹점 운영권을 부여하는 대가로 받는 금전

가맹계약

가맹 사업의 구체적인 내용과 조건, 가맹본부와 가맹점사업자의 권리와 의무 등을 규정한 계약

가맹본부(프랜차이저 : Franchisor)

가맹점사업자에게 가맹점 운영권을 부여하는 사업자

가맹점사업자(프랜차이지 : Franchisee)

가맹본부로부터 가맹점 운영권을 부여받은 사업자

슈퍼바이저(Superviser)

본부와 가맹점 사이에 정보를 상호 전달해 주고 가맹점이 원활하게 영업 활동을 할 수 있도록 관리 · 지도해 주는 사람

운영 매뉴얼

특정 프랜차이즈 시스템의 통일된 이미지를 유지하고 운영상의 효율을 높이기 위해 업무의 내용과 과정을 표준화해 만든 일련의 문서

정보공개서

가맹본부의 사업 현황, 임원의 경력, 가맹점 사업자의 부담, 영업활동 조건, 가맹점 사업자에 대한 교육 · 훈련 · 지도 · 통제, 가맹 계약의 해지 · 갱신 등 가맹 사업과 관련된 사항을 수록한 문서

참고문헌

김기영 외, 외식산업 관리론, 현학사

김이태, 창업 경영전략, 도서출판 OK Press

김진섭 외, 프랜차이즈 시스템의 이해, 대왕사

나정기, 외식산업의 이해, 백산출판사

박기용, 외식산업 경영학, 대왕사

신봉규 외, 외식업 마케팅, 학문사

신재영 외, 최신 외식경영위생관리론, 대왕사

심상국 외, 실무 식품위생학, 진로연구사

유영진 외, 외식창업 실무포인트, 한올출판사

윤혁수 외, 외식사업 경영론, 기문사

이정실, 외식기업 경영론, 기문사

장상태 외, 외식산업의 이론과 실제, 에이드북

장세진, 글로벌시대의 경영전략, 박영사

함동철 외, 외식산업 창업과 경영, 백산출판사

홍기운, 최신외식산업개론, 대왕사

한국식품산업연구원, 외식산업경영총람

한국외식사업연구소, 외식사업실무론, 백산출판사

John R. Walker, The Restaurant from Concept to Operation, SEVEN EDITION

Mahmood A. Khan, Restaurant franchising, John Wiley & Sons, Inc.

Regina S. Baraban & Josph F. Durocher., Successful Restaurant Design, John Wiley & Sons, Inc.

글로벌뉴스, 뉴시스, 대한급식신문, 데일리안, 르몽드, 베이비뉴스, 서울신문, 시사저널, 식품외식경영, 신아일보, 연합뉴스, 일요서울, 전자신문, 조선일보, 천지일보, 파이낸셜뉴스, 핀포인트뉴스, 한국경제신문, KPI뉴스

저자약력

추대엽

현) 백석예술대학교 호텔관광학부 교수
    한국산업인력공단 조주기능사 심사위원

세종대학교 대학원 외식경영학박사
와인하우스 그레이프 대표
세종대학교, 상명대학교, 백석대학교 등 다수 대학 출강
호텔롯데, 한화호텔&리조트, 크리스탈제이드팰리스 등 식음팀 근무

외식경영 실전 가이드

2025년 5월 25일 초판 1쇄 인쇄
2025년 5월 30일 초판 1쇄 발행

지은이 추대엽
펴낸이 진욱상
펴낸곳 (주)백산출판사
교　정 성인숙
본문디자인 구효숙
표지디자인 오정은

등　록 2017년 5월 29일 제406-2017-000058호
주　소 경기도 파주시 회동길 370(백산빌딩 3층)
전　화 02-914-1621(代)
팩　스 031-955-9911
이메일 edit@ibaeksan.kr
홈페이지 www.ibaeksan.kr

ISBN 979-11-6567-995-8 93320
값 30,000원